西方幼儿教育智慧

WISDOM OF WESTERN
EARLY CHILDHOOD EDUCATION

从柏拉图到马拉古兹

单中惠 著

大夏书系 — 幼儿教育

华东师范大学出版社
·上海·

目 录

前 言 1

第1章 古希腊罗马幼儿教育智慧

1

第一节　柏拉图论幼儿教育　2
第二节　亚里士多德论幼儿教育　10
第三节　昆体良论幼儿教育　16
第四节　普鲁塔克论幼儿教育　23

第2章 文艺复兴时期幼儿教育智慧

29

第一节　伊拉斯谟论幼儿教育　30
第二节　蒙田论幼儿教育　35
第三节　莫尔论幼儿教育　47
第四节　康帕内拉论幼儿教育　50

第 3 章

17世纪幼儿教育智慧

54

第一节　夸美纽斯论幼儿教育　55

第二节　洛克论幼儿教育　63

第 4 章

18世纪幼儿教育智慧

71

第一节　卢梭论幼儿教育　72

第二节　奥柏尔林论幼儿教育　82

第三节　裴斯泰洛齐论幼儿教育　88

第 5 章

19 世纪幼儿教育智慧

101

第一节　欧文论幼儿教育　102

第二节　福禄培尔论幼儿教育　114

第三节　凯果玛论幼儿教育　137

第四节　霍尔论幼儿教育　142

第五节　爱伦·凯论幼儿教育　151

第 6 章

20 世纪幼儿教育智慧

158

第一节　杜威论幼儿教育　159

第二节　蒙台梭利论幼儿教育　174

第三节　德可乐利论幼儿教育　195

第四节　罗素论幼儿教育　203

第五节　克鲁普斯卡雅论幼儿教育　213

第六节　皮亚杰论幼儿教育　225

第七节　维果茨基论幼儿教育　236

第八节　马拉古兹论幼儿教育　241

前 言

人类教育随着人类社会的产生而产生,也随着人类社会的发展而发展。在某种意义上,在人类的所有教育形式中,幼儿教育是最早的一种教育形式。早在原始社会中,一个新生儿诞生后就自然地在社会生活中受到教育。

鉴于幼儿的发展与早期教育在人的一生中的重要性,古埃及、古希伯来及古印度都很重视幼儿教育,但那时的幼儿教育主要是在家庭里进行的,因此,这种幼儿教育实际上是一种家庭教育,或者说,家庭是学前儿童接受教育的一个重要场所。

在自古希腊至现代社会的三千年历史长河中,对于"幼儿教育"这个人类社会的共同话题,不同时代不同国家的哲学家、思想家、教育家和心理学家们都进行了认真的思考,或撰写教育著作,或躬身教育实践,不仅在幼儿教育上提出了真知灼见,而且在幼儿教育上闪烁了非凡智慧。

寻觅西方幼儿教育智慧要从古希腊开始,因为它是西方文化和教育的源头。早在古希腊罗马时期,许多哲学家和教育家在幼儿教育上阐述了他们的睿智洞见。古希腊哲学家和教育家柏拉图强调教育的作用,明确提出"每个人最初所受教育的方向容易决定以后行为的性质"(《理想国》)。古希腊哲学家和教育家亚里士多德主张对儿童实施包括体育、德育、智育和美育的和谐发展教育,指出"一个人自幼受的训练,与一般人所受的训练如有不同,那末后来所形成的差别便会更大,甚至可以说是完全两样"(《尼各马科伦理学》)。之后,古罗马雄辩家和教育家昆体良依据长期的教育实践,也指出"7岁以前学习的东西无论怎样少,但有了这个基础,到了7岁时就可以学习程度更深的东西"(《雄辩术原理》)。古罗马传记作家、散文家和教育家普鲁塔克十分强调儿童教育,提出"儿童时代是柔嫩的、容易铸造成各种类型的人。而且,当儿童的灵魂还是软弱易感的时候,容易接受进入心灵的任何事物的印象"(《论儿童教育》)。

在文艺复兴时期,一些人文主义者也强调幼儿教育的重要性。尼德兰(今荷兰)人文主义者和思想家伊拉斯谟就指出,教育应该"从襁褓时期开始""从来没有什么东西像在早期学习的东西那样根深蒂固"(《一个基督教王子的教育》)。法国人文主义者和思想家蒙田重视儿童教育,强调"人文科学中最难与最伟大的学问似乎就是儿童的抚养与教育"(《论儿童教育》)。

从西方幼儿教育思想发展来看,相对完整的幼儿教育理论体系实际上到17世纪时才开始创立。捷克教育家夸美纽斯1632年的《母育学校》一书就是其标志。他强调幼儿的教育应该尽早开始,并对幼儿教育的目的、内容和方法作了比较详尽而系统的论述。他强调"任何人在幼儿时期播下什么样的种子,那他老年就要收获那样的果实"(《母育学校》),于是他设想每一个家庭就是一所母育学校。尽管夸美纽斯还没有建立专门的幼儿教育机构而仍然采用家庭教育的形式,但他在西方教育史上第一次尝试创立了幼儿教育理论体系。与此同时,英国教育家洛克也强调指出,"幼儿时所得的印象,哪怕极微极小,小到几乎觉察不出,都有极重大极长久的影响"(《教育漫话》)。

在18世纪,又有不少近代西方教育家在他们的著作中论及了幼儿教育。法国启蒙思想家和教育家卢梭指出,"人的教育在他出生时就开始了""大自然希望儿童在成人以前就像儿童的样子"(《爱弥儿》)。瑞士教育家裴斯泰洛齐在他自己的教育实践中提出了"一切为了孩子"的观念,强调"母爱是最强有力的力量,感情是早期教育的自然动因"(《致格瑞夫斯的信》)。

到18世纪后半期,由于工业革命和社会经济的发展,大批妇女离开家庭而投入了劳动力市场。在这样的情况下,专门的幼儿教育机构应运而生。法国宗教慈善家和教育家奥柏尔林于1769年在法国的阿尔萨斯-洛林地区创办了欧洲第一所幼儿学校，并指出所有这些学习完全像一种游戏，一种连续不断的娱乐活动。此后，欧洲国家在19世纪兴起了幼儿学校运动。19世纪英国空想社会主义者欧文从人的性格形成学说出发，于1802年在苏格兰的纽兰纳克开办了幼儿学校，而被称为"英国幼儿学校的创始人"。他强调指出，在幼儿学校里"要尽力使小朋友快乐"（《新社会观》），并提出了著名的幼儿学校十大原则。

在近代西方幼儿教育思想的发展中，占有最重要地位的是德国教育家福禄培尔。他强调"儿童早期是一个十分重要的时期……这一个时期对于发展中的人来说，是很重要的"（《人的教育》）。1837年，他在德国的勃兰根堡创办了一个幼儿教育机构，后于1840年正式命名为"幼儿园"，这就是世界上第一所幼儿园；他还阐述了系统的幼儿园教育理论，制作了幼儿的游戏玩具，开办了幼儿园教师训练班，因而被世人誉为"幼儿园之父"，对现代幼儿园制度的建立和发展产生了重要的影响。与之同时代的法国教育家凯果玛、美国心理学家和教育家霍尔也对幼儿教育进行了各自的阐述。凯果玛阐述了母育学校理论，指出它在幼儿教育上形成了从家庭生活到学校教育的过渡。霍尔作为儿童研究运动的创始人，大力提倡儿童研究及问卷法。

19世纪末20世纪初，在欧美国家兴起的一场广泛的教育革新运动，即欧洲新教育运动和美国进步教育运动，促进了儿童教育观念的根本变革，其意义是极为深远的。正是在这种背景下，瑞典教育家爱伦·凯1900年提出了"20世纪将是儿童的世纪"（《儿童的世纪》）这一振奋人心的口号，吹响了现代西方幼儿教育思想的进军号角。

依据现代心理学理论，许多教育家进一步论述了幼儿教育，推动了现代幼儿教育思想的发展。美国教育家杜威提出新的儿童观和教育观，强调"未成熟的人的早期经验的价值是非常重要的"（《民主主义与教育》），现代西方幼儿教育思想均受其影响。比利时教育家德可乐利开办隐修学校，基于生活教育观和兴趣中心提出了儿童教育"整体化"。英国哲学家和教育家罗素开办皮肯希尔学校，强调"品格的培养必须从出生时开始"（《论教育》）。瑞士心理学家和教育家皮亚杰毕生从事儿童心理发展的实验研究，创立比较完整的儿童心理发展理论，强调"应该考虑到每个年龄阶段的特殊兴趣和需要"（《新方法，它们的心理学基础》）。

在现代西方幼儿教育思想的发展中，特别重要的是意大利教育家蒙台梭利。她于1907年在意大利的罗马创办了"儿童之家"，并在此基础上提出了科学的幼儿教育方法（即"蒙台梭利方法"），强调"童年构成了人一生中最重要的一部分，因为一个人就是在他的早期形成的"（《童年的秘密》）。蒙台梭利的幼儿教育实践和理论对现代幼儿教育的改革及幼儿教育思想的发展产生了深远的影响，她被称为"幼儿园改革家"，因而在幼儿教育方面成为了自福禄培尔以来影响最大的一个人。

苏联一些教育家对幼儿教育也很重视。苏联教育家克鲁普斯卡雅主张大力发展托儿所和幼儿园，亲自制定幼儿园规程，组织幼儿教师训练班，强调"应该特别重视儿童，重视学前期"（《要更加重视学前教育工作》）。苏联心理学家和教育家维果茨基在对儿童心理和教育进行长期研究的基础上，创立了"最近发展区"概念，指出"教育学不应当以儿童发展的昨天，而是应当以儿童发展的明天作为方向"（《思维与语言》）。

自20世纪50年代以来，随着现代西方幼儿教育思想的发展，人们越来越深刻认识到幼儿教育对人的一生和社会发展的重要性。特别受到关注的是，意大利教育家马拉古兹于1963年在瑞吉欧开办幼儿学校，创立了产生广泛影响的"瑞吉欧方法"，指出"一百种世界，等着孩子们去发掘；一百种世界，等着孩子们去创造；一百种世界，等着孩子们去梦想"（《儿童的一百种语言》）。

应该看到，重视幼儿的发展和教育已成为当今世界各国教育的一个共同趋势，并作为未来教育政策的一个重要方面。世界各国正积极促进幼儿教育的发展，制定幼儿教育发展的计划，采取提高幼儿入园率的措施，进一步开展幼儿教育的实验研究，注重幼儿身体、情感和智力诸方面的发展，加强幼儿教育机构与家庭和家长的联系。对于企望幼儿教育美好未来的人们来说，肯定可以从西方三千年幼儿教育智慧中得到很多有益的启迪。

《西方幼儿教育智慧——从柏拉图到马拉古兹》一书共六章。

第一章主要论述了古希腊罗马时期幼儿教育智慧。其中包括古希腊哲学家和教育家柏拉图、古希腊哲学家和教育家亚里士多德、古罗马雄辩家和教育家昆体良以及古罗马传记作家和教育家普鲁塔克的幼儿教育智慧。

第二章主要论述了文艺复兴时期幼儿教育智慧。其中包括尼德兰人文主义者和思想家伊拉斯谟、法国人文主义者和思想家蒙田以及英国早期空想社会主义者莫尔、意大利早期空想社会主义者康帕内拉的幼儿教育智慧。

第三章主要论述了17世纪欧洲幼儿教育智慧。其中包括捷克教育家夸美纽斯和英国教育家洛克的幼儿教育智慧。

第四章主要论述了18世纪欧洲幼儿教育智慧。其中包括法国启蒙思想家和教育家卢梭、法国慈善家和教育家奥柏尔林以及瑞士教育家裴斯泰洛齐的幼儿教育智慧。

第五章主要论述了19世纪欧美幼儿教育智慧。其中包括19世纪英国空想社会主义者和教育家欧文、德国教育家福禄培尔、法国教育家凯果玛、美国心理学家和教育家霍尔以及瑞典教育家爱伦·凯的幼儿教育智慧。

第六章主要论述了20世纪欧美幼儿教育智慧。其中包括美国哲学家和教育家杜威、意大利教育家蒙台梭利、比利时教育家德可乐利、英国哲学家和教育家罗素、苏联教育家克鲁普斯卡雅、法国心理学家和教育家皮亚杰、苏联心理学家和教育家维果茨基以及意大利教育家马拉古兹的幼儿教育智慧。

本书如有不妥之处，敬请读者批评指正。

第 1 章

古希腊罗马幼儿教育智慧

在人类社会文明史上，古希腊罗马时期占有重要的地位。无论在称为"黄金时代"的古希腊，还是在称为"白银时代"的古罗马，许多哲学家、思想家和教育家都在教育实践和教育理论的基础上，提出了不少有价值的教育见解。古希腊哲学家和教育家柏拉图从培养哲学家的教育目标出发，十分强调学前儿童的教育，主张优生优育以及教育从幼年开始，提倡身体训练和心灵陶冶的结合，重视游戏的作用。古希腊哲学家和教育家亚里士多德从教育是国家头等大事出发，根据儿童身心的自然发展，通过体育、德育和智育来促进儿童的和谐发展。显然受到古希腊教育思想影响的古罗马雄辩家在幼儿教育方面也提出了精辟的观点。其中，雄辩家和教育家昆体良是从培养雄辩家的教育目标来论述幼儿教育的，主张儿童早期教育，强调游戏和榜样的作用。古罗马传记作家、散文家和教育家普鲁塔克从天性和教育的关系出发，不仅强调儿童早期教育的重要性，而且对儿童教育的内容和方法也进行了论述。因为奴隶在古希腊罗马社会里完全被剥夺了教育权利，所以，古希腊罗马幼儿教育思想只是对奴隶主阶级或自由民儿童教育的论述，但从中可以找到后世西方幼儿教育思想的胚胎和萌芽。

第一节
柏拉图论幼儿教育

柏拉图（Plato，公元前427—前347）是古希腊哲学家、教育家。他出生于奴隶主贵族家庭。青少年时期，他曾受过良好的教育。从20岁起，柏拉图师从古希腊哲学家苏格拉底（Socrates）8年。在苏格拉底被判处死刑后，他被迫赴各地游学。公元前387年，柏拉图回到雅典创办阿卡德米学园，从事教育活动和学术研究达40年之久。在《理想国》和《法律篇》中，柏拉图集中阐述了自己的社会政治理想和教育思想。美国教育家杜威指出："第一个要研究的是柏拉图的教育理论。没有谁比柏拉图更好地表达这样一个事实：……教育的任务就在于发现一个人的自然禀赋，并循序渐进地进行训练以应用于社会。"[1]这是柏拉图提出的教育哲学的基本原理。

一、论教育的作用

柏拉图十分重视教育，把教育视为最宏伟、最美好的事业。理想国是他的教育思想的出发点，教育被视为实现理想国的重要手段。因此，他认为，教育是国家的事业，是国家当政者所应注意的一件大事。柏拉图强调指出："一个安

---

[1] John Dewey. *Democracy and Education*. New York: The Free Press, 1966: 88.

排得非常理想的国家，必须……儿童公有，全部教育公有。"[①] 在他看来，有了良好的教育，才能培养出合格的护国者，从而使国家成为思想的、勇敢的、节制的和正义的。

在柏拉图看来，教育的作用主要在于以下四个方面：一是教育可以培养事理通达的人，能遵循互相友爱的原则处理所有的事情，能使社会中人与人的关系融洽，从而使国家秩序得以稳定。二是教育可以不断改善国家公民的素质，从而使国家能以越来越快的速度前进。三是教育可以养成人们守法的精神以及良好的行为举止，从而保持社会的秩序。四是教育可以培养思想、勇敢、节制和正义四种美德，使之成为良好政治秩序的基础，从而维持国家的政治秩序。因此，教育应该从人的出生就开始，一直到生命的终结。

基于教育是国家的重要职责，柏拉图提出了按能力而不是按出身来选拔和培养人才的筛选制度，构想了一个从优生到优育的教育思想体系。幼儿教育就是这个教育思想体系的一个有机组成部分。

二、论儿童的优生

在西方教育史上，柏拉图最早论述了儿童的优生问题，并倡导儿童的优生。从实现理想国的目的出发，他认为，婚姻的目的是生育优秀的后代。因此，任何人都要过集体的公共生活，并使婚姻成为庄严神圣的事业；任何人没有婚姻自主权，而由当政者来选择配偶。此外，结婚人数的多寡也由当政者斟酌决定，以保持适当的公民人口，尽量使国家不至于过大或过小。

柏拉图还认为，国家应该只允许身体健壮的男女结婚。他甚至对男女的婚龄作了严格的规定，男子为25~55岁，女子为20~40岁。因为在他看来，这是男女在身心两方面精力都旺盛的时期，使得新一代比老一代更优秀，从而对国家更有益。柏拉图曾这样指出："结婚的机会对于优秀人物，应该多多益善，

[①] 柏拉图.理想国[M].郭斌和，张竹明，译.北京：商务印书馆，1986：312.

以便他们尽可能多生孩子。"① 凡是不符合健康标准和婚龄规定的婚姻，其所生子女不能享受国家公民的一切权利。

柏拉图又认为，合法生育的婴儿在诞生后就要接受国家官员的检查。此外，所有婴儿都属于国家所有，由国家统一设立育儿院由奶妈来抚育。

从儿童优生的目标出发，柏拉图十分强调女子的教育，认为女子与男子的天性是相同的，主张给女子提供与男子同样的教育，采用同样的教育方法。他指出："一个国家能够造就出这些出类拔萃的女人和男人，还有什么事情比这个更好的吗？"②

在儿童优生上，柏拉图的观点显然受到了古希腊斯巴达教育的影响。

三、论幼儿教育的重要性

在西方教育史上，柏拉图是最早较为系统地论述幼儿教育的教育家。可以说，重视幼儿教育是他的教育思想中的一个十分突出的特点。

1. 教育应从幼年开始

柏拉图认为，教育应该从幼年开始，开始得越早越好。他强调指出："凡事开头最重要。特别是生物，在幼小柔嫩的阶段，最容易接受陶冶，你要把它塑成什么型式，就能塑成什么型式。"③ 在柏拉图看来，早期教育对于儿童的发展十分重要，不仅最容易接受，而且印象也最深刻。因为"先入为主，早年接受的见解总是根深蒂固不容易更改的"④。儿童通过从幼年就开始的教育而接受的东西，在他一生中都是难以磨灭和改变的。

而且，柏拉图认为，从幼年就开始的教育决定一个人的未来发展。他强调指出："一个人从小所受的教育把他往哪里引导，就能决定他后来往哪里走。"⑤

---

① 柏拉图.理想国[M].郭斌和，张竹明，译.北京：商务印书馆，1986：207.
② 同①：189.
③ 同①：71.
④ 同①：73.
⑤ 同①：140.

在柏拉图看来，每个人最初所受教育的方向容易决定以后行为的性质。

2. 幼儿教育的主要任务

柏拉图认为，幼儿教育的主要任务是对儿童进行道德熏陶，使他们养成良好的习惯和品格，例如，敬畏神明、推崇正义、有进取心、豁达大度、宁死不屈等。在柏拉图看来，弃恶从善是人的本性，但对于个人来说关键是要具有辨别善恶的能力。这就需要通过教育，把对善和恶的认识的最初种子播种到儿童的心灵中去。

在柏拉图看来，"痛苦"和"欢乐"是儿童最先萌生的知觉，这其实也是他们对善和恶的认识的最初表现。引起儿童欢乐感觉的事物，就会引起他们的爱好的情绪；反之，引起儿童痛苦感觉的事物，就会引起他们的憎恨的情绪。通过良好的教育，就能使儿童成为一个具有良好品格的人，进而成为国家所需要的出类拔萃的人。所以，柏拉图认为，具有健全性格的人受到一种适当的教育就会变成更好的人，不仅胜过他们的祖宗，而且使他们的后裔更好。对此，古希腊哲学家亚里士多德作过这样的评价："正如柏拉图所说，重要的是，从小就培养起对所应做之事的快乐和痛苦的情感，正确的教育就是这样。"[①]

3. 幼儿教育的阶段

柏拉图认为，儿童从出生到 6 岁是幼儿教育期。其中，出生到 3 岁为第一阶段，3 岁到 6 岁为第二阶段。

第一阶段：儿童出生后，就交给国家设立的育儿院，由奶妈来监管抚养，并用摇篮曲和儿歌来施加教育的影响。

第二阶段：儿童 3 岁后，就集中到由国家附设在村庄寺庙的儿童游戏场由保姆来教育。担任保姆的人必须能够很好地承担国家的托付，尽心使所有的儿童四肢健全无病，同时根据他们的自然天赋进行教育。

---

① 亚里士多德.尼各马科伦理学[M].苗力田,译.北京：中国人民大学出版社，2003：28-29.

四、论幼儿教育的内容

柏拉图提出,幼儿教育的内容应该包括讲故事、音乐、绘画、体育、游戏等。

1. 讲故事

柏拉图认为,对于儿童发展来说,讲故事有利于培养良好的品德。这是对他们有道德影响的最好的教育。他强调指出:"母亲和保姆给孩子们讲那些已经审定的故事,用这些故事铸造他们的心灵,比用手去塑造他们的身体还要仔细。"①

柏拉图再三强调故事审查制度。为了更好地培养美德,给儿童讲的故事必须经过审查,接受编得好的故事,拒绝编得坏的故事。有些故事应该从小就讲给儿童听,有些故事就不应该给他们讲。对于丑恶的假故事,首先必须进行严厉的谴责。在柏拉图看来,在故事中,神的形象应该是神圣无比的,英雄人物的形象应该是公正无私的。总之,最为重要的是,"儿童们最初听到的应该是最优美高尚的故事"②。这样,儿童的心灵就不会被不好的故事所干扰或改变。

2. 音乐

柏拉图认为,音乐对于儿童的发展是十分重要的。合适的音乐乐律和曲调能使儿童的身心得到陶冶,使他们的情性得到调和。在这个意义上,音乐的教育是至高无上的。因此,柏拉图强调指出:"一个儿童从小受了好的教育,节奏与和谐浸入了他的心灵深处,在那里牢牢地生了根,他就会变得温文有礼;如果受了坏的教育,结果就会相反。"③在他看来,唯一可以认可的标准是伦理标准,使儿童能从音乐中感受其鼓舞,并从中汲取营养,使自己的心灵成长得既美且善。

---

① 柏拉图. 理想国 [M]. 郭斌和, 张竹明, 译. 北京: 商务印书馆, 1986: 71.
② 同①: 73.
③ 同①: 108.

在古希腊,"音乐"的含义比现在要广泛得多。除现在意义上的音乐教育外,还包括富有陶冶功能的诗歌、文学、寓言等。柏拉图主张,在诗歌、文学、寓言中要选择振奋精神和鼓舞斗志的内容,拒绝罪恶的形象,以培养理性、勇敢、公正等美德。这样,儿童眼睛所看到的和耳朵所听到的"使他们如坐春风如沾化雨,潜移默化,不知不觉之间受到熏陶,从童年时,就和优美、理智融合为一"[①]。

3. 绘画

柏拉图认为,绘画对儿童的发展也有作用。因为绘画作品所表现的美好的东西总是与明智和美好的品格相近。所以,儿童时期的文艺教育是最关紧要的。正因为如此,柏拉图坚决反对在绘画作品中描绘反映邪恶、放荡、卑鄙等丑恶形象。

4. 体育

柏拉图认为,从童年起就要接受体育训练,因为体育对于儿童的发展也是十分重要的。体育是为增强体质去进行的运动,其目的在于使儿童身体健康,从而有利于培养美好的心灵。如果儿童身体虚弱,那就会牵制其心灵的发展。

但是,儿童的体育训练要朴质而适当。在柏拉图看来,如果加以适当训练就可能成为勇敢,如果搞过头就可能变成粗暴。

5. 游戏

柏拉图重视游戏在儿童发展中的作用。他认为,游戏是一种符合儿童身心特点的活动,因为儿童在幼小的时候总是爱动,忽而呼喊,忽而跳跃,喜欢尽情欢乐。他强调指出,儿童"本性是需要游戏的"[②]。但是,游戏活动应该简单、自然,并有一定的规则。更重要的是,游戏有助于儿童的教育。柏拉图指出:"长大成人后要擅长于做某事的人,必须在幼儿时期就通过游戏认真地进行练

---

① 柏拉图. 理想国 [M]. 郭斌和,张竹明,译. 北京:商务印书馆,1986:107.
② 柏拉图. 法律篇 [M]// 华东师范大学教育系,杭州大学教育系. 西方古代教育论著选. 北京:人民教育出版社,2001:75.

习……因此，如果一个男孩想要成为优秀的建筑师，他就应在 3 到 6 岁时做建造玩具房屋的游戏……"①

柏拉图还认为，游戏也是一个道德教育的过程。因此，游戏的内容应该是正当的，以便使儿童健康成长。他在《理想国》中指出："孩子必须参加符合法律精神的正当游戏。因为，如果游戏是不符合法律的游戏，孩子们也会成为违反法律的孩子，他们就不可能成为品行端正的守法公民了。"② 他还在《法律篇》中指出："通过游戏，儿童心灵深处萌生的对完美的热爱，会在儿童长大成人后依然指引他追求完美。"③

柏拉图又特别强调游戏与国家秩序稳定的关系。他指出："如果给儿童安排同样的游戏，采用同样的方式，使其爱好相同的玩具，那么邦国的庄严的制度就会稳固并且保持下去，不致被破坏。"④ 在柏拉图看来，如果游戏方式时常有新的变化，那就会使儿童喜新厌旧，这会对国家产生最大的危害。

无疑，柏拉图在西方教育史上第一次对游戏进行了理论上的论述。英国教育史学家拉斯克（Robert R. Rusk）就指出："儿童对游戏的兴趣和游戏作为教育的一个指导原则在柏拉图那里就已有所阐述。"⑤

五、论幼儿教育的方法

在柏拉图看来，儿童从出生到 6 岁这一阶段被公认是教育最困难的时期。为了使儿童更好地培养良好的品格，从小为将来成为哲学家打下基础，柏拉图从三个方面对幼儿教育的方法进行了论述。

---

① 查尔斯·赫梅尔.柏拉图 [M]// 扎古尔·摩西.世界著名教育思想家（第三卷）.梅祖培，龙治芳，等译.北京：中国对外翻译出版公司，1995：277.
② 柏拉图.理想国 [M].郭斌和，张竹明，译.北京：商务印书馆，1986：140.
③ 罗伯特·R·拉斯克，詹姆斯·斯科特兰.伟大教育家的学说 [M].朱镜人，单中惠，译.济南：山东教育出版社，2013：35.
④ 柏拉图.法律篇 [M]// 华东师范大学教育系，杭州大学教育系.西方古代教育论著选.北京：人民教育出版社，2001：78.
⑤ Robert R. Rusk. *Doctrines of the Great Educators*. New York: The Macmillan Press Ltd., 1979: 20.

1. 音乐与体育结合

柏拉图认为，儿童的发展既需要音乐教育，又需要体育锻炼。用他的话来讲："教育有两件事：一件是体育，是为身体的；另一件是音乐，是求心灵美善的。"[①] "用体操来训练身体，用音乐来陶冶心灵。"[②] 在柏拉图看来，忽视体育或忽视音乐都是不对的，因为只有音乐与体育结合最好的教育才是一种完美和谐的教育。在这一点上，柏拉图显然受到了古代雅典教育的影响。爱尔兰教育学者弗拉纳根（Frank M. Flanagan）就指出："在早期教育阶段进行的体能训练和艺术教育两个方面，柏拉图的教育方法和传统的雅典教育方法没有什么本质的不同。"[③]

对于音乐和体育的次序，柏拉图提出，先教音乐后教体操。此外，在教体操之前，可以先用故事教育儿童。

2. 提供一个道德的环境

柏拉图认为，一个道德的环境对于儿童的发展来说是极为重要的。儿童处在道德的环境中就是有了适宜的水土，使他们可以从其周围的一切事物中得到益处。因此，他强调指出：使儿童"在不道德环境中成长起来，好像把羊放在毒草地区，每天在那里吃草，久而久之，不知不觉地在它们的心灵上积累了一大堆的毒素"[④]。

3. 注重模仿

柏拉图认为，儿童喜欢模仿。通过连续的模仿，儿童的习惯最后成为第二天性，从而在思想和行动上受到影响。因此，应该使儿童模仿他们适宜模仿的人，模仿那些勇敢、节制、正义和虔诚的人物。

---

① 柏拉图. 法律篇 [M]// 华东师范大学教育系, 杭州大学教育系. 西方古代教育论著选. 北京：人民教育出版社，2001：77.
② 柏拉图. 理想国 [M]. 郭斌和, 张竹明, 译. 北京：商务印书馆，1986：70.
③ 弗兰克·M·弗拉纳根. 最伟大的教育家：从苏格拉底到杜威 [M]. 卢立涛, 安传达, 译. 上海：华东师范大学出版社，2009：15.
④ 柏拉图. 理想国 [M]// 华东师范大学教育系, 杭州大学教育系. 西方古代教育论著选. 北京：人民教育出版社，2001：30.

但是，由于儿童无所顾忌，觉得什么东西都值得模仿，因此，柏拉图强调指出："凡与自由人的标准不符合的事情，就不应该去参与或巧于模仿。至于其它丑恶的事情，当然更不应该模仿，否则模仿丑恶，弄假成真，变成真的丑恶了。……他们也不应该模仿奴隶（不论女的和男的），去做奴隶所做的事情。"①

在西方教育史上，柏拉图的幼儿教育思想是具有开创性意义的。从教育是国家的事业出发，他最早提出儿童优生，并从重要性、内容和方法三个方面对幼儿教育进行了有原创性的论述。柏拉图幼儿教育思想虽然粗浅但却是开创先河的，对后世西方幼儿教育思想的发展是富有启迪和产生重要影响的。英国教育史学家拉斯克和斯科特兰（J. Scotland）指出：柏拉图是唯一一位让人们作出不同解读的具有丰富原创性思想的思想家，实际上对于他的影响无论怎么评价也不会过分。②

第二节
亚里士多德论幼儿教育

亚里士多德（Aristotle，公元前384—前322）是古希腊哲学家、科学家和教育家。他出生于古希腊属地色雷斯的一个御医家庭。他从小受过良好的贵族教育。公元前367年，亚里士多德到雅典的阿加德米学园学习，师从柏拉图达20年之久，被他老师称为"学园之灵"。在柏拉图死后，他离开学园周游各地。后担任过马其顿的王子亚历山大（Alexandros）的老师。公元前335年，亚里士多德返回雅典，在阿波罗神庙旁创办了一所名叫吕克昂（Lyceum）的

---

① 柏拉图. 理想国[M]. 郭斌和，张竹明，译. 北京：商务印书馆，1986：98-99.
② 罗伯特·R·拉斯克，詹姆斯·斯科特兰. 伟大教育家的学说[M]. 朱镜人，单中惠，译. 济南：山东教育出版社，2013：38-39.

学校，创立了"逍遥学派"。在哲学、逻辑学、物理学、生物学、历史学、政治学、伦理学和美育等领域，他都做过深入研究并颇有建树。德国哲学家黑格尔（G. W. F. Hegel）指出："如果真有所谓人类导师的话，就应该认为亚里士多德是这样一个人。"①在《政治学》和《伦理学》这两部著作中，亚里士多德集中阐述了他的教育理论及幼儿教育思想。

一、论教育是国家的事业

与古希腊哲学家柏拉图一样，亚里士多德基于对实际的观察，十分重视教育的政治作用，强调教育是国家的事业。他在《政治学》一书中明确指出："在我们述及的所有保全政体的措施中，最重要的一条是依照政体的宗旨对公民实施教育……最有益的法律，而且得到了其所辖的全体公民的称道，如果在政体范围内未能形成风尚及通过公民教育深入人心，这样的法律就依然是无用的。"②在亚里士多德看来，如果立法者忽视教育的话，那就会对政体产生危害。因此，教育应该是国家的事业，而不应该作为各个家庭的私事，因为儿童长大成人后就是国家的公民。因为"一个人自幼受的训练，与一般人所受的训练如有不同，那末后来所形成的差别便会更大，甚至可以说是完全两样"③。亚里士多德特别赞扬古希腊斯巴达人在教育上的做法，因为他们尽最大的努力去教育儿童，并把儿童的教育看作是整个城邦的共同责任。"总之，亚里士多德的主要贡献就是确立了城邦和教育的关系。教育是建设和谐统一的城邦的有力保障，是公民履行统治者和被统治者双重社会职责的前提条件。"④

从"法治"的思想出发，亚里士多德认为，教育应该成为法制教育的工具。在一个国家里，只有当公民遵守法律，社会秩序才能稳定。但是，公民遵守法律的习惯是需要经过长期的教育和培养的。因此，亚里士多德强调指出："谁也

---

① 黑格尔.哲学史讲演录（第二卷）[M].贺麟，王太庆，译.北京：商务印书馆，1960：380.
② 亚里士多德.政治学[M].颜一，秦典华，译.北京：中国人民大学出版社，2003：186.
③ 亚里士多德.尼各马科伦理学[M]//周辅成.西方伦理学名著选辑.北京：商务印书馆，1964：292.
④ 弗兰克·M·弗拉纳根.最伟大的教育家：从苏格拉底到杜威[M].卢立涛，安传达，译.上海：华东师范大学出版社，2009：31.

不会有异议，立法者最应关心的是青少年的教育，因为那些没有这样做的城邦的政体都深受其害。应该教育公民适应他生活于其中的政体，因为每一政体一开始就形成了其固有的习俗，起着保存该政体自身的作用。"[①] 由此，他提出在教育方面应有立法规定，使所有公民都受到同样的教育。这无疑是西方教育史上"教育立法"思想的萌芽。

从德行培养的思想出发，亚里士多德认为，教育应该成为道德教育的手段。一个人如果没有受到很好的教育，他就不能成为一个有德行的人。在他看来，所有的公民都应该通过教育来培养好的德行，这样城邦才能有最优秀的政体，使人们能够有最善良的行为和最快乐的生活。

二、论和谐发展的教育

亚里士多德认为，人的灵魂分成植物的、动物的和理性的三个部分。由此出发，他主张对儿童实施和谐发展的教育，具体包括体育、德育、智育和美育等。在这一方面，亚里士多德的思想显然是植根于雅典教育的。

1. 体育

亚里士多德认为，首先应该关心儿童的身体，对于身体的注意应先于心灵。因此，在儿童的教育中，首先要考虑的是体育。他强调指出：立法者应该按其意愿培育儿童的体格，使"城邦养育的儿童一开始就具有最健壮的体格"[②]。具体来讲，那就是把儿童交给体育教师和角力教师，由他们来训练儿童的体质和教给他们体育技能。体育的目的就是使儿童具有强健的身体和勇敢的精神。这是城邦公民参加政治生活和战争的基本条件。

但是，亚里士多德也指出，在体育的作用和训练的方式上应该有一致的认识，那就是，必须防止过早的剧烈的训练，以及避免严格的饮食限制和强制性的劳累。

---

① 亚里士多德.政治学[M].颜一，秦典华，译.北京：中国人民大学出版社，2003：267.
② 同①：261.

2. 德育

亚里士多德认为，德育在儿童的教育中也是十分重要的。因为儿童尚不成熟，所以，他的德性显然不只是与他自己有关，而且与成年人以及他的导师有关。在亚里士多德看来，理智德行大多是由教导而培养起来的。因此，必须注意对儿童的道德教育，使他具有合乎德性的行为。

但是，亚里士多德也指出，美好德性的特点是中庸之道，处于过度和不足的中间。这样的德性既能使人成为善良的人，又能使人圆满地实现其功能。

3. 智育

亚里士多德认为，对于儿童的智育也应该重视。因为求知是人的本性，人生来就是爱思想的和无尽地追求知识的。正是通过教育，人们获得了知识。在他看来，儿童在智育上学习的科目主要是读写、体操、音乐和绘画等。

但是，亚里士多德也指出："应教授儿童那些真正必需的有用的东西，但并不是教以一切有用的东西。"[①]尤其要注意的是，不要使儿童学习偏狭的和会使他们鄙俗化的知识。

4. 美育

亚里士多德认为，美育有助于儿童心灵的陶冶，以及影响他们的情绪和性格。他强调指出："音乐的教导很适合少年的本性，青少年们由于年龄关系极不情愿忍耐那些缺少快乐的事物，而音乐在本性上就属于令人快乐的事物。而且，音乐的旋律和节奏可以说与人心息息相通，因此一些有智慧的人说灵魂就是一支旋律，另一些则说灵魂蕴藏着旋律。"[②]

但是，亚里士多德也指出，尽管儿童在学习音乐时应该成为评判者和演奏者，但他们应有一定的限度，不要以追求职业和赚钱为目的。

---

① 亚里士多德.政治学[M]//华东师范大学教育系，杭州大学教育系.西方古代教育论著选.北京：人民教育出版社，2001：107.
② 亚里士多德.政治学[M].颜一，秦典华，译.北京：中国人民大学出版社，2003：277.

三、论儿童的优生

与自己的老师柏拉图一样，亚里士多德也十分重视儿童优生的问题；但是，他的论述比柏拉图更为广泛。他的论述主要在以下五个方面。

一是父母的体格。亚里士多德认为，父母具有何种体格对其子女最为有利，是我们讨论儿童教育时将充分考虑的问题。因为对于子女生育来说，父母的体格会对婴儿的体质产生重要的影响。但是，运动员的体格和过于虚弱的体格都不好，最为适宜的是介于二者之间的体格。

二是孕妇的保健。亚里士多德认为，孕妇的保健对于子女生育来说是十分重要的，因为婴儿从母亲那里获得自己的性情。因此，他建议："孕妇应保重自己，她们应当运动，要吃富于营养的食物。立法者所规定的条文，首先容易见诸实行的，就是要求孕妇每日步行到一神庙礼拜生育之神。她们的心理，不像她们的身体，应能保持安静。"①

三是结婚的年龄。亚里士多德认为，男女生育能力的衰退会影响胎儿身体的发育。因此，女子适合于在 18 岁左右结婚，男子适合于 37 岁左右结婚。亚里士多德甚至论及到成婚时间的选择，建议婚期定在冬天是十分得当的。

四是生育的时期。亚里士多德认为，何时生育子女要考虑婴儿在身体和心智两方面的发育。如果父母年龄太大，那就会使婴儿身心发育不良或有缺陷。因此，生育时期的选择限度应当是智力旺盛之年。

五是婴儿的身体检查。亚里士多德认为，在婴儿诞生后，必须对他们的身体进行严格的检查。在某种情况下，国家可以限制每对夫妇生育子女的数量。

四、论幼儿的教育

遵从教育"效法自然"的原则，亚里士多德按自然的差异把一个人受教育

---

① 亚里士多德.政治学 [M]// 华东师范大学教育系，杭州大学教育系.西方古代教育论著选.北京：人民教育出版社，2001：103.

的年龄划分为三个时期，每一个时期为 7 年。具体来讲，第一个时期：出生~7 岁，婴幼儿教育；第二个时期：7~14 岁，青春期教育；第三个时期：14~21 岁，理智教育。

根据亚里士多德的观点，第一时期的婴幼儿教育是十分重要的，因为很多东西从摇篮里就伴随着儿童。这一时期的教育可以分为出生~5 岁和 5~7 岁两个阶段。

1. 出生~5 岁的保育

亚里士多德认为，这一阶段的保育应该顺其自然，以儿童的身体发育为主。在他看来，唯有适度才能增进健康。

具体来讲，主要是注意以下七个方面：一是儿童的营养。最适宜儿童的食物是含有丰富奶分的，而不能含有酒精成分。二是及早开始训练儿童抵御寒冷。这有助于儿童健康和坚强。三是运动。成人应该协助儿童做一些适合他们所能掌握的动作而进行运动，有时可以借助于器械。四是游戏。游戏能给儿童的肢体以充分的活动。因为儿童总是好动的，所以必须有些事情做。但是，游戏不应是鄙俗的、易使人疲倦的或丈夫气的。五是讲故事。儿童所听的故事内容必须经过教育总监的挑选，为他们将来的人生事业作准备。六是允许儿童哭叫。因为哭叫有益于儿童的生长发育，对他们的身体是一种锻炼。儿童们哭叫如同深呼吸运动一样，可以增强身体的力量。七是模仿。因为人是世界上最善于模仿的动物，模仿既是婴儿开始说母语的方式和开始学习的方式，又能使儿童从模仿中获得乐趣。

在这一阶段，亚里士多德反对儿童进行课业学习或强制性劳动。在他看来，这会阻碍儿童的身体发育。

2. 5~7 岁的教育

亚里士多德认为，这一阶段的教育以养成良好的习惯为主。在他看来，人的道德品质形成主要是天性、习惯和理智三个因素，其中习惯是最重要的。因此，他要求注重儿童习惯的养成。亚里士多德强调指出："道德方面的美德乃是习惯的结果。"①在他看来，儿童从小养成这样或那样的习惯并不是小事情，而是非常重要的事情，甚至比一切都重要。

对于这一阶段儿童的教育和成长，儿童总监负有监督的责任。由于家庭环境对儿童的性格形成和习惯养成是极为重要的，因此，他特别强调要防止家庭环境的不良影响，尤其要防止儿童与奴隶在一起。亚里士多德指出：儿童7岁以前在家中抚养，尽管他们年幼，但"耳闻目睹都很容易使他们染上不良习气。总的说来，立法者务必尽力在全邦杜绝一切污言秽语，把它当成一件大事来办。因为哪怕是轻微的丑话也会很快产生秽行"②。

但是，亚里士多德也指出，儿童在这一阶段已可进行适当的学习。他说：儿童在"5岁之后，到7岁为止的两年时间里，他们应当观看将来要学习的事情"③。

作为古希腊一位最博学的哲学家，亚里士多德在总结古希腊教育经验和吸取前人教育思想的基础上，结合自己的教育实践在幼儿教育上提出许多有益的见解。他的不少观点源于柏拉图，但又高于柏拉图。从西方教育历史来看，亚里士多德关于教育立法、教育效法自然、和谐发展教育、儿童的优生及优育等的见解，对近代西方幼儿教育思想的发展产生了广泛而重要的影响。

第三节
昆体良论幼儿教育

昆体良（Quintilianus，35—95）是古罗马雄辩家、教育家。他出生于古

---

① 亚里士多德. 尼各马科伦理学 [M]// 华东师范大学教育系, 杭州大学教育系. 西方古代教育论著选. 北京：人民教育出版社，2001：126.
② 亚里士多德. 政治学 [M]. 颜一，秦典华，译. 北京：中国人民大学出版社，2003：265.
③ 同②：266.

罗马属地西班牙加拉古里斯的一个雄辩术教师家庭。他年幼时随父来到罗马，接受过良好的修辞教育。他曾被罗马皇室委任为第一位修辞学教授。公元68年，昆体良创办修辞学校，并担任校长达20年之久。在《雄辩术原理》中，昆体良在总结古希腊罗马教育经验和自己教育实践的基础上阐述了他的教育思想，提出了全面的教育构想。从培养雄辩家的目的出发，他重视儿童早期教育，并对幼儿教育内容和方法以及教师等方面提出了许多独到而精辟的见解。

一、论教育的作用和目的

在《雄辩术原理》一书中，昆体良首先对教育的作用和目的进行了论述。

1. 论教育作用

昆体良十分强调教育的作用。他认为，除极少数先天有缺陷的人外，人都是能够通过教育培养成人的。昆体良强调指出："大多数人既能敏捷地思考，又能灵敏地学习，因为此种灵敏是与生俱来的。……人生而具有敏慧而聪颖的理解力。"[①]在他看来，儿童接受教育后是大有培养前途的。对于雄辩家来说，他的雄辩能力和德行都是由教育形成的。如果以后这种希望成了泡影，其根本原因在于缺少教育。

人之所以能受教育，昆体良认为，那是因为人具有天赋。人的天赋是教育的"原材料"，如果没有这种"原材料"，教育是无所作为的；但是，天赋又需教育使之完善，并获得更大的力量。在论述雄辩家培养时，昆体良指出，只有人的天赋与教育结合，才能培养出理想的雄辩家。因此，教育的作用是以人的天赋为基础的，而不能与天赋背道而驰。

2. 论教育目的

在教育目的上，昆体良明确提出是培养完美的雄辩家。他在《雄辩术原理》中强调指出："我的目标是完美的雄辩家的教育。"[②]在昆体良看来，最精通各门

---

① 昆体良.雄辩术原理[M]//昆体良教育论著选.任钟印，选译.北京：人民教育出版社，1989：10.
② 同①：7.

知识并且最有才能用语言把它们表达出来的人就是雄辩家。在当时罗马人的生活中，雄辩家占有十分重要的地位，例如，开展公共讨论、为著名人物作颂词、战前动员鼓励、法庭上慷慨辩解等，都需要雄辩家去施展才华，因而颇受人们的尊重和向往。

昆体良认为，一位雄辩家必须具备三个条件：一是具备很好的道德品质。雄辩家是善良的人，不仅具有非凡的演说天才，而且具有一切优良品格。二是具有丰富的阅历和渊博的知识。雄辩家只有以完备的学识为基础，才能使演说具有权威性、针对性和正确性，具有最大的说服力。三是演讲风格要朴实自然、言简意赅、精彩动人。因此，昆体良指出，所培养的雄辩家是"前无古人的人，是各方面超群出众、完善无缺的人，是思想和言论都崇高圣洁的人"①。

二、论儿童教育要及早开始

为了雄辩家的培养，昆体良提出需要分三个阶段进行，其年龄划分与亚里士多德主张的年龄划分是一致的。

昆体良十分重视儿童早期教育，提出教育必须从婴儿还在摇篮时开始，但要接受严格的监督。他强调指出："当儿子刚一出生的时候，但愿作父亲的首先对他寄以最大的希望，这样，才会一开始就精心地关怀他的成长。"②在昆体良看来，未来雄辩家的培养和教育是伴随着儿童的出生而开始的。凡是每个儿童都要学习的东西，就应该及早从咿呀学语开始学习。因为婴儿时期的所得是青年时期的收获。昆体良告诫人们，不要浪费早期年龄阶段的光阴。他指出："7岁以前的收获无论怎样微小，为什么就要轻视它呢？诚然，7岁以前学习的东西无论怎么少，但有了这个基础，到了7岁就可以学些程度更深的东西，否则到了7岁还只能从最简单的东西学起。"③但是，昆体良要求使最初的教育成为一种娱乐。

---

① 昆体良.雄辩术原理[M]//昆体良教育论著选.任钟印，选译.北京：人民教育出版社，1989：160.
② 同①：10.
③ 同①：15.

昆体良还认为，儿童幼年时学习的东西印象特别深。他指出："我们天生地能历久不忘孩提时期的印象，如同新器皿一经染上气味，其味经久不变，纯白的羊毛一经染上颜色，其色久不能改。"① 昆体良还从儿童心理和生理方面来强调儿童早期教育的必要性。因为愈是年纪小，头脑就愈易于接受小事情。在他看来，不仅初步知识记忆存在于儿童时期，而且儿童时期的记忆甚至更牢固，正因为如此，就更没有借口浪费早期年龄阶段的光阴。

三、论幼儿教育的内容

根据培养雄辩家的目的，昆体良结合自己的教育实践，从语言发展、道德训练、音乐素养、记忆力和创造力培养四个方面对幼儿教育的内容进行了论述。

1. 语言发展

昆体良认为，必须发展儿童的语言能力。具体来讲是教儿童认识字母、书写和阅读。在儿童认识字母时，可以同时教他认识字母的形状和名称；也可以将刻有字母的象牙人像当作玩具，让他们摸一摸和看一看。在儿童开始摹写字母时，应该指导他们沿着刻在木版上的字母笔画沟纹去写。

在阅读时，应注意使儿童发音正确和口齿清晰，以及表达连贯。特别要及时纠正儿童发音的错误，以免形成不良的习惯。昆体良指出："看来这似乎是微不足道的小事，但是如果忽略了它，使许多发音上的错误在年幼时得不到纠正，在以后的生活中就会成为难改的积习。"②

尤其值得注意的是，昆体良认为，儿童可以同时学习希腊语和拉丁语。最好让儿童先学希腊语，紧接着就学拉丁语，最后是两种语言同时学习。应该说，在西方教育史上昆体良是论及双语教育问题的第一人。

2. 道德训练

昆体良在论述雄辩家培养时，特别强调德行是雄辩家的首要品质。在他看

---

① 昆体良. 雄辩术原理 [M]// 昆体良教育论著选. 任钟印, 选译. 北京: 人民教育出版社, 1989: 11.
② 同①: 19.

来，雄辩家首先是一个善良的和具有优良品格的人。因此，道德训练自然就成为儿童教育的内容。他强调指出："当儿童的头脑尚未发展成熟、没有定型而又幼稚无知、不管接触什么都会留下深刻印象的时候，他们不仅要学习什么是雄辩才能，更重要的是学习什么是良好的道德。"① 在昆体良看来，在道德训练中，应该使儿童认识什么是高尚的和值得尊敬的，什么是邪恶的和必须指责的，使他们在德行方面打下初步的基础。

在昆体良看来，如果不注意儿童的道德训练，那他们就会在还不知道这些事是邪恶时就学会了这些邪恶，习染了一些不良德行。

3. 音乐素养

昆体良认为，对于雄辩家培养来说，音乐也是必需的。大自然似乎给了我们音乐的禀赋。因为音乐对儿童来说是一种助力，乐曲的悦耳之声会给儿童带来欢欣快乐，韵律的节奏会促使儿童语言的发展。例如，摇篮曲就适合于为幼儿催眠。

4. 记忆力和创造力培养

昆体良十分重视幼儿记忆力的培养。他认为，对于每个要成为雄辩家的儿童来说，记忆力是头等重要的。昆体良明确指出："儿童能力的主要标志是记忆力，记忆力包括两个方面：敏于接受知识和记得牢固。"② 在他看来，记忆力可以通过练习得到加强和发展，但是，不要使儿童负担很重，以免厌恶学习或心有余悸。

昆体良还认为，要注意幼儿创造力的培养。儿童应该从小逐步养成渴求知识的意愿，以创造为乐。因此，教师的主要职责在于培养幼儿的求知欲和创造性。对待幼儿要如同对待小鸟一样，当他们的力量证明已经足够的时候，就让他们自由地在天空中飞翔。

---

① 昆体良.雄辩术原理[M]// 昆体良教育论著选.任钟印，选译.北京：人民教育出版社，1989：35-36.
② 同①：25.

四、论幼儿教育的方法

在幼儿教育的方法上,昆体良主要论述了游戏、反对娇生惯养、注重榜样、禁止体罚等四个方面。

1. 游戏

昆体良十分重视幼儿的游戏。他认为,儿童"爱好游戏……那是天性活泼的标志;那种总是迟钝麻木、没精打采的,甚至对那个年龄所应有的激动也漠然无动于衷的学生,我是不指望他能热心学习的"[①]。在游戏的安排上,昆体良主张寓发展智力和培养德行于游戏之中。在他看来,游戏有助于发展儿童的敏锐智力,也有助于培养儿童道德品质。因此,教师应该利用游戏这一儿童喜爱的活动方式,把它变为既是一种娱乐,又是一种学习。

但是,昆体良主张适度的游戏。那是因为游戏太少可能会降低儿童学习的兴趣,而游戏过多可能容易滋长儿童学习的惰性。

2. 反对娇生惯养

昆体良反对娇生惯养儿童。他认为,娇生惯养不仅败坏儿童的道德和精神,而且造成儿童身体力量的衰退。针对当时罗马社会风气不良而造成的不少现象,例如,鲁莽被当作勇敢,挥霍被看作富裕等,昆体良表示深恶痛绝。他指出,由于一些富有之家和无知父母本身的道德败坏状况,使得那些年幼的孩子变得放纵、娇气,以至说下流话,一旦这些孩子进了学校,就会把这种道德败坏带进学校。

3. 注重榜样

昆体良认为,父母应成为孩子们的良好榜样,只做一切应当做的事。通过父母这面镜子,可以培养孩子对恶言恶行的厌恶。他再三希望,父母应该将心思用于培养一切有利于孩子健康成长的习惯上。在昆体良看来,儿童模仿不好的东西就会污染他们的心灵。有些孩子满嘴污秽是不足为奇的,因为这是他们

---

① 昆体良.雄辩术原理[M]//昆体良教育论著选.任钟印,选译.北京:人民教育出版社,1989:27.

在听我们说话时学会的。

4. 禁止体罚

昆体良认为，对幼儿的体罚要禁止。他大声疾呼："对于如此纤弱、如此无力抗拒虐待的幼年，任何人都不允许滥用权威。"[①]在昆体良看来，体罚造成众多不幸儿童的身体和心灵的创伤，对儿童施行体罚有百害而无一利。

昆体良还专门给体罚列举了五大罪状：一是体罚事实上是一种凌辱，是一种残忍行为；二是盛行体罚会使儿童对它习以为常，教育就难以起作用；三是儿童在幼年时期遭受体罚，长大以后往往更让人难以驾驭；四是体罚只能造就奴隶的性格，而不能培养雄辩之才；五是体罚必然使儿童心情沮丧压抑和感到抑郁，甚至产生恐怖心理。

五、论儿童的看护者和教师

昆体良认为，必须慎重选择儿童的看护者（包括奶妈、保姆）和教师。儿童的看护者和教师必须品行端正、说话清楚、表达正确，因为幼儿首先听到的是她们的声音，模仿的是她们的语言和行为。所以，昆体良强调指出："毫无疑问，首先应注意的是她们的道德，同时语言也必须正确。"[②]在他看来，这些人整天和幼儿接近，她们的一举一动和一言一行，都直接或间接地影响着幼儿的言谈举止。

为了更好地教育幼儿，昆体良对教师提出了以下三个要求。

一是要热爱儿童。昆体良认为，只有热爱儿童，才能教育儿童。教师要以父母般的感情对待儿童，应当严峻而不冷酷、和蔼而不放纵。当教师以自己理智的爱赢得儿童的尊敬时，儿童也就会视教师如父母一般。

二是要善于观察儿童和了解儿童。昆体良认为，当一个高明的教师接受托付给她的儿童时，应该首先弄清儿童的能力和资质，同时要观察儿童能力的差异。

---

① 昆体良.雄辩术原理[M]//昆体良教育论著选.任钟印，选译.北京：人民教育出版社，1989：28.
② 同①：11.

三是要正确运用批评和表扬。这是教育艺术之所在。昆体良认为，这对于年幼儿童尤为重要。不论对错误的纠正多么严格，教师也要以温和的方式对幼儿进行教育。此外，教师对于幼儿的错误要及早发现和纠正。在表扬上，昆体良要求教师做到既不吝惜又不滥用。因为吝惜表扬会挫伤年幼儿童的热情与积极性，滥用表扬又会滋长儿童的虚荣心或自满情绪。

继柏拉图、亚里士多德之后，昆体良详细而深入地探讨了幼儿教育问题。虽然他是从培养雄辩家的目标出发的，但在他有关幼儿教育的论述中不乏给人启迪的见解。他的《雄辩术原理》一书在1416年重新被发现，被公认为教育理论的权威著作，对文艺复兴时期人文主义者产生了直接的影响，并进而对近代西方幼儿教育思想的发展产生了重要的影响。

第四节 普鲁塔克论幼儿教育

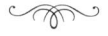

普鲁塔克（Plutarch，约46—118）是古罗马帝国时期的传记作家、散文家和教育家。他出生于希腊维奥提亚的凯罗涅亚，从小受到良好的家庭教育。公元66—67年，普鲁塔克游学雅典师从逍遥学派的哲学家。他曾游历各地，广为搜集历史和传说；但常住凯罗涅亚，曾任那里的首席行政官，并开办一所以讲授哲学和伦理学为主的学校。从公元95年起，普鲁塔克任雅典的德尔菲神庙的终身祭司。他一生撰写了大量著作，多本已佚散，流传下来的有著名的《希腊罗马名人传》和《道德论集》，对后世西方思想家产生了很大的影响。法国人文主义者蒙田曾这样指出："普鲁塔克宁愿我们赞扬他明辨是非，而不是学识渊博。他宁愿我们多向他讨教，而不是使我们满足。"[1]

---

[1] 蒙田.论儿童教育[M]//蒙田随笔全集（第一卷）.马振骋，译.上海：上海书店出版社，2011：141.

在《道德论集》中，普鲁塔克一篇以《论儿童教育》为题的论文集中阐述了儿童教育问题。

一、论儿童教育的作用

1. 论天性与教育

从儿童德性的培养出发，普鲁塔克论述了天性与教育的密切关系。他认为，要在实际上完成德性的培养，就必须使天性、理智和应用三者协调一致，否则就会使德性有缺陷。其中，理智是指学习，应用是指练习。普鲁塔克强调指出："天性如果不通过教导加以完善，就是不实之华；教导如无天性之助，就是残缺不全；练习如果没有这两者的帮助，就不能完全达到目的。"[①] 在他看来，这犹如农事，首先是土壤必须肥沃，其次是农夫必须熟知农事，最后是播下的种子必须优良。其中，天性好比土壤，教育者好比农夫，所教的原理和概念好比种子。

在天性和教育两者中，普鲁塔克十分强调教育的作用。他认为，很多事例清楚地表明："良好的天赋能力可能由于怠惰而遭毁坏，迂缓迟钝的天赋能力也可以由教育得到改善。"[②] 因此，疏懒的学生不能获得理解最简易的事物的能力，但努力和勤奋的学生却能克服最大的困难，从而表现出强大的力量和成功的效果。对于培养德行和获得幸福来说，最主要的事情是良好的教育。普鲁塔克甚至认为，即使努力与天性相反，努力所产生的结果也要比天性本身所产生的结果大得多。

2. 论儿童教育

普鲁塔克十分重视儿童教育。正如英国教育学者伊丽莎白·劳伦斯（E. S. Lawrence）所指出的："普鲁塔克也了解早期教育的重要性。"[③] 在普鲁塔克看来，儿童教育在人的发展中具有重要的意义。儿童的头脑易于接受在这个年龄

---

① 普鲁塔克. 论儿童教育 [M]// 昆体良教育论著选. 任钟印, 选译. 北京：人民教育出版社，1989：243.
② 同①：244.
③ 伊丽莎白·劳伦斯. 现代教育的起源和发展 [M]. 纪晓林, 译. 北京：北京语言学院出版社，1992：18.

时期所提供的教育，正如在软蜡上容易打上印记一样。"因为儿童时代是柔嫩的、容易铸造成各种类型的人。而且，当儿童的灵魂还是软弱易感的时候，容易接受进入心灵的任何事物的印象；但一旦长大以后，像一块坚硬的东西一样，它就难以改变了。"①因此，在儿童教育上，必须谨慎小心而不要疏忽大意，尤其要给儿童提供一个良好的教育环境。在这个教育环境中，既有好的伙伴，又有好的教仆和教师。无论什么样的儿童，都能有受教育的机会，能分享教育的好处。

正是考虑到儿童教育的重要意义，普鲁塔克探讨了儿童教育应采取的方针和培养他们良好习惯的方法。

二、论儿童教育的内容

普鲁塔克认为，儿童教育的内容包括以下三个方面。

一是品质培养。普鲁塔克指出，要使儿童从小就养成良好的品质。这些良好的品质具体包括：能把行动的生活、沉思的生活和享乐的生活结合起来；无论在言谈上还是在行动上都不应鲁莽轻率，应谈吐得体，合乎礼仪；说话既不过分自负也不过于神情沮丧；处顺境时不要过分洋洋得意，处逆境时也不要过分垂头丧气；学会保持缄默和养成说话诚实的习惯等。

二是学问获得。普鲁塔克指出，使儿童获得学问是最值得关注的重要事情。因为"在我们所拥有的一切事物中，唯有学问才是不朽的，神圣的"②。但是，这些学问应该是健康的、有益的，而不应该是适合低级情趣的、毫无价值的东西。通过听讲或观察，以及阅读古代作家的著作，儿童能获得各种知识。

普鲁塔克认为，在一切学问中，最有价值的哲学将置于最优先的地位。他所说的"哲学"是指道德哲学或伦理学。因为从哲学中，人们可以理解什么是诚实，什么是虚伪，什么是正义，什么是不义，总之，懂得应当追求什么、避免什么。普鲁塔克强调指出："凡是懂得怎样按照哲学的原理处理民政事务

---

① 普鲁塔克.论儿童教育 [M]// 昆体良教育论著选.任钟印，选译.北京：人民教育出版社，1989：244.
② 同①：247.

的人，我认为就是完美的人，因为他们由此就能成为两种最伟大的事情的主人——既是其生活有益于公众的政治家，又是生活宁静的哲学家。"①

三是身体锻炼。普鲁塔克指出，不要忽略儿童的身体锻炼，必须把儿童送到体操学校中去锻炼身体。因为老年时期的活力乃是童年时期的健全体魄。在他看来，儿童的身体锻炼一方面有助于他们养成美好的姿势，另一方面有助于他们增强自己的体力。此外，要使儿童养成生活有条理的习惯，并能按节制的原则管束自己，珍惜自己的体力。

普鲁塔克还指出，作战训练是与体育锻炼相联系的。儿童通过练习掷标枪、射箭和捕猎等可以受到作战的训练。如果儿童只是习惯娇嫩的生活，那他们将是不适于作战的。

三、论儿童教育的方法

在儿童教育方法上，普鲁塔克提出了许多有益的见解。

一是教育要适于儿童的水平。普鲁塔克认为，适度的努力可以使儿童的精神状态得到提高，而负荷过重就会使儿童力不胜任。由于教育要求远远超出儿童的水平，因此，给他们提出太难太重而无法完成的功课，其结果往往会使儿童灰心丧气，甚至导致他们对学习本身产生厌恶。在普鲁塔克看来，身体的维持要靠吃饱和排泄，心智的维持也要有张有弛。

二是重视榜样的作用。普鲁塔克认为，在儿童教育中，榜样具有重要的作用。但是，榜样具有正反两方面的榜样。首先要使儿童以好的正面榜样为鉴，努力学习这种榜样以养成自己的德行和丰富自己的思想。其次，在给儿童树立正面榜样的同时，必须禁止他们受到坏的反面榜样的熏染。要防止他们与坏人为伍，特别是不要与谄媚者为伍。

三是给儿童以鼓励和合理的动机。普鲁塔克认为，当儿童受到鼓励和称许时，他们会为此受到鼓舞，因此，绝不要用鞭笞或任何其他的侮辱性惩罚强迫

---

① 普鲁塔克.论儿童教育[M]// 昆体良教育论著选.任钟印，选译.北京：人民教育出版社，1989：251.

儿童学习。因为这更适用于奴隶，而不适用于天真的儿童。他指出："对于自由民儿童，称许和申斥比任何这种不体面的处理方法都更有效。称许足以扬善，申斥足以救失。我们应视具体情况交替运用各种称许和申斥。"① 但是，普鲁塔克也指出，对儿童的称许和奖励不要过分夸张，否则会使他们觉得自命不凡而导致精神的衰弱。

四是锻炼记忆力。普鲁塔克认为，最重要的锻炼是使儿童经常运用记忆力。因为记忆力犹如学问的仓库，它对于学问的作用甚于一切，所以，无论天性灵敏还是天性迟钝的儿童，都要锻炼记忆力。在他看来，"记忆力锻炼不仅对学问的成就有极大的帮助，而且对人生的一切行动都有极大的帮助"②。

四、论父母和教师

由儿童教育的意义出发，普鲁塔克十分强调父母职责以及教师挑选的重要性。

1. 父母的职责

普鲁塔克认为，作为天然教育者的父母应该承担教育孩子的职责。儿童的哺养是应该引起父母重视的一个问题。具体来讲，它应该由母亲自己去做。至于儿童的教育，应该由父亲负责检查，而不要把他们托付给教仆或教师就不再过问。这种放弃自己职责和对孩子教育漠不关心的父母是应当受到责备的。对于自己的孩子严加监督，防止他们的行为越轨，这是明智的父亲的义不容辞的责任。父亲不仅要关心孩子的健康成长，而且要为孩子树立正面榜样。在普鲁塔克看来，"父亲们所应关注的最主要的事情是，他们本身应成为孩子们的有效榜样，只做一切应当做的事，避免邪恶的习惯。他们的生活本身如同一面镜子，通过这面镜子，就培养了孩子对恶言恶行的厌恶"③。

---

① 普鲁塔克. 论儿童教育 [M]// 昆体良教育论著选. 任钟印，选译. 北京：人民教育出版社，1989：253.
② 同①：254.
③ 同①：260.

此外，普鲁塔克还认为，父亲对孩子的态度应当温和，脾气不要过于严厉和暴烈。有时，他们对孩子可以管得松一点，允许孩子有点自行其是的自由；有时，他们对孩子可以管得紧一点，但要容忍孩子犯点错误，不要动肝火。

2. 对教师的挑选

普鲁塔克认为，对教师的挑选问题是一个比其他问题都重要得多的问题。他强调指出："我们为孩子物色的教师必须是生活上无可指责的，行为上不应受到非难的，并且应具有最好的教学经验。因为诚实与美德的泉源与根蒂在于受到好的教育。正如农夫总是用叉子将嫩弱的植物支撑起来，诚实的教师也是以精心的教诲和告诫将年轻人支撑起来，使之能长出良好行为的蓓蕾。"[①]因此，普鲁塔克指出，在挑选教师时，要十分注意不要看错人，但不要贸然把孩子的教育托付给没有经验的或名声不好的甚至行为卑劣和声名狼藉的人。因为把孩子交给不称职的教师去教育，这是十足的愚蠢行为。普鲁塔克批评许多父亲不愿意多花一点钱为自己孩子请一位好教师，而宁愿杀价挑选无用之辈教育自己的孩子，这实际上是用廉价购买无知。

普鲁塔克的《希腊罗马名人传》和《道德论集》流传甚广。文艺复兴时期的法国人文主义者和散文家蒙田、英国思想家和早期空想社会主义者莫尔以及18世纪的法国启蒙思想家和教育家卢梭都十分喜欢他的作品，并在幼儿教育思想上受到他的影响和启迪。

---

① 普鲁塔克. 论儿童教育 [M]// 昆体良教育论著选. 任钟印，选译. 北京：人民教育出版社，1989: 245.

第 2 章

文艺复兴时期幼儿教育智慧

在文艺复兴时期,新兴资产阶级为了迅速发展资本主义,借助于古希腊罗马文化成果,不仅在经济和政治领域,而且在思想和文化领域进行了反封建和反教会的斗争。在这种社会背景下产生的人文主义教育,参照和继承古希腊罗马教育思想,提出培养身心和谐发展和知识广博的"新人"。很多人文主义者重视教育的重要作用,强调儿童的早期发展和教育。其中,有代表性的是尼德兰(今荷兰)人文主义者和思想家伊拉斯谟、法国人文主义者和散文家蒙田。伊拉斯谟在很多方面论述了儿童早期教育,主张对儿童进行研究,重视儿童才智的发展。蒙田强调儿童的心智和身体发展,提倡自然的和自由的教育。与此同时,以英国的莫尔和意大利的康帕内拉为代表的一些早期空想社会主义者,在批判私有制的基础上,精心描绘了一幅理想社会的蓝图。尽管他们的观点带有空想的性质,但他们满怀对理想社会的憧憬论述了早期儿童教育的内容和方法,提出了不少具有启迪意义的观点。虽然人文主义者和早期空想社会主义者在儿童早期教育上并没有付诸实践，但他们提出的教育观点对后世西方幼儿教育思想的发展产生了影响，尤其是直接影响了 17 世纪捷克夸美纽斯和英国洛克的幼儿教育思想。

第一节
伊拉斯谟论幼儿教育

被誉为"人文主义之父"[①]的人文主义者和思想家伊拉斯谟（Desiderius Erasmus，1469—1536）出生于尼德兰鹿特丹的一个教士家庭。尽管他曾在修道院里生活了 10 年（1483—1493），但由于在游历欧洲时受到了人文主义者尤其是英国人文主义者莫尔的影响，他不仅脱下了僧服，而且积极倡导人文主义。在英国期间，他曾在剑桥大学开设讲座，还帮助重建了圣保罗学校。伊拉斯谟的主要教育著作有：《愚人颂》（1509）、《论基督教君主的教育》（1516）和《论儿童早期的自由教育》（1529）。在这些著作中，他也对幼儿教育问题进行了论述。

一、论教育的重要性

伊拉斯谟认为，影响人的发展有三个因素，即天性、教育和实践。其中最重要的是教育。他强调指出："如果没有精心设计的教育，天性必定是不完美

[①] 马戈林．伊拉斯谟[M]//扎古尔·摩西．世界著名教育思想家（第一卷）．梅祖培，龙治芳，等译．北京：中国对外翻译出版公司，1994: 269.

的；而实践如果没有教育所提供的方法，那必定会导致毫无希望的混乱。"①从君主的职责及对君主的要求出发，伊拉斯谟十分重视君主的教育。对于"当君主都是天生就会而无需后天培养"的说法，他是持反对态度的。在伊拉斯谟看来，君主的教育是至关紧要的。君主必须接受教育，学习治理国家的原则以及那些有助于国家治理的技能。对于君主来说，不仅需要生具良质，更需要通过教育来防止生具良质者堕落腐化或者对不是生具良质者加以改进。因此，伊拉斯谟指出："良善而睿智的君主在留意其子嗣的教养时应当始终铭记：生而注定治国者必须以国家为目标加以教养，而不是随其性情。……无论君主可以塑立多少雕像，无论他可以多么煞费苦心建造宏伟工作，他所能留下的对于自己良善之质的最佳纪念碑，也莫过于一位各方面都不逊乃父并以自己卓越之行动再创乃父之卓越的子嗣。"②

与此同时，伊拉斯谟强调必须使君主受到正确的教育，以便获得对于良君来说非常需要得到的思想。因为得到一位良君的主要希望系于他所受到的恰当教育，所以，对于这种教育的照管应当倍加留意。他明确指出："事实上，国家的主要希望就在于其子嗣的正确训练……这便是教育之力量，正如柏拉图曾经写道的那样，一个接受了正确的养成训练的人，将会成为一种神圣的生灵；反之，错误的养成会使此人沦为一头可怕的怪兽。"③在伊拉斯谟看来，如果一个人先天出身相当完美，但后天教育却相当糟糕，那是最为不幸的。这好像由于农夫的疏忽而使良田荒芜一样。正因为如此，也呼吁人们关心儿童的教育问题，并以国家的利益为宗旨来培养他们。

二、论教育应该从小抓起

伊拉斯谟认为，应该重视儿童的早期教育，也就是说，教育应该从襁褓时

---

① W. H. Woodword. *Desiderius Erasmus Concerning the Aim and Method of Education*. New York: Teachers College Press, Columbia University, 1964: 191.
② 伊拉斯谟. 论基督教君主的教育 [M]. 李康，译. 上海：上海人民出版社，2003：11.
③ 同②：109–110.

期就开始。对于君主的培养来说，这尤为重要。他明确指出："教育必须从小抓起，必须配得上一位真正的君主，必须明确坚定。"①正因为儿童维系着举国之民的财产和道德，所以，他们的教育就应该及早受到细致的关注。

在伊拉斯谟看来，教育从小抓起的理由主要在于以下三个方面。

一是儿童早期教育有助于人的终生发展。伊拉斯谟指出："王储的心智必须从（人们所谓之）襁褓之始，当其仍保持开放、未经发育之时，即灌输以健康的思想。从那时开始，就必须在他那尚为婴儿的灵魂的处子地里播撒上道德的种子，以期随着年事渐长，阅历日丰，这些种子会逐渐地发芽、成熟，一经播下，便可以深植于君主内心，伴其终生。"②

二是儿童早期教育给人的印象最为深刻。伊拉斯谟认为，这是因为再没有什么能够像最初几年所留下的印象那样，刻下如此根深蒂固和难以磨灭的印记。而且，在幼儿时期，稚嫩年纪的儿童对他喜欢的任何训练都会有积极的反应，并从中吸收养料。

三是儿童早期教育有助于习惯成自然。伊拉斯谟认为，智慧和德行自有其婴幼期。有很多至关重要的东西需要在幼儿时期进行灌输，特别是德性的培养。例如，从孩童时代起就让他们熟悉荣辱观。这必然会给人以正确的引导。因此，必须"让这些孩子从一开始就习惯于最好的东西，因为不管是什么音乐，在习惯了的耳朵听来总是动人的。一个人若是已经习惯成自然，再要让他根除业已在其性格中扎下根的行为，可就极其困难了"③。

三、论幼儿教育的内容和方法

伊拉斯谟认为，幼儿教育既包括德性的培养，也包括智慧的培养。因此，幼儿教育的内容有游戏、格言、寓言、故事等。

在幼儿教育的方法上，伊拉斯谟提及以下四种方法。

---

① 伊拉斯谟.论基督教君主的教育[M].李康，译.上海：上海人民出版社，2003：57.
② 同①：9.
③ 同①：110.

一是不要把儿童看成小大人。伊拉斯谟特别要求教师不要把儿童看成小大人，并告诫教师要记住："你的学生还是一个小孩，而你自己也曾经是一个小孩。"① 因此，在儿童的教育中，要注意采用适合他们的直观方式。例如，把一些道德箴言刻在戒指上、画在图画中和挂在花环上。

二是寓教于游戏和讲故事等。在《论儿童早期的自由教育》中，伊拉斯谟提出对幼儿的教育采用游戏和讲故事的方式。当学生还是一个小孩时，教师"可以通过有趣的故事、令人愉快的寓言和巧妙的比喻引进他的教导"②。在他看来，应该使儿童从中领会到具有教育意义的东西并得到启迪。

三是树立榜样。伊拉斯谟认为，既要使儿童远离各种不良影响，又要给他们提供各种正面榜样。因为名人树立的榜样不仅能够生动有力地激发他的想象力，而且更重要的是它所渗透的那些观念能够成为良好品性的源泉。由此，必须提出最适当的准则，把一些值得称颂的人作为其楷模，以抗御一切诱惑。在伊拉斯谟看来，如果要想矫正儿童的行为，最有效的方法就是为他设立一个典范。

四是对儿童和蔼可亲。伊拉斯谟十分反对教师采用打耳光、用戒尺责打等方法。他无不讽刺地指出：当有些教师"如此欺压一群年轻、幼弱的孩子的时候，就好比一只土耳其的驴子，认为自己和欺压一切下等野兽的狮子一样雄壮"③。

四、论教师的职责及挑选

伊拉斯谟十分强调教师对于教育的重要性。他明确指出："国家的一切都应归功于一位良君；但君主本人却得归功于那位以其正确的教导养成君主现状的

---

① Perevial R. Cole. *A History of Educational Thought*. London: Greenwood Press, 1972: 189.
② 伊拉斯谟. 一个基督教王子的教育 [M]// 华东师范大学教育系，杭州大学教育系. 西方古代教育论著选. 北京：人民教育出版社，2001：209.
③ 伊拉斯谟. 愚人颂 [M]// 华东师范大学教育系，杭州大学教育系. 西方古代教育论著选. 北京：人民教育出版社，2001：227.

人。"①因此，伊拉斯谟提出，对于勤勤恳恳、尽心尽力地负责恰当的君主教育的人，应该像那些替国家建立功勋的人一样塑立雕像、拱门和匾额。

在教师的职责上，伊拉斯谟认为，担任教育君主之责的人应该认识到他所承担的工作具有重大无比的责任。"他首先应以堪当此任的精神着手此事，不去考虑自己能从中牟取多少利益，而是思索自己能够以何种方式，把一位仁君交回给这个对其真诚善意寄予愿望的国家。"因此，"为人导师者请铭记于心，对于这个将其幸福的完美实现交托与你的国家，你所负何多！"②

伊拉斯谟认为，对于教师来说，他应该尽早开始履行自己的职责。在履行职责时，教师的目标始终如一，但他又必须因时而异地采取不同的方法。例如，教师应该以悦耳的措辞讲述；教师应该当众表扬学生，而在私下才斥责学生；教师应该有值得敬重而平易近人的风格；教师应该既不因过分严苛而伤害学生，又不因过分纵容而娇宠学生；等等。在进行德性培养时，教师可以时而用暗示，时而用类推，时而用榜样，时而用格言，时而用谚言。

由于教师的职责如此重要、教师的工作如此艰辛，因此，伊拉斯谟十分重视教师的挑选，要求从成千上万的人当中挑选出德才出众之士来担任教师。他明确指出，必须相当细致地挑选教育儿童的人，因为发现和选择理想的教师比描述理想的教师更为困难。在伊拉斯谟看来，担任教师的这些人士应该睿智正直、纯洁高尚、年高德勋、品行清白、和蔼友善和勤勉工作等，以及他们所受的教育来自长期的实践阅历。他还特别指出，教师不能骄傲自大，把自己看作比最有经验的哲学家还要聪明。

此外，伊拉斯谟也提及儿童的保姆和友伴的问题。他认为，既应该把儿童交托给具有母爱的和认真负责的保姆悉心照管，也应该为儿童提供教养很好的友伴。这对儿童的教育也是十分重要的。

作为"人文主义之父""欧洲的导师"，伊拉斯谟的一切努力的焦点就是教育。他在幼儿教育上所阐述的真知灼见，不仅对同时代的人文主义者给予了启

---

① 伊拉斯谟. 论基督教君主的教育 [M]. 李康，译. 上海：上海人民出版社，2003：10.
② 同①：14.

迪，而且对后世幼儿教育理论的发展产生了影响。

第二节
蒙田论幼儿教育

蒙田（Michel de Montaigne，1533—1592）是法国人文主义思想家和散文家。作为文艺复兴后期的一位思想敏锐的人文主义者，蒙田在西方被看作人类思想的启迪者和经院主义教育的抨击者。他出生于法国波尔多市，父亲曾担任过波尔多市副市长和市长。他接受的家庭教育所呈现的是儿童自由发展的快乐场景。曾在人文主义者开办的居耶纳中学接受人文主义教育。1557年于土鲁斯大学毕业后，蒙田在波尔多市议会任职16年，曾连任两届市长。1580—1581年间，他曾先后到意大利、德国和瑞士等地游览访问。晚年，蒙田回到故乡隐居，埋头于著述活动。他的主要著作是文笔优美而犀利的、脍炙人口的《随笔集》三卷(1595)。关于儿童教育问题，蒙田在《论儿童教育》一文中明确指出："说实在的，在这件事上我知道的只是，人文科学中最难与最伟大的学问似乎就是儿童的抚养与教育。"[①] 蒙田在历史和现实结合的基础上对儿童教育问题进行了深入而广泛的思考，提出了很多真知灼见。

一、批判学究式教育和学究式教师

蒙田是中世纪教育形式的批判者。他结合新时代的精神和要求，对学究和学究式教育进行了毫不留情的批判。在某种意义上，"与其说他是现代学校的先

---

① 蒙田. 论儿童教育 [M]// 蒙田随笔全集（第一卷）. 马振骋, 译. 上海：上海书店出版社, 2011: 133.

驱，不如说他是教育制度批判传统的奠基人"①。

一是对学究式教育的批判。蒙田反对学究式教育的方式，因为这样的教育缺少活力。在他看来，进行学究式教育的学校"是一座真正的少年犯拘留所。在他们没有堕落以前就惩罚他们堕落，才使他们真正堕落了。不妨在他们上课的时候去看看，您只听见孩子的求饶声和教师的怒吼声。对着这些幼小害怕的心灵，面孔铁青，手执鞭子赶着他们，这算是什么样的启智求知的好方法？这种方式极不公正和有害。"② 首先，在学习内容上，所选择的不是观点较为健康、较为真实的书籍，而是希腊文、拉丁文写得最好的书籍。实际上，用最美好的词句在我们的思想中灌输古代毫无意义的糟粕。其次，在心灵发展上，受五花八门思想的影响，受书本权威的束缚，心灵都是在限制中活动。因为脖子套了绳索挣不脱，也就不会有轻快的步伐，因而失去了活力与自由。第三，在教学方法上，虽然知识会学到更多，但是人不会变得更能干。因此，学究式教育很少关注判断力和品德，只是在让我们的头脑中灌满知识。

二是对学究式教师的批判。蒙田反对学究式的书呆子，讥讽经院学者是一群驮着书的驴子。他们只是把知识一手转一手，其目的是卖弄好看。他们不停地在我们的耳边絮聒，仿佛往漏斗里灌水。在蒙田看来，"这类学究遍布各地，谁对他们仔细观察，就会像我一样发现大多数情况下他们不懂自己说什么，也听不懂别人在说什么；他们记的事很多，判断力很差，莫不是他们这方面就是天生与众不同"③。因此，蒙田在教育随笔中无情地嘲笑这样的学究式教师，他们无力使儿童吸收自己的所学，只满足于让他们以之骄矜自夸、狂妄自大。这些学究式教师自己没有什么有价值的见解，却千方百计盗用别人的来标榜自己，更为愚蠢的是乐于用欺诈去骗取庸人的盲目赞扬。

---

① 热拉尔·沃姆泽.蒙田[M]//扎古尔·摩西.世界著名教育思想家（第三卷）.梅祖培，龙治芳，等译.北京：中国对外翻译出版公司，1995：124.
② 蒙田.论儿童教育[M]//蒙田随笔全集（第一卷）.马振骋，译.上海：上海书店出版社，2011：150.
③ 蒙田.论学究式教育[M]//蒙田随笔全集（第一卷）.马振骋，译.上海：上海书店出版社，2011：126.

二、论儿童教育的目的

蒙田在儿童教育上特别强调精神的自由和判断的独立。他明确反对在教育中对儿童有任何粗暴对待,以及具有奴役意味的强制行为。在他看来,学习的目的应该是什么要知与什么要不知,训练一颗温柔的心灵向往荣誉和自由。因为"聪明人内心必须摆脱束缚,保持自由状态,具备自由判断事物的能力"①。

蒙田认为,儿童一旦来到了人世,就要给他种种关怀,教育他,抚养他。对于国家来说,其主要职责就是要对儿童教育做到无微不至的关注。儿童教育不是培养一个文法学家,也不是培养一个逻辑学家,而是培养热情的、勇敢的、完全的绅士。美国教育史学家伯茨(R. F. Butts)在《西方教育文化史》一书中就指出:"蒙田不是牧师,不是教师,也不是科学家,但是,他却是一位非常有学识的绅士,也是一位见过世面而又有学问的人。"②

1. 身心两方面和谐发展的人

蒙田认为,这种绅士是身心两方面和谐发展的人,不仅具有强健的身体和优美的体态,而且具有健全的心智。他明确指出:"我希望在塑造他心灵的同时,也培养他的举止、待人处世与体魄。这不是在锻炼一个心灵、一个身体,而是在造就一个人;不该把这两者分离。"③他还以生活谐和为例来进行阐述:"我们的生活犹如世界的和谐,都是由相反的事物、不同的色彩构成的,温和的与暴烈的,尖的与平的,柔弱的与严厉的。音乐家只喜欢一种音色,会表达出什么?他必须善于调配各种声音,合成交响。"④在蒙田看来,这样身体和心智两者的功用就会和谐一致,而不会相背相斥。

---

① 蒙田. 论习惯与不轻易改变已被接受的法律 [M]// 蒙田随笔全集(第一卷). 马振骋,译. 上海:上海书店出版社,2011:107.
② R. Freeman Butts. *A Culture History of Western Education*. New York: McGraw-Hill Book Company, 1955: 186.
③ 蒙田. 论儿童教育 [M]// 蒙田随笔全集(第一卷). 马振骋,译. 上海:上海书店出版社,2011:150.
④ 蒙田. 论阅历 [M]// 蒙田随笔全集(第三卷). 马振骋,译. 上海:上海书店出版社,2011:294.

2. 兼有知识和判断力的人

蒙田认为，这种绅士是兼有知识和判断力的人，不仅具有广博的知识，而且更具有判断力。热爱和崇敬知识的蒙田十分强调知识的作用，因为使用得法学问就是人类最高尚和强有力的收获。他强调指出："知识的确是一种非常有用非常重要的品性，鄙视知识的人不过显示了他们自己的愚蠢，……知识是一切美德之母，而所有罪恶都出自无知"，知识"实在是人类最为贵重的珍宝"。[①]

但是，在蒙田看来，与知识相比，判断力更为重要。因此，他又强调指出："实际上对知识的要求不及对判断的要求重要。有判断可以不要知识，有知识不可不要判断。"[②] 因为儿童"有了相当的判断力，他选上无论什么学科，都会很快精通。……依我说的，心灵就会找到哪儿有粮食，哪儿得到营养。结出的果子硕大无比，也更快成熟"[③]。尽管记忆力是一件可以巧妙使用的工具，但少了判断它就不能完成任务。在蒙田看来，运用判断与机智的人会做得比较利落，他达不到目标不烦恼、不丧气，准备一切从头开始。因此，18 世纪法国启蒙思想家孟德斯鸠（C. L. de Montesquieu）在《不同的思考》中指出：在其他的作家那里，我们看到的是写作的人；而在蒙田那里，我们却看到了思考的人。

3. 有才能的、有本事的人

蒙田认为，这种绅士是有才能的、有本事的人。他应该是实干的事业家。他强调指出，在学习中，更重要的是自身要求，丰满心灵，提高修养，更有意培养成一个能干的人，而不是有学问的人。这样的人志在真实的学问，修饰和丰富自己的内心，以及知道如何活得有价值和死得有意义，在行动中创造最伟大的和最光辉的业绩。因此，蒙田强调指出：应该使儿童"志在真实的学问，使自己得到训练，目的不在获利与获物……也不在外表的炫耀和装饰，而在于修饰和丰富他的内心，希望塑造和教育出一个有才能的、有本事的人，而不是

---

① 蒙田.人生随笔[M].陈晓燕,选译.杭州：浙江人民出版社,1987:102.
② 蒙田.论学究式教育[M]//蒙田随笔全集（第一卷）.马振骋,译.上海：上海书店出版社,2011:127.
③ 蒙田.论儿童教育[M]//蒙田随笔全集（第一卷）.马振骋,译.上海：上海书店出版社,2011:144-145.

一个空虚的学者"①。在他看来，儿童在学到知识后，最重要的不是在口头上说，而是在行动上去做。如果他能在行动上去做，那么他就会更伟大。

三、论儿童教育的内容

蒙田虽然在儿童教育内容上没有提出一个完整的计划，但他认为在儿童教育上必须提供必要的和实用的教育。"我知道什么？"（What do I know?），这是蒙田在他的一篇散文中提出的著名问题，它对新的时代产生了主导性影响。

1. 身体训练

蒙田认为，如果学生体质柔弱，那么他的心智就得不到体力的支持，心智活动就会成为一个沉重的负担。他明确指出："我们的生命在于运动。"② 因此，不仅要磨砺儿童的心灵，还要锤炼他的筋骨。首先，不要娇生惯养。在穿着、床铺、饮食方面不要娇生惯养儿童，让他适应一切。其次，要忍受劳苦。要孩子忍受训练的劳苦与疼痛，锻炼他们经受脱臼、肠绞痛、灼伤等疼痛。在身体训练中，游戏与运动将占一大部分，包括跑步、角斗、音乐、舞蹈、狩猎、骑马、练习刀枪。

2. 德行养成

蒙田认为，在德行养成上，应该使儿童具有勇敢、坚定、诚实、友爱、谦虚、良知、善良、节制、恒心以及乐天知命、慈爱和善、宁静无为、崇高理性、服从真理等良好品质；同时，还要使他们具有良好的礼仪、优雅的言谈等。蒙田指出："应该细心教育孩子从情理上去憎恨罪恶，识别它们本质上的丑陋，不仅在行动上，而且在心灵上都要远远躲开；不论罪恶戴着什么假面具，一想到就厌恶。"③ 因此，不仅让儿童心中对美德充满敬意，还要在心中同样或更多地

---

① 蒙田.论儿童教育[M]// 华东师范大学教育系, 杭州大学教育系. 西方古代教育论著选. 北京: 人民教育出版社, 2001: 375.
② 蒙田.论阅历[M]// 蒙田随笔全集（第三卷）. 马振骋, 译. 上海: 上海书店出版社, 2011: 300.
③ 蒙田.论习惯与不轻易改变已被接受的法律[M]// 蒙田随笔全集（第一卷）. 马振骋, 译. 上海: 上海书店出版社, 2011: 99.

充满感情,特别要认识到心灵是美德的真正中心所在;而且让儿童语言中闪烁良知与美德,唯理智作为指引,懂得若在论说中发现错误就要予以改正,这是判断与诚实的表现;还有让儿童善于选择自己的论据,说话得体,言简意赅,尤其在面对真理时就要俯首帖耳。在蒙田看来,如果儿童从小养成了德行,那他"到了晚年也不会成为真正的老朽,他依然受到尊敬,尤其受到他的儿辈的尊敬"[1]。

3. 知识传授

蒙田认为,对儿童传授的知识应该能教他们怎样生活,对他们是有用的。他强调指出:"它们都可能在一定程度上对我们有用,教我们怎样生活,怎样利用生活,一切其他事物也服务于同一目的。但是,我们特别要选择那些直接地恰当地为这个目的服务的科学。……把我们的学习局限于真正有用的东西。"[2]

首先,不能使知识传授抑制思维活动。尽管学问是华丽的装饰,也是奇妙的服务工具,但是,学问深奥无比、变化无穷,学习者应该体会到学无止境。同时,决不能使儿童在作为庞然大物的学问底下被压垮,因为"植物吸水太多会烂死,灯灌油太多会灭掉,同样,书读得太多也会抑制思维活动。思想中塞了一大堆五花八门的东西,就没有办法清理,这副担子压得它萎靡消沉"[3]。

其次,不能用记忆力代替智力。尽管记忆是知识的库房和容器,但有些人(这类人不计其数)把学问作为自负与价值的基础,以记忆力代替了智力。他们除了照本宣读外,什么都不会,这实际上比愚蠢更讨厌。蒙田认为,在应该传授的知识中,包括语言、诗歌、修辞学、逻辑学、历史、法学、哲学、几何学、数学、物理学、医学等。其中,学习历史可以熟悉历史上许多全盛时代的最可尊敬的人,并养成美德和判断力;学习哲学可以养成自己的思想,并使其行为正直。蒙田指出:"既然哲学是教导我们生活的学问,儿童时代和其他时代都可

---

[1] 蒙田.论父子情[M]// 蒙田随笔全集(第二卷).马振骋,译.上海:上海书店出版社,2011:54.
[2] 蒙田.论儿童教育[M]// 华东师范大学教育系,杭州大学教育系.西方古代教育论著选.北京:人民教育出版社,2001:388.
[3] 蒙田.论学究式教育[M]// 蒙田随笔全集(第一卷).马振骋,译.上海:上海书店出版社,2011:120.

以从中得到教育，为什么不能也教他们哲学呢？"①

四、论儿童教育的方法

尽管蒙田没有做过教师，也没有教育实践活动，但博览群书和睿智思考使他能够在儿童教育方法上提出许多独到的见解，而闪烁出新时代的精神和人文主义教育的思想。蒙田认为，他提出的儿童教育方法不仅是自然和思维清晰的，而且是正确和合乎天性的。

1. 注意儿童的资质和天性

首先，蒙田认为，大自然赐给人资质和天性，大自然的规律使儿童学到他必须学习的东西。他指出："大自然赐给我们双脚走路，也赐给我们明智去走生活的道路。……只要谁照着大自然说的去做，像个愿意稍加努力天真地、规矩地，也即自然地去做的人，都可以做得好的。"②

其次，蒙田认为，唯有理智才可以指导儿童的资质和天性，应该看到他们的资质和天性的差异。他指出："从来没有两个人对同一件事作出相同的判断，也不可能见到两个意见是一模一样的，不但在不同人身上，就是在不同时间的同一人身上也见不到。"③ 所以，在蒙田看来，不论资质与表现如何不同，都用同一的教材和规则来教导，于是在一大群儿童中只能培养出两三个学有所成者，那是不足为奇的。

还有，蒙田认为，特别应该关注幼年时期的儿童，对他们的喧闹、游戏和稚拙进行就近的观察，不要带着恶意地轻视他们，也不要对他们娇生惯养。幼年时，孩子的性格倾向不强烈不明显，天资也没有那么确定无疑的表现，因此，对此很难作出任何有根据的判断。但应该看到，"人无论多么无能与鲁钝，身上总是有闪光的个人品质，品质不论埋藏多深，总会在某个时机显露出来"④。

---

① 蒙田.论儿童教育 [M]// 蒙田随笔全集（第一卷）.马振骋，译.上海：上海书店出版社，2011：147.
② 蒙田.论阅历 [M]// 蒙田随笔全集（第三卷）.马振骋，译.上海：上海书店出版社，2011：277.
③ 同②：271.
④ 蒙田.论自命不凡 [M]// 蒙田随笔全集（第二卷）.马振骋，译.上海：上海书店出版社，2011：313.

2. 发展判断力和思考力

首先，蒙田认为，尽管知识也很重要，但发展儿童的判断力和思考力更为重要。儿童应该能够把他所学的东西用很多不同的形式表达出来，并且在很多不同的情况中去应用它，从而使所学的东西成为自己的东西。蒙田强调指出："灵魂不是一只注满水的瓶子，而是一个要生火的灶。"① 如果一个仅仅跟着别人走的人，不会去探索什么东西，也寻找不到什么东西。由此出发，蒙田反对鹦鹉学舌式的死记硬背，认为那无非是去充塞一个人的记忆。死记硬背并不是完善的知识，这只是把别人要求记住的东西保持在记忆里罢了。他甚至还这样指出："如果我们的心灵不走向健康，如果我们的判断力不改进，我宁可让学生打网球消磨时间；至少身体可以更矫健。看看他从那里学了十五六年回来，没有什么是用得上的。"②

其次，蒙田认为，对所学的知识要进行思考，使知识成为自己的东西。这就像蜜蜂采蜜一样，它自己把花液加工成蜜糖。他指出：对儿童"刚学到的知识，要他举一反三，触类旁通，检查他是否融会贯通，成为自己的东西。吞进的是肉吐出的还是肉，这说明生吞活剥，消化不良。吞进胃里的东西是需要消化的，胃没有改变它的内容与形状，那就没有起到应有的作用"③。

还有，蒙田认为，儿童学了知识，但不知自己说什么、评判什么和做什么，那就是鹦鹉学舌。他指出："不以知识充实自己、营养自己；只是把知识辗转相传，唯一的目的是炫耀自己，娱乐大众，当作谈话资料。像一枚不流通的筹码除了计个数扔掉以外，没有任何实际价值。……肚子里塞满了肉而不把它消化，不转化为自身的养料，不健壮体格，这对我们有什么用呢？"④ 在蒙田看来，其结果是，儿童因贪求知识而傻了脑袋，都被教得傻里傻气。

---

① 毛礼锐，张鸣岐．古代中世纪世界教育史[M]．武汉：湖北人民出版社，1957：106．
② 蒙田．论学究式教育[M]//蒙田随笔全集（第一卷）．马振骋，译．上海：上海书店出版社，2011：125．
③ 蒙田．论儿童教育[M]//蒙田随笔全集（第一卷）．马振骋，译．上海：上海书店出版社，2011：135．
④ 同②：123-124．

3. 注重观察和经验

首先，蒙田认为，应该向大自然和社会生活学习，通过观察积累广泛的经验，把经验看作是指引我们通往真理的媒介。感觉是我们固有的第一批法官，通过外部反应观测事物。他指出："当我选择一条笔直的路时，并不是因为它直因而近，而是我凭经验发现这综观而言毕竟是最合理有效的一条路。"①

其次，蒙田认为，不要把儿童幽闭和束缚起来，因为从自己的经历、遭遇和错误中来认识自己并获得知识是重要的，这是生活中一个很有用的规则。儿童应该把世界当作一面镜子，去观察和探究一切。他指出："这个大千世界，有人还把它看做是恒河一沙，是一面镜子，我们必须对镜自照，从正确角度认识自己。总之我希望把世界作为我的学生的教科书。"②因为世界包括形形色色的特性、宗派、见解、看法、法律和习俗，可以教会儿童正确地判断自己，发现自己的判断力有哪些不足和先天缺陷。在蒙田看来，因为一切都是有用的，儿童应该观察每个人的特长，懂得学习各人之所长；还应该培养儿童锲而不舍、探究一切的好奇心。

还有，蒙田认为，应该对累积的经验进行认真思考，使自己变得聪明。仅仅累积经验是不够的，还必须融会贯通，琢磨其中的道理，从中得出结论。他指出："不管我们从经验中可以得到怎样的效果，只要我们不会好好利用自己的经验，从外国范例里学到的经验不会对我们的制度有多大帮助；因为我们自己的经验我们最熟悉，也就足够指导我们需要做的是什么了。"③

4. 应用知识和实际练习

首先，蒙田认为，儿童学到知识后，最重要的不是在口头上说，而是在行动上去做；如果他能在行动上去做，那么他就会更伟大。事物的学习应该先于文字的学习。但是，只是会背诵并不等于懂，那只是把东西留存在记忆中。纯然的书本知识是可悲的知识。学了课本知识后不要多说而要多做，在行动中重

---

① 蒙田.论荣誉[M]//蒙田随笔全集（第二卷）.马振骋，译.上海：上海书店出版社，2011：285.
② 蒙田.论儿童教育[M]//蒙田随笔全集（第一卷）.马振骋，译.上海：上海书店出版社，2011：142.
③ 蒙田.论阅历[M]//蒙田随笔全集（第三卷）.马振骋，译.上海：上海书店出版社，2011：276.

复贯彻。他指出：对于儿童来说，"如果让他们在行动中发挥，可以看到他们展翅高飞，翱翔天空，对事物有更透彻的了解，心灵大大开阔"①。

其次，蒙田认为，重要的莫过于激发儿童的渴求与热情，使他们学会应用知识，以便更好地领会知识。因为一个人可以看得清，不一定看得准，从而看到好事不去做，学到知识不会用。他指出："他必须吸收他们的思想精华，不是死背他们的警句。他可以大胆忘记从哪里学到的，但必须知道把道理为我所用……让他把学到的东西藏之于心，把创新的东西呈之于外。"②

还有，蒙田认为，儿童要注重实际练习。儿童应该在行动中复习功课，因为只有通过使用知识才能更好地领会知识。例如，一个人想学习舞蹈的话，就必须自己进行练习，而不能仅仅站在一旁看舞蹈家跳。他指出："要我们提高理解力却不要动脑子，要我们学骑马、掷标枪、弹琴或练声，又不要我们练习，要我们学习明辨是非和善于辞令，又不要我们说话和判断。"③

5. 养成好习惯

首先，蒙田认为，生活习惯会形成我们的生活方式，习惯的最大威力就是抓住我们不放，甚至会蒙住我们判断的眼睛，以至于我们靠自身力量很难摆脱，所以，好习惯的养成是很重要的。习惯在我们的心灵中一往无前扎下根，所产生的奇特印象使大家更可看出它的效果。他指出："习惯是第二天性，但不比第一天性弱。……年深日久，形式在我身上变成了实质，习惯也变成了天性。"④

其次，蒙田特别强调，在儿童的幼年时期特别要防止他产生很多恶习，如说话不诚实、行为放纵等，因为以后要革除这些恶习会难得出奇。他指出："我发现我们身上的最大恶习都在幼年时已见端倪……这些实在是残酷、暴戾、不讲信义的种子与根源。在那时候发芽，茁壮成长，成了恶习后难以铲除。以年

---

① 蒙田.论学究式教育[M]//蒙田随笔全集（第一卷）.马振骋.译.上海：上海书店出版社，2011：122.
② 蒙田.论儿童教育[M]//蒙田随笔全集（第一卷）.马振骋.译.上海：上海书店出版社，2011：136-137.
③ 同②：137.
④ 蒙田.论意志的掌控[M]//蒙田随笔全集（第三卷）.马振骋.译.上海：上海书店出版社，2011：216-218.

幼无知或鸡毛蒜皮小事为由而原谅这些不良倾向，这是后患无穷的教育方法。"①

6. 宽严结合

蒙田认为，在教育方法上要宽严结合，既不要以恐怖和冷酷对待学生，也反对一切粗暴行为以及只能生长出奴性的独断和压制。他指出："教育要宽严结合进行，不是像时下所做的那样，不是让孩子去接近文艺，而是让他们看到的尽是恐怖与残酷。请不要给我谈暴力与强权。依我之见，没有东西比它们更加戕害和迷误善良的天性。"②在蒙田看来，专横和体罚实际上是一种可恶而有害的教育方法。他特别希望教室里放满花草并洋溢欢乐喜悦，而不是悬挂鲜血淋漓的柳条。他更希望教师不仅用言词和训示来教导儿童，而且主要用榜样来陶铸儿童。

7. 游历

首先，蒙田认为，游历是一种重要的教育方法，可以更好地发展判断力。他指出："广泛接触世界，有助于对人性的判断，可以做到洞若观火。我们都自我封闭，目光短浅，只看到鼻子底下的东西。"③

其次，蒙田认为，作为一位未来的实干的事业家，儿童必须了解世界和社会，了解其他民族的多彩多姿的不同生活方式，了解各式各样的人，以便增进见闻和避免目光短浅。到国外游历，可以让我们的思想与他们的思想发生冲撞和相互磨砺。所以，儿童必须了解世界和社会，了解其他民族的多彩多姿的不同生活方式，了解各式各样的人，使他自己多见世面和避免目光短浅。在蒙田看来，"他们主要应该观察和能够谈谈他们在那些国家所看到的人们的性情、举止和习俗，能够更加知道怎样和别人的机智摩擦一番而使自己的机智犀利起来"④。

对于蒙田注重游历，英国教育史学家博伊德（W. Boyd）、埃德蒙·金（Edmund King）曾这样评价："蒙田建议儿童从幼年起就应去旅行并认识世

---

① 蒙田.论习惯与不轻易改变已被接受的法律[M]// 蒙田随笔全集（第一卷）.马振骋，译.上海：上海书店出版社，2011：99.
② 蒙田.论儿童教育[M]// 蒙田随笔全集（第一卷）.马振骋，译.上海：上海书店出版社，2011：150.
③ 同②：141.
④ 蒙田.论儿童教育[M]// 华东师范大学教育系，杭州大学教育系.西方古代教育论著选.北京：人民教育出版社，2001：379.

界。去外国学习可收到许多教育效果。……只有在诸如旅行和历史所提供的生活经验的基础打好了之后,要求更普通的教育的时刻才能到来。"①

8. 谨慎选择导师

首先,蒙田十分重视导师在教育中的作用,主张给儿童谨慎选择一位明智的导师。他认为,儿童教育的成败完全取决于对教师的选择,教师的职责涉及许多其他重大方面。因此。蒙田强调指出:"我宁愿推荐一位心神镇静、稳健的导师,而不愿推荐一位头脑塞得满满的人,而这两种人同样可以当导师。我还是喜欢有思想、有判断能力的、习惯文雅和举止谦逊的人,而不喜欢空空洞洞、只有书本知识的人。……他在履行职责时,能采用新的方法。"②

其次,蒙田认为,导师不仅是知识的导师,而且是勇敢、谨慎和正义的导师。导师应该是一个最有才智和道德高尚的人,有学问和有判断力,有好的性情;而不应该是一位喜怒无常的教师,会损害儿童的心灵。他指出:"名师高瞻远瞩,其高明处就是俯就少年的步伐,指导他前进。"③

蒙田倾注其一生心血的《随笔集》既在历史中进行探究,又从现实中寻求思索。英国教育史学家、莱斯特大学教授班托克(G. H. Bantock)指出:"蒙田的特性和他的时代在他的关于儿童养育的观点上是密切相关的。"④蒙田不仅给人们提供了取之不尽的儿童教育哲理,而且对后世儿童教育产生了远见卓识的教育理论影响。他的儿童教育思想后来被17世纪英国教育家弥尔顿和洛克以及18世纪法国教育家卢梭所吸收,并得到进一步的发展。其中,洛克与蒙田一致的观点是非常多的。尽管蒙田儿童教育思想在他的时代影响并不大,但他的儿童教育思想是具有前瞻性的。在西方教育学者中,英国教育家伊丽莎白·劳伦斯对蒙田儿童教育思想的精髓以及所凸显的现代精神论述得十分透彻:"在蒙田

---

① 博伊德,埃德蒙·金.西方教育史[M].任宝祥,吴元训,主译.北京:人民教育出版社,1985:225-226.
② 蒙田.论儿童教育[M]//华东师范大学教育系,杭州大学教育系.西方古代教育论著选.北京:人民教育出版社,2001:375.
③ 蒙田.论儿童教育[M]//蒙田随笔全集(第一卷).马振骋,译.上海:上海书店出版社,2011:135.
④ G. H. Bantock. *Studies in the History of Educational Theory*. Vol.1. London: George Allen & Unwin, 1980: 117.

的著作中，较为自由的思想又前进了一大步。他的不少思想和著作都是我们今天认为最现代的教育概念。……他比同代人更具有远见卓识，对这一问题有许多标新独到之处。"①

第三节
莫尔论幼儿教育

莫尔（Thomas More，1478—1535）是文艺复兴时期英国思想家和早期空想社会主义者。他出生于英国伦敦的一个法官家庭。莫尔早年曾接受良好的教育，尤其受到了古希腊哲学家柏拉图《理想国》的影响。遵照父亲的旨意，他曾在林肯大学法学院攻读法律。1504年后，莫尔开始在政界活动，历任高官要职。1516年，他以对话形式撰写了《乌托邦》一书，描绘了他所设想的一个理想社会，并阐述了他的早期空想社会主义思想和幼儿教育思想。

一、论普及教育

莫尔认为，乌托邦不仅是最优秀的而且是唯一名副其实的国家。他强调指出："在乌托邦，私有制根本不存在，大家都热心公事。……在乌托邦，一切归全民享有，从来也没有人怀疑任何私人会缺乏什么必需的东西，所要留意的只是把公家的仓库充实起来。这儿没有物资分配不平衡的现象，没有穷人，没有乞丐。虽然每一个人一无所有，大家却都很富足。……有衣有食，安居乐业，这是每个人对自己，对他的妻室，对他的子子孙孙，可以放得下心的。"②

---

① 伊丽莎白·劳伦斯.现代教育的起源和发展[M].纪晓林，译.北京：北京语言学院出版社，1992：48.
② 莫尔.乌托邦[M].戴镏龄，译.北京：商务印书馆，1959：123.

在这样一个理想的社会制度下，莫尔提出，教育是国家的事业，国家应该通过立法来实行公共教育制度，使每个儿童都接受全面的教育。因为乌托邦宪法规定：在公共需要不受损害的范围内，所有公民应该除了从事体力劳动，还有尽可能充裕的时间用于精神上的自由及开拓。所以，在莫尔看来，在乌托邦中，"一切都在国家控制下，……国家从来不强迫人民做无谓的劳动，因为国家经济的主要目的是尽可能使每个人摆脱体力重活而享受闲暇时间，只要社会需求允许的话。如此，每个人都可以开发智力。这才是生活的秘诀"[①]。正是通过使每个儿童接受基本教育，乌托邦的未开化的居民能够成为有文化教养的人。

二、论幼儿教育的内容和方法

在强调实施普及教育的前提下，莫尔十分重视幼儿教育。他明确指出：因为道德思想"在童年时代完全被吸收，这些思想就会贯穿终生，对国家的安全极为有利，国家因此永不会受到严重的威胁"[②]。在莫尔看来，一个人的恶习之所以根深蒂固，其原因在他幼年的时候任其滋长。

1. 婴儿的抚育

莫尔认为，婴儿最好由母亲自己哺乳；但是如果不行的话，那就为他物色一个保姆。凡是担任保姆职务的人不仅因其慈爱而受到人们的赞扬，而且她自己十分乐意。莫尔还指出："保姆带婴儿另在指定的餐室里，那儿经常生火，备有清洁用水，还放有摇篮。保姆可以把婴儿放进摇篮，也可以随意解开婴儿包裹，听其在火边自在地游戏。……受到抚养的婴儿视保姆如生母一般。5岁以下婴儿都和保姆同住。"[③]

[①] 基思·沃森.托马斯·莫尔爵士 [M]// 扎古尔·摩西.世界著名教育思想家（第三卷）.梅祖培，龙治芳，等译.北京：中国对外翻译出版公司，1995：159.

[②] 同①.

[③] 莫尔.乌托邦 [M].戴镏龄，译.北京：商务印书馆，1982：63.

2. 幼儿教育内容

一是身体健康。

莫尔认为,身体上享受的快乐推健康居第一位,因为一个身体健康的人肯定是享有快乐的。在他看来,乌托邦人所爱好和重视的是美观、有力和敏捷。他指出:"几乎每个乌托邦人认为健康是至上的快乐,可以说,是一切快乐的根本。只要有健康,生活就安静如意;没有健康,就完全谈不上快乐了。"① 为此,从小就要使儿童针对寒暑的不测,饮食有度,增加自己的抵抗力。

二是知识学习。

莫尔认为,乌托邦人都喜爱学习,自小就具有致力于有用知识的聪明才能。"凡是儿童都要学习,而大多数国民,男男女女,总是把工作后剩余的时间用在学习上。"② 在莫尔看来,耳之于声,目之于色,鼻之于味,这些都是自然赐予人类的,也是人类所得天独厚的地方。莫尔还认为,要重视使儿童用祖国语言进行阅读。因为祖国语言词汇丰富,音调悦耳,比别的语言更纯洁、更能正确地表达意义。

三是道德精神。

莫尔认为,道德精神教育是十分重要的。他指出:"乌托邦人特别不肯放过精神的快乐,以其为一切快乐中第一位的、最重要的。他们认为,主要的精神之乐来自德行的实践以及高尚生活的自我意识。"③ 在莫尔看来,道德精神上的正确观点,例如,珍惜生命的价值、厌恶珍珠宝石的装饰、具有高尚勇敢的品质等,都是从小由教育和优良的国家制度所鼓舞而培养的。

四是职业手艺。

莫尔认为,每个乌托邦人都要从事农业,并学毛织业、纺麻业、泥水业、冶炼业和木工业等方面的一种手艺作为专门职业。这是乌托邦所需要的。因此,儿童从小就学习农业。他们被带到田里就仿佛被带去游戏。他们不仅在田里看,

---

① 莫尔.乌托邦[M].戴镏龄,译.北京:商务印书馆,1959:90.
② 同①:81.
③ 莫尔.乌托邦[M].戴镏龄,译.北京:商务印书馆,1982:80.

而且为了锻炼身体，也去操作。

3. 幼儿教育方法

在幼儿教育方法上，莫尔主张：第一，对儿童要相亲相爱，但又不要把他们娇养坏了。第二，任何活动只要对儿童没有害处，就不应该禁止。第三，应该使儿童快乐。儿童顺乎自然而在身心上得到的快乐，既有精神方面的，又有身体方面的。第四，禁止对儿童体罚。在一首题为《致最可爱的孩子》的诗篇中，莫尔这样写道："一直在吻着你们，没有半点打骂，即便是体罚，扫在你们身上的也只是孔雀尾巴……"①

作为英国文艺复兴时期三个最伟大的人物之一，英国思想家和早期空想社会主义者莫尔在批判封建制度和封建教育的基础上，具有远见卓识地描绘了理想的社会制度和教育思想。尽管其教育思想有点朦胧，但对理想社会幼儿教育的论述却是具有积极意义的。他不仅受到同时代人的高度敬仰，而且在幼儿教育上为后世留下了宝贵的遗产。

第四节
康帕内拉论幼儿教育

康帕内拉（Tommaso Campanella，1568—1639）是文艺复兴时期后期意大利思想家和早期空想社会主义者。他出生于意大利卡拉布里亚省斯提罗城附近的一个贫苦农民家庭。15岁时，他进修道院当了僧侣，但利用修道院丰富的藏书进行攻读，因而成为了一个学识渊博的人。由于批判经院哲学和提倡经验认识，他几乎终生坐牢。1599年，康帕内拉因反对西班牙君主国政权统治意

---

① 卡尔·考茨基.莫尔及其乌托邦[M].关其侗，译.北京：生活·读书·新知三联书店，1963：112.

大利南部而被捕入狱。正是在狱中，他用对话体裁写成了最主要的著作《太阳城》，阐述了他的早期空想社会主义思想和幼儿教育思想。

一、论国家管理教育

在太阳城中，康帕内拉构想了一个在一切公有的基础上的理想社会制度，每个公民都是社会的公仆。与此相适应，他认为，生育后代和教育后代不是个人的事情，而是国家的事情。因此，教育事业是国家领导人的职责。这是因为教育关系到国家的繁荣和利益。国家应该把整个主要的注意力放在这个问题上。根据康帕内拉的设想，太阳城的教育事业是由国家管理的，三位领导人之一的"爱"来掌握有关儿童生育和抚育的事务。在他的指挥下，许多男女教师负责这一切工作。国家对太阳城儿童的抚养教育一直到他们成年为止。

因此，在太阳城中，不仅男女具有平等的受教育权利，而且在从事研究工作上不分性别。在女子教育上，康帕内拉同意古希腊哲学家柏拉图的观点，而反对亚里士多德的观点。

二、论幼儿教育的作用

康帕内拉认为，对于太阳城来说，幼儿教育是十分重要的。他强调指出："因为大部分的人总是不善于教养后代而使国家濒于灭亡，所以，负责人员的神圣职责是把这一点当作国家福利的重要基础来进行监督；而只有公社才能做到这一点，个人是无法做到的。"[1]在康帕内拉看来，幼儿教育既包括胎教，又包括儿童7岁以前的教育。这是由太阳城的政治和经济制度所决定的。

在胎教上，康帕内拉提出，生儿育女的目的乃是为了保存种族而不是为了保存个人。因此，生育后代是一个关系到国家利益的问题，而不是个人利益的问题。为了能使妇女生育健壮的后代以及使后代成为最优秀的人物，必须注意

---

[1] 康帕内拉.太阳城[M].陈大维，等译.北京：商务印书馆，1980：21-22.

孕妇的健康问题。在《论最好的国家》一文中，康帕内拉指出："我们把国家的扩大，建立在生育最优秀的子女这一基础之上。"[1]因此，妇女受孕后在两个星期内，不必从事体力劳动，此后只做一些轻微的工作，使胎儿易于吸取母体的营养而生长健壮；同时，根据医生的指示，只发给她们维护健康的食物。

在儿童7岁以前的教育上，康帕内拉提出，儿童出生后就由母亲在一座特设的公共大厦里进行照料。其哺乳期为两年，但可以根据专家的指示给予延长。断乳后，儿童便按性别分别进行抚育。从2~3岁起，他们分为4组，由4位最有学问和最受人尊敬的老人来照管，以利于他们个人将来的发展。

三、论幼儿教育的内容和方法

在《太阳城》一书中，康帕内拉对幼儿教育的内容和方法进行了论述。

1. 幼儿教育的内容

康帕内拉认为，幼儿教育的内容按儿童不同的年龄阶段而有所不同。2~3岁，太阳城的儿童在老人的照管下，就在房屋墙壁的周围游玩，并学习看图和读念字母。稍大以后，他们就学习体操、跑步、射箭、掷铁饼、捕猎以及其他可以均衡发展四肢的游戏；同时，他们到野外辨识花草树木和各种石头等。儿童在一起轻松地学习字母、看图、赛跑、游戏和角力；并根据图画认识历史和各种语言。到7岁时，儿童将被送到一些作坊，跟着鞋匠、面包师、木匠和画师学习。

同时，太阳城的儿童从小要热爱祖国，培养爱国主义情感以及互助互爱的精神。因为在康帕内拉看来，"在同一时日同一星座照临时出生的儿童，他们的天分、性情和面貌大多数是相似的；因此他们总是互助互爱，而使这个国家呈现一片和谐的景象"[2]。具体来讲，儿童应有的美德包括宽大、勇敢、纯洁、慷慨、公正、热心、诚实、慈善、殷勤、朝气、节制等。

---

[1] 康帕内拉.论最好的国家[M]//太阳城.陈大维，等译.北京：商务印书馆，1980：69.
[2] 康帕内拉.太阳城[M].陈大维，等译.北京：商务印书馆，1980：20.

此外，太阳城的儿童通过游戏和体育活动不仅使身体发育很好和皮肤呈健康色，而且体格匀称和富有朝气，以实现他们的自然发展和健康。

还有，太阳城的儿童从幼年时代起就按照他们天生的爱好，开始学习各种艺术。因此，儿童也穿着漂亮的花衣服。

2. 幼儿教育的方法

在幼儿教育的方法上，康帕内拉强调直观教学的方法。他认为，应该为幼儿教育阶段的儿童提供字母表，以及使儿童认识周围环境和日常生活中的花草树木、鸟兽虫鱼、雨雪雷电的图画等。特别值得指出的是，在太阳城神殿主圆顶的拱顶壁上画有星辰、南北极和地理圈等，在内外城墙上到处都挂有很美丽的图表以及标本，既有各种数学公式的图表、各种宝石与矿产的图形和标本，也有各种花草树木、鸟类动物以及各种手工业和它们的工具的图形。这使得太阳城的学前儿童可以通过四周城墙上的图画进行直观的学习。正因为如此，"太阳城有许多教师负责讲授这些绘画的意义；因此，儿童们在 10 岁以前就能毫不费力地、轻松地通过直观教学法来掌握各种学科的基本知识了"[1]。在康帕内拉看来，太阳城的制度本身和墙壁上的图画就用直观的方法向人们灌输一切知识。苏联学者沃尔金（В. П. Волгин）这样指出：在太阳城中，"所有的儿童（男孩和女孩）都能受同样的社会教育。他们从幼年起，就能通过游戏获得有益的知识。这个国家的主要城市好像是一个陈列着直观教具的博物馆。孩子们由教师率领着在城市中散步和游戏，因而他们能获得最简单的科学知识"[2]。

继英国早期空想社会主义者莫尔之后，康帕内拉在《太阳城》一书中也描绘了理想的社会制度和教育思想。尽管他的教育思想有点粗陋和不完善，但在一定程度上论述了理想社会的幼儿教育。

---

[1] 康帕内拉. 太阳城 [M]. 陈大维，等译. 北京：商务印书馆，1980：9.
[2] 沃尔金. 康帕内拉的共产主义乌托邦 [M]// 康帕内拉. 太阳城. 陈大维，等译. 北京：商务印书馆，1980：94.

第 3 章

17 世纪幼儿教育智慧

17世纪是欧洲社会从封建制度向资本主义转变的时期。在这一时期，随着资本主义工场手工业生产的发展和资本主义生产关系的孕育，近代自然科学也得到了较快的发展，这不仅促使新的思想和方法的涌现，而且极大地扩展了新兴资产阶级的精神视野。正是在这种社会变革的背景下，新兴资产阶级的教育家和思想家对教育和教学规律进行了探究，在幼儿教育方面也提出了许多新颖的观点，反映了时代进步和社会发展的要求。其中，最有代表性的是捷克教育家夸美纽斯和英国教育家洛克。夸美纽斯在总结前人教育思想和自己教育实践经验的基础上，不仅提出了新的儿童观，而且提出了"母育学校"（幼儿教育机构）的设想。尤其是《母育学校》一书，是夸美纽斯幼儿教育思想的系统阐释，从中可以发现很多后世西方幼儿思想的萌芽。英国哲学家和教育家洛克从培养绅士的目标出发，从体育、德育和智育三个方面阐述了儿童早期教育，不仅形成了一些独特的见解，而且提出了许多有价值的建议，因而推动了近代西方幼儿教育思想的发展。应该看到，尽管夸美纽斯和洛克都是对家庭幼儿教育进行论述，但是，他们的幼儿教育思想不仅闪烁着新时代的曙光，而且对后世西方幼儿教育的发展产生了重要的影响。

第一节
夸美纽斯论幼儿教育

夸美纽斯（Johan Amos Comenius，1592—1670）是17世纪捷克教育家。他出生于捷克尼夫尼兹一个磨坊主家庭。大学毕业后，夸美纽斯回到故乡担任兄弟会的牧师，并主持兄弟会学校的工作。从此，他以满腔的热情为祖国的解放、民族的独立和教育的改革而积极活动，一生构想如何通过教育来改变人类生活。他的主要教育著作有：《母育学校》（1628—1630）、《大教学论》（1632）、《世界图解》（1654）等。在吸收和继承了文艺复兴时期人文主义教育思想遗产以及总结了自己教育实践经验的基础上，夸美纽斯全面构建了一个具有新颖性的教育理论体系。这不仅为近代西方教育理论的发展奠定了基础，而且对西方幼儿教育思想的发展产生了重要的影响。

一、论教育年龄分期

从"教育适应自然"和"泛智论"思想出发，夸美纽斯论述了教育年龄分期。他把一个人从诞生到成年分为四个发展阶段：婴儿期、儿童期、少年期和青年期。与之相应的是，设立母育学校、国语学校、拉丁语学校和大学四级学校。四个发展阶段与四级学校是相互联系的，可以比作一年的四季。

一是婴儿期（0~6岁），与之相应的是母育学校。招收一切婴儿。每一个家庭就是一所母育学校，母亲就是母育学校的老师。因此，母育学校实际上就是一个家庭教育机构。其任务主要是奠定儿童体力、道德和智力发展的基础。当儿童6岁时，父母就应该把他送到国语学校去学习。

二是儿童期（6~12岁），与之相应的是国语学校。国语学校是家庭教育的扩展。每个城镇乡村都应该设立国语学校，招收一切儿童。其任务主要是把对人终生有用的事物教给一切儿童，特别注重祖国语言的学习。具体课程包括：国语、计算、测量、自然常识、道德、历史、地理、唱歌、教义问答等。

三是少年期（12~18岁），与之相应的是拉丁语学校。每一个较大的城市都设立拉丁语学校，招收志向超出工场的学生。其任务主要是提供百科全书式的知识教育，为以后接受高深教育作好准备。具体课程包括："七艺"（文法、修辞、逻辑、算术、几何、天文、音乐）、物理、地理、历史、伦理学、神学等。

四是青年期（18~24岁），与之相应的是大学。每一个王国的首都或省城都应该设立大学，招收少数最有才华的学生。其任务主要是提供任何学科的完全训练，以培养未来的教师、学者和官员。大学一般分哲学、医学、法学、神学四科。

对于0~6岁儿童的教育，夸美纽斯把它看作整个学制系统的最初阶段，进行了专门的研究。他不仅在《大教学论》中用了相当多的篇幅探讨幼儿教育问题，而且又单独写成《母育学校》一书，作了更为深入而全面的阐述。可以说，《母育学校》是西方教育史上第一本幼儿教育专著。该书还专门加有一个说明性的副标题："论6岁以下儿童的教育"。关于这本书的写作意图，夸美纽斯曾这样写道："应当为父母和保姆写一本手册，将他们的责任明明白白地摆在他们面前。这本手册应包括教给儿童的各种学科，应当说明最适合于每个人的事务，用什么言语和手势最有利于灌输给他们。这本书叫做《母育学校宝鉴》。"[①]

---

① 夸美纽斯.大教学论·教学法解析[M].任钟印，译.北京：人民教育出版社，2006：241.

二、儿童观

在西欧中世纪，基督教在人生意义上宣扬的是所谓人生而有罪的"原罪说"，妄称婴儿是带着原始的罪恶来到世上的，一生必须不断地赎罪。由此儿童自然就成为"赎罪的羔羊"，各种肉体的、精神的折磨也就不断地加到他们的身上。

但是，夸美纽斯认为，儿童是上帝最珍贵的恩赐，是任何事物不能与之相比拟的宝物，因此，必须给予极大的关怀。这虽然带有一定的宗教色彩，但实质上是对教会"原罪说"的一种反驳。夸美纽斯强调指出："对于父母，儿童应当比金、银、珍珠和宝石还珍贵，……金、银和其他同类的东西都是无生命的，只不过是比我们脚下所践踏的泥土要硬一点和纯洁一些；然而儿童却是上帝的生气勃勃的形象。"[①]

夸美纽斯还列举出许多例子说明"儿童是无价之宝"，无论对父母还是对国家来说都是如此。在他看来，一方面，儿童产生于父母的实体本身，生来是颗没有被玷污的纯洁的"种子"，具有谦虚、善良、和睦等美德；另一方面，儿童又必然会发育长大，成为未来博学的学者以及国家的领导者，也就是成为国家的未来。

三、论幼儿教育的重要性

夸美纽斯对幼儿教育的重要性作了深刻的论述。他多次引证自然界生物成长的许多例子，反复阐述了及早教育儿童对儿童的发展有着重大的作用。在《母育学校》的卷首"献辞"中，夸美纽斯就指出："幼儿要求优良教育极为迫切，缺它的话，他们将迷失方向。"[②]其内涵包括两方面的意思：其一，细心地和

---

① 夸美纽斯.母育学校[M]//任钟印.夸美纽斯教育论著选.任宝祥，等译.北京：人民教育出版社，1990：13.
② 同①：3.

正确地组织好幼儿的教育，是防止幼儿沾染不良恶习和预防人类堕落的一个重要手段；其二，幼儿及早获得一些必要的粗浅知识，可以为他们入学以后的教育奠定成功的坚实基础。

夸美纽斯还认为，儿童早期教育是极为迫切的。因为一切事物的本性都是在娇弱的时候容易屈服，容易形成，但长硬以后就不容易改变了。所以，假如我们希望他在追求思想方面获得巨大的进展，我们就应从婴儿时期就把他的能力领向这个方向。因此，儿童的教育应该及早开始。在夸美纽斯看来，"任何人在幼年时代播下什么样的种子，那他老年就要收获那样的果实"[①]。

夸美纽斯关于幼儿教育重要性的见解，是在他所处的特定历史时代和社会条件下提出来的。面对封建主义与资本主义交替的关键时期，他寄希望于通过教育发展新的人性来医治社会的创伤，使国家和教会得到改良；而且，这种教育应该及早从幼儿时期抓起。这无疑是合理和进步的。

四、论幼儿教育的内容

夸美纽斯认为，幼儿教育的内容包括以下三个方面。

1. 体育

夸美纽斯十分重视幼儿的体育。在《母育学校》第五章中，他专门论述了"怎样去发展儿童的健康和力量"问题。他认为，只有在儿童身体健康的条件下，才有可能对他们进行教育，成功地把他们培养成人。因此，应该首先关心的是保证幼儿的身体健康。

夸美纽斯认为，保证幼儿身体健康要从他出生之前做起。为了使胎儿健康地诞生到人间来，首先，妇女自怀孕之日起，就要注意保持身心健康，不要使胎儿受到任何损害。在孕妇和胎儿的保健方面，夸美纽斯提出了许多具体的建议，例如，孕妇凡事要有节制、不多食、不饮酒、要避免碰撞和摔倒等，因为

---

① 夸美纽斯.母育学校[M]//任钟印.夸美纽斯教育论著选.任宝祥，等译.北京：人民教育出版社，1990：22.

这些都会伤害自己的身体而不利于胎儿的健康发育。其次，孕妇还要严格克制自己的情绪，避免惊惶、苦恼、着急、发愁等。因为突然的恐惧和过度的刺激不仅会影响新生儿的情绪气质，而且还会造成流产或降生一个孱弱的婴儿。为此，孕妇应该保持平静而愉快的心情，并操持一些家务和进行适量的活动，而不要过于贪睡、过于懒散。

夸美纽斯又认为，婴儿出生后，合理喂养是一个主要问题。他要求母亲自己给儿童哺乳。他严厉谴责当时的贵族妇女宁愿去亲昵一只小狗而不愿怀抱婴儿，以及为了保持自己外貌体型的娇美和生活悠闲舒适而不愿照料亲生儿女的风气，指出这对婴儿的健康发展是十分有害的。夸美纽斯还指出，婴儿断奶以后的饮食要富有营养，分量要适度；宜于吃天然的食物和软的、容易消化的食物。此外，也不要给他们随便用药。

由于幼儿的躯体、骨骼、血管都十分稚嫩脆弱，夸美纽斯特别指出，父母和成人必须细心地照料他们。他曾比喻说：儿童比黄金更贵重，但比玻璃更脆弱。在夸美纽斯看来，幼儿的感官或四肢很容易因父母和成人的一时疏忽而受到伤害，以致失去听力或视力而造成终身的残废。

夸美纽斯还认为，为了保证幼儿的身体健康，应该使儿童自幼就建立合理的生活制度，在饮食、衣着、睡眠和活动上有一定的规律，为良好生活习惯的养成打好基础。夸美纽斯还要求父母设法为幼儿安排各种娱乐活动，例如，散步、做游戏、唱歌、讲故事和看图画等，使他们的生活充满欢乐愉快的气氛，以有益于他们的健康成长。总之，"不使孩子们没有快乐"[①]。

2. 智育

与"泛智论"紧密联系的是，夸美纽斯也强调发展幼儿智力的重要性。他认为，父母的明智不仅在于使儿童健康地生活，而且也在于尽力使他们的头脑充满思想，成为一个真正幸福的人。夸美纽斯强调指出："必须在人身上播下一

---

① 夸美纽斯. 母育学校[M]// 任钟印. 夸美纽斯教育论著选. 任宝祥，等译. 北京：人民教育出版社，1990：34.

切知识的种子。我们希望在他一生的旅程中用这些知识装备起来。"① 在他看来，父母不应以为儿童无需多大努力就能获得知识，就能使智力发展起来。因此，父母应该努力养成幼儿的学习习惯，并对他们进行初步的智力教育。

关于幼儿智育的内容，夸美纽斯认为，主要是三个方面：一是帮助幼儿通过感官积累对外部世界（自然界、人类社会和家庭生活方面）的初步观念；二是发展语言能力；三是训练手的初步技能。在《母育学校》一书中，他详细列举了幼儿"百科全书式"启蒙教育的学习科目，要求幼儿在物理学、天文学、地理学、光学、年代学、修辞学、数学以及经济学等方面逐步了解和掌握一些初步概念。这里虽然涉及许多学科，但夸美纽斯实际上要求幼儿学习的只是这些学科中最普遍、最通俗和最粗浅的内容。例如，学习物理学，只是要求了解一些有关水、火、雨、雪、花草树木和常见动物的粗浅知识；学习光学，只是要求知道什么是光明和黑暗，并能区别几种常见的颜色等；学习地理学，只是要求认识摇篮、住房、庭院、自己居住的城市或乡村，知道什么是山河、树林、田野、道路等；学习年代学，只是要求初步弄懂春夏秋冬、年月日、星期、明天、昨天等季节或时间概念；学习经济学，只是要求知道有关家庭成员的称呼、家具和餐具的名称，以及日常家务管理等。此外，幼儿也学习"教义问答"和唱赞美诗。

3. 德育

从改良社会道德的要求出发，夸美纽斯也十分重视幼儿的道德教育。他认为，儿童应该从小打下良好德行的基础，否则到将来就会没有德行。因此，夸美纽斯强调指出："必须在很早的阶段，当邪念远没有主宰思想时，就谆谆教诲德行。"②

为了使幼儿道德教育收到良好的效果，夸美纽斯坚决反对父母或成人溺爱和放纵孩子，容忍他们在毫无纪律约束下为所欲为。在他看来，严格的纪律是必须用来制止邪恶的倾向的。如果父母在儿童的心灵中播下任性的种子，却想

---

① 夸美纽斯. 大教学论·教学法解析 [M]. 任钟印, 译. 北京：人民教育出版社，2006：237.
② 同①：194.

收获纪律的果实，那是不可能的。幼儿的任性实际上不是他们缺乏理智，而往往是成人愚蠢造成的不良后果。因此，应该使幼儿自幼养成纪律的观念，同时应该以温和的态度对待他们提出的合理要求。

五、论幼儿教育的方法

夸美纽斯认为，父母是儿童的教育者，负有把自己的孩子教育成人的责任。但在教育方法上，父母不仅对儿童要有耐心，而且要研究儿童。他希望父母和成人在幼儿教育上一定要采用符合幼儿发展水平的方法。

一是感官教育。夸美纽斯认为，在初步智育上，最有效的方法是让幼儿通过自己的感官去认识外部世界。同时，可以运用故事和寓言来发展幼儿的智力。因为妙趣横生的故事、深入浅出的寓言使幼儿觉得生动有趣，而且易于理解和记忆。

二是游戏。夸美纽斯认为，游戏不仅有益于儿童的身体健康，而且有助于发展肢体活动能力和智力的灵敏性。因此，无论儿童想玩什么游戏，只要不会伤害其身体或损坏东西，都应支持并给予帮助；反之，孩子无所事事反而会有害于其身心发展。

三是发展语言。夸美纽斯认为，从一开始就应注意使幼儿发音清楚，能清晰地读出字母、音节和词。为了使儿童更好地发展语言，夸美纽斯亲自编写了《语言初阶》《世界图解》等教科书。在这些教科书中，他把语言与具体事物联系起来。因此，夸美纽斯强调说："文字的学习不应该离开它们所代表的事物。"[1]

四是榜样。夸美纽斯认为，父母或成人的以身作则在幼儿教育中十分重要。因为他们的良好言行举止都是幼儿直接模仿的榜样，即优良的永久的范例。因为对于幼儿来说，用榜样总比用训条容易领导、容易管束。

---

[1] 夸美纽斯.大教学论[M].傅任敢，译.北京：人民教育出版社，1957: 168.

六、论儿童的入学准备

在《母育学校》一书中，夸美纽斯还专门探讨了儿童入学准备的问题，并提出了许多有益的建议。对这一问题的探讨，正表明夸美纽斯是最早思考并论述"幼小衔接"的一位西方教育家。

首先，夸美纽斯认为，6岁以后的儿童应该从母育学校进入国语学校学习。因为儿童到6岁时，他们的骨骼和头脑的发育日趋完善。这时如果再不把他们马上送到真正的学校中去，"他们将会始终如一地变为有害无利的懒散，而最终将变为一匹'野驴驹'。另外，还会有令人更可担心的事发生，就是从那不注意的懒散中沾染恶习"[①]。在夸美纽斯看来，这类缺点一经养成，以后是很难消除的。

但夸美纽斯也指出，儿童6岁入学也不是绝对的。根据各自能力发展的情况，入学时间可以推迟或提前半年到一年。然而，父母应该在自己孩子入学前注意以下三个方面：其一，孩子是否真正了解和获得应在母育学校所知道的东西；其二，孩子是否已具有注意、思考和判断的能力；其三，孩子是否具有进一步学习的要求和愿望。

其次，夸美纽斯认为，父母必须认真做好儿童入学前的准备工作。他强调指出："父母没有准备就将其子女送往学校是不智之举，这如同小牛奔往市场或羊群闯入牛群一样。"[②] 入学准备具体包括：一是鼓励儿童入学，告诉他上学是一件十分愉快的事情，就像赶集或收获葡萄一样给人快乐；告诉他在学校里会有其他儿童同他一起学习和玩耍。二是赞扬国语学校教师的善良与博学，引起儿童对教师的信任与爱戴；而不要用学校和教师来恐吓儿童，使儿童心里恐惧而不愿入学。三是给儿童准备好入学的学习用品以及漂亮的衣服等。

作为近代具有深刻见解的教育科学的奠基者，夸美纽斯在文艺复兴时期人

---

① 夸美纽斯.母育学校[M]//任钟印.夸美纽斯教育论著选.任宝祥，等译.北京：人民教育出版社，1990：68.
② 同①：70.

文主义者尤其是昆体良的教育思想影响下，根据时代要求和科学发展，力图把幼儿教育建立在一定的科学基础上，极大地推动了近代西方幼儿教育思想的发展，标志着西方幼儿教育思想从神学化向人本化的转变。当代瑞士心理学家皮亚杰指出："夸美纽斯的教育思想多么新颖，特别是他的方法论多么新颖。"① 由于欧洲连年战祸等客观原因，夸美纽斯的教育理论到 19 世纪 50 年代才复兴，对世界教育的发展产生了实际的影响。应该看到，夸美纽斯在幼儿教育上的真知灼见对我们今天这个时代仍具有重大意义。

第二节
洛克论幼儿教育

洛克（John Locke，1632—1704）是 17 世纪英国哲学家和教育家。他出生于英国萨莫塞特郡的一个乡村律师家庭，自幼受到严格的家庭教育。于牛津大学毕业后，洛克留校任教。后来，他两次担任沙夫茨伯里伯爵家中的家庭医生和家庭教师，不仅使他积累了一定的儿童教育经验，而且为他形成具有特色的教育思想打下基础。洛克的主要著作有：《人类理智论》《政府论》《教育漫话》。正是在《教育漫话》（1693）一书中，他论述了从小培养绅士的教育标准和方法。

一、论教育的作用

从"白板说"出发，洛克充分肯定和高度评价了教育的作用。在《教育漫

---

① 皮亚杰.扬·阿姆斯·夸美纽斯在目前时代的重要性[M]//赵荣昌，单中惠.外国教育史教学参考资料.上海：华东师范大学出版社，1991：213.

话》一书中，他开门见山地指出："我敢说我们日常所见的人中，他们之所以或好或坏，或有用或无用，十分之九都是他们教育所决定的。人类之所以千差万别，便是由于教育之故。"[①]在《理解能力指导散论》中，他也指出："我们天生就有几乎能做任何事情的诸多官能和诸多能力，这些官能和能力至少比人们所想象的能使我们取得更大的进展，但是这些能力只有经过锻炼才能给予我们做任何事情的能力和技巧并把我们引向完美。"[②]在洛克看来，教育对于人的发展就如改变河流的方向一样，从根源上引导就能使河水流到十分遥远的地方，因此，人们的态度能力之所以千差万别，教育的力量比别的事情的影响都大。在某种程度上，一个人的教育会影响他日后一生一世的生活。

在整个社会的教育中，洛克尤为强调绅士教育。他在《教育漫话》中明确提出，教育的目的就是培养绅士，即身体健康的、有德行的、能干的人。在1692年3月7日致葛拉克先生的信中，洛克这样写道："最应该注意的还是绅士的职业，因为一旦绅士受到教育，上了正轨，其他的人自然都能走上正轨了。"[③]

洛克所要培养的绅士既不是教会的教士，也不是书斋里的学究，而是国家幸福与繁荣所需要的事业家。因此，对于绅士来说，他"需要的是事业家的知识，合乎他的地位的举止，同时要能按照自己的身份，使自己成为国内著名的和有益于国家的一个人物"[④]。具体来说，它表现在以下七个方面：（1）身体。绅士应该身体强健，其主要标准是能够忍耐劳苦。因为要能工作，要有幸福，就必须先有健康。（2）德行。绅士应该有良好的德行。正是因为具有良好的德行，绅士能克制自己的欲望、能不顾自己个人的倾向而顺从理性的指导。（3）思想。绅士应该具有思想。因为思想使得一个人能干并有远见，能很好地处理他的事务，并对事务专心致志。（4）礼仪。绅士应该有良好的礼仪。具体是指随人、随时、随地都有适当的举止与礼貌。（5）学问。绅士应该具有必需的学问。因为学问对于德行与思想是有帮助的。（6）表达。绅士应该能优美地表达。具

---

① 洛克.教育漫话[M].傅任敢，译.北京：教育科学出版社，1999：1.
② 洛克.理解能力指导散论[M].吴棠，译.北京：人民教育出版社，1993：11.
③ 洛克.致奇布勒的爱德华·葛拉克先生[M]//教育漫话.傅任敢，译.北京：教育科学出版社，1999：3.
④ 同①：73.

体表现为说话优美和写作优美。其中，说话优美又表现为清晰易懂和推理正确。（7）技艺。绅士应该具有手工的技艺。

二、论儿童的体育

洛克认为，健康的精神寓于健康的身体，因此，体育是教育的基础。其目标是能有健康的身体以及强健的体格。在这个意义上，洛克所谓的体育实际上是健康教育。在他看来，这不是医生对于有病的、脆弱的身体应该怎么办，而是在不借助医药的范围内应该如何保护和改进本来健康的至少是没有疾病的体格。当幼儿的身体可以适应一切的时候，他就不会遭受痛苦与危险。

对于身体健康问题，洛克坦承他格外研究过这个问题。根据自己当过家庭医生和教师的经验，他在体育上提出了自己的设想，那就是：多吸新鲜空气，多运动，多睡眠；食物要清淡，酒类或烈性的饮料不可喝，药物要用得极少，最好是不用；衣服不可过暖过紧，尤其头部和足部要凉爽，脚应习惯冷水，应与水接触。

具体来讲，幼儿的体育实施应该包括以下五个方面：

一是不要娇生惯养。洛克认为，身体健康最忌于娇生惯养。他强调指出："大多数儿童的身体，都因娇生惯养之故弄坏了，至少也受了损害。"[1] 在洛克看来，实际上只要我们从小习惯了，在许多看上去似乎不可能的事情，我们的本性都是可以适应的，因此，在避免娇生惯养上面，第一件应该当心的事就是：儿童冬天穿的衣服不要过暖，要受得起风寒霜雪。此外，应该养成每天用冷水洗腿脚的习惯，不分冬夏都这样做；甚至洗冷水浴，用以增强和锻炼体格。还有，应该学习游泳，这既使他获得一种技能以应付自己的急需，又使他常常浸在冷水中洗浴对身体健康有很多好处。

二是多过户外生活。洛克认为，户外生活十分有利于身体健康。儿童越是多在户外生活呼吸新鲜空气，就会越健康强壮。户外生活的锻炼，使绅士的身

---

[1] 洛克.教育漫话[M].傅任敢，译.北京：教育科学出版社，1999：2.

体既能忍受冷，也能忍受热，既能忍受晴，也能忍受雨。在洛克看来，如果不让儿童经受风吹日晒，那也许可以把他养成一个美貌的男子，但是不利于他的身体锻炼和体格强健。

三是养成良好的生活习惯。洛克认为，良好的生活习惯对于绅士来说是极为重要的。"因为一切告诫与规则，无论如何反复叮咛，除非实行成了习惯，全是不中用的。"① 所谓的生活习惯，包括穿着、饮食、用餐、饮料、水果、睡眠、卧床、便秘等方面。例如，在穿着上，不要穿紧身和狭小的衣服，以免伤害身体各部分的发育；在饮食上，应该极清淡和极简单，不要多加作料，糖盐不要放得太多，多吃面包，少吃肉食；在用餐上，应该有所节制，习惯于粗食淡饮，早餐不要吃得太饱；在睡眠上，应该保证充足的睡眠时间，养成早睡早起的习惯。

四是注意预防疾病。洛克认为，要身体健康，就要预防疾病，但不能依赖药物。因此，千万别给儿童任何药物去为他预防疾病。在洛克看来，当人稍微有点不舒服时，不要动辄吃药、滥用药物，使胃里塞满药品，因为这样做的结果往往是使他的身体变得虚弱。

五是身体锻炼要顺应自然。洛克认为，绅士在身体锻炼和身体健康上面要循序渐进，使之适应自己的身体，慢慢地变、不知不觉地变，而不是去排斥和违背自然的力量。

三、论儿童的德育

洛克认为，德行是人生最重要和最不可缺少的品德，因此，德育是教育的核心。其目标是能具有良好的德行，并养成良好的礼仪。具体来讲，那就是使他的精神保持正常，使他的一切行为举止都合乎一个理性动物的高贵美善的身份。在洛克看来，只要方法得当，德育的目标是能够实现的。

具体来讲，幼儿的德育实施应该包括以下七个方面：

---

① 洛克.教育漫话[M].傅任敢，译.北京：教育科学出版社，1999：7.

一是说理。洛克认为，说理是德育上的真正方法。无论对应守的德行，还是对应戒的过失，都可以用理来说服他们。即使对他们进行惩罚，也应该使他们觉得合理。当然，洛克所谓的"说理"，是以适合儿童的能力和理解力为限的。因为要用道理说服他们，那么这种道理必须明白晓畅，使他们能够接触到和感觉到而进入他们的心灵。

二是及早管教。洛克认为，在德育上应该对儿童及早加以管教。其目的是使他们的欲望接受理智的规范与约束。在他看来，一般人在儿童教育上有个重大的错误，那就是儿童的精神在最纤弱、最容易支配的时候没有使其习于遵守约束、服从理智。这样，对儿童的教育极容易流于溺爱，连他们的过失也放纵不管，从而使他们养成各种恶习，把他们的本性弄坏了。但是，随着儿童的年龄渐长以及能够运用理智以后，对他们的管教可以渐渐放松。

三是树立榜样。洛克认为，在德育上必须重视榜样的教育力量。因为每个人尤其是儿童都喜欢模仿别人。他强调指出："最简明、最容易而又最有效的办法是把他们应该做或是应该避免的事情的榜样放在他们的眼前。一旦你把他们熟知的人的榜样指给他们看了，同时说明了他们为什么漂亮或丑恶，那种吸引或阻止他们去模仿的力量，是比任何能够给予他们的说教都大的。"[1]因此，与其依从规则，不如根据榜样。

四是道德练习。洛克认为，为了使一些德行成为习惯，必须进行反复的练习。他指出："你觉得他们有什么必需做的事，你便应该利用一切机会，甚至在可能的时候创造机会，给他们一种不可缺少的练习，使它们在他们身上固定起来。这就可以使他们养成一种习惯，这种习惯一旦培养成功之后，便用不着借助记忆，很容易地很自然地就能发生作用了。"[2]在洛克看来，道德练习首先是能使儿童知道某些事情是否能做；其次是能使儿童在道德上养成一些习惯，使某些事情变得容易自然。

---

[1] 洛克.教育漫话[M].傅任敢，译.北京：教育科学出版社，1999：59-60.
[2] 同[1]：37.

五是采用奖惩。洛克认为，在德育上应该采用奖励与惩罚，即善有奖、恶有罚，因为这是支配儿童的重要手段。在奖励与惩罚这两种手段中，洛克更倾向于奖励，而反对惩罚，尤其反对鞭挞儿童。在他看来，如果惩罚用得太多，变成了家常便饭，那就完全失去了它的效力。因此，想使儿童成为聪明、贤良和磊落的人，用鞭挞以及别种奴隶性的体罚去管教他们就是不适合的。

六是严宽结合。洛克认为，在德育上应该处理好严格与宽容的关系，使两者结合起来。在对儿童进行责备时，责备的话语应当是严肃、和蔼而又庄重的。因为管教太严，儿童的精神过于沮丧和颓唐，他们便会失去他们的活力和勤奋。因此，应该把儿童当作具有理性的动物去看待，做到威严与慈爱结合。

七是爱护名誉。洛克认为，在德育上名誉是一种最有力量的刺激，是一种指导和鼓励儿童的正当方法。他明确指出："名誉虽然不是德行的真正原则和标准……但是它离德行的真正原则和标准是最近的。"[1] 在洛克看来，爱护名誉会对一个人永远发生作用，使他走上正轨。

四、论儿童的智育

洛克认为，相对身体锻炼和德行培养来说，智育是教育的辅助。其目标是传授学问，以及发展智力。两者相比，后者更为重要。因此，他强调指出："教育的职责并不像我所想的那样使学习者精通于所有学科，而在于打开和安排他们的心灵，使他们有能力在需要时专心于任何一门学科。"[2]

具体来讲，儿童的智育实施应该包括以下五个方面：

一是鼓励好奇心。洛克认为，在智育上应该对好奇心加以鼓励。他强调指出："儿童的好奇心……只是一种追求知识的欲望，所以应该加以鼓励，不独因为它是一种好现象，而且因为这是自然给他们预备的一个好工具，他们可用以除去生来的无知的。他们如果不是好问，无知就会使他们变成一种愚蠢无用的

---

[1] 洛克.教育漫话[M].傅任敢，译.北京：教育科学出版社，1999：35.
[2] S·E·佛罗斯特.西方教育的历史和哲学基础[M].吴元训，等译.北京：华夏出版社，1987：330.

动物。"①在洛克看来,只要是新奇的事物,就可以打动儿童。在看到新奇的事物后,儿童都会问"这是什么""它有什么用处"等问题。

二是强调心智自由。洛克认为,心智自由是十分重要的。因为心智自由将有助于人们深入学习各种知识,并在各式各样的知识宝藏里锻炼自己的理解能力。而且,心智自由能发挥心智的最大能力,使人们成为自己思想的主人。此外,心智自由将有助于人们从一种思想或一种思想方法转到另一种思想或另一种思想方法。

三是学习有用知识。洛克认为,智育并不是培养学究,使人无所不知,而是学习对于自己有用的知识,即与品行相称的知识。这些知识应该是有启发的、有益的和最好的东西,而不是纯粹无用的和华而不实的东西。洛克指出:"没有人负有无所不能的义务。……人们不能因为他们做不到这一点就把他们看作无理智的禽兽一般,并责难他们愚蠢,还未达到人类理智的水平。"②

四是注重联想。洛克认为,在智育上应该注重"联想",即观念的联合。观念的联合分为"自然的联合"和"习得的联合"两种。但在智育上,更要重视"习得的联合"。所以,应该通过机会和习惯,促进适当的观念联合,从已有的知识入手去探求与它相关的知识,同时阻止不适当的观念联合。

五是寓教于乐。洛克认为,在智育上必须利用学习里面的快乐,使儿童感到有乐趣,"把学习看作一种游戏","把学习当作一种玩耍"。例如,可以在骰子和玩具上粘上字母,教儿童在游戏时学习字母。当他们正在用心学习的时候,他们应该高高兴兴,一切事情都应该使他们感觉到容易,充分感觉到快乐。因为如果他们在学习的时候不感到快乐,他们的思想自然就会离开他们所不喜欢的事情,而从他们所喜欢的其他事情上面寻找快乐。

由于洛克推崇家庭是理想的教育场所,因此,他的幼儿教育思想实际上是论述家庭幼儿教育的。但尽管如此,洛克提出的"这些教育思想紧紧附着在实

---

① 洛克.教育漫话[M].傅任敢,译.北京:教育科学出版社,1999:102.
② 洛克.理解能力指导散论[M].吴棠,译.北京:人民教育出版社,1993:22.

际的共识基础之上，常常拨动着现代读者的心弦"①。他所形成的一些独特的幼儿教育观点，不仅在儿童的体育、德育和智育上进行了较为深入的阐述，而且提出了很多有价值的建议，因而在近代西方幼儿教育思想的发展中占有重要的地位，并对后世西方幼儿教育的发展产生了影响。

---

① 罗伯特·R·拉斯克，詹姆斯·斯科特兰.伟大教育家的学说[M].朱镜人，单中惠，译.济南：山东教育出版社，2013：120.

第 4 章

18 世纪幼儿教育智慧

18世纪在人类社会发展史上被称为"理性时代""启蒙时代"和"革命时代"。在法国兴起的思想启蒙运动,高举反封建和反教会的旗帜,对封建教育和教会教育进行了猛烈的批判。正是在这样的背景下,18世纪西方幼儿教育智慧凸显出批判精神和改革精神。法国思想家和教育家卢梭提出的自然教育理论,成为了新的儿童观和教育观的旗帜。尤其是他的幼儿教育原则和方法,在西方幼儿教育思想史上具有"分水岭"的意义。如果说卢梭的教育思想是西方"现代教育"派理论的渊源,那么他的儿童发展和教育思想就是现代幼儿教育思想的渊源。受到卢梭教育思想影响的瑞士教育家裴斯泰洛齐在贫苦儿童教育实践上显然作了更大的努力,对儿童早期教育的原则和内容进行了论述。特别是他的"爱的教育"及"教育心理学化"观点,更是直接影响了19世纪西方幼儿教育实践和思想的发展。与此同时,法国慈善家和教育家奥柏尔林创建的幼儿学校，是欧洲第一所幼儿学校，标志着近代西方幼儿教育机构的确立，对 19 世纪前半期欧洲幼儿学校运动的兴起和发展产生了一定的影响。与之前的幼儿教育思想相比，无论在幼儿教育内容上，还是在幼儿教育方法上，18 世纪幼儿教育思想更凸显了批判性和实践性。

第一节
卢梭论幼儿教育

法国 18 世纪启蒙思想家、教育家卢梭（Jean-Jacques Rousseau，1712—1778）出生于瑞士日内瓦的一个钟表匠家庭。他从小喜欢嬉戏于大自然中，养成了他爱好自然的天性，也孕育了他的自然教育思想。后来，卢梭担任家庭教师的一年经历，使他对教育问题产生了浓厚的兴趣。此后，他在巴黎结识了许多启蒙思想家，形成了新颖的社会政治观。1756 年后，卢梭开始专心于著述活动，三部互相联系并构成一个完整思想体系的重要著作先后问世。在文学著作《新爱露伊丝》（1761）中，他提出了理想的家庭；在政治著作《社会契约论》（1762）中，他阐述了理想的社会；在教育著作《爱弥儿》（1762）中，他论述了理想的教育。其中，《爱弥儿》也许是继古希腊柏拉图的《理想国》之后在欧洲最具影响力的教育著作。卢梭反对传统的封建教育，提倡自然教育，并提出了教育年龄的分期思想，论述了幼儿教育的原则与方法，确立了以儿童为本位的新儿童观和教育观，对后世西方幼儿教育思想产生了很大的影响。

一、论自然教育

针对传统的封建教育残害人性和违反自然的弊病，卢梭提出了自然教育理论，即教育要"顺应自然"。这是他的政治观、哲学观和宗教观的基础，也是他的教育观的基础。卢梭所提倡的自然教育，是与他的自然主义哲学观点紧密相连的。《爱弥儿》开宗明义的第一句话就是："出自造物主手的东西，都是好的，而一到了人的手里，就全变坏了。"① 在他看来，人的自然本性是善良的，由于上帝的恩赐，人生而具有自由、理性和良心的禀赋。人最可贵的本性就是自由，人在行动中是自由的，性善是人人相同的，并不因人的贵贱而异。但是，在人类社会进入文明状态之后，文明人违背了自然法则，滥用自己的自由，从而产生了人与人之间的不平等现象。因此，人必须遵循自然的法则，正确地运用自己的自由。否则，就会出现这样的情况："人是生而自由的，但却无往不在枷锁之中。自以为是其他一切主人的人，反比其他一切更是奴隶。"② 人的另一个重要特点是理性。人类具有上帝赋予的理性，因此，能够在感觉的基础上，通过理性活动，形成复杂的观念和知识，并用来指导自己的行动。卢梭认为，在顺应自然的教育下，人的理性也得到了发展。他指出："我们在出生的时候所没有的东西，我们在长大的时候所需要的东西，全都要由教育赐予我们。"③

1. 教育的三个来源

卢梭指出，教育有三个来源，即"自然""人"和"事物"。他指出："这种教育，我们或是受之于自然，或是受之于人，或是受之于事物。我们的才能和器官的内在的发展，是自然的教育；别人教我们如何利用这种发展，是人的教育；我们对影响我们的事物获得良好的经验，是事物的教育。"④ 在他看来，自然的教育、人的教育和事物的教育三方面是相互联系的，因为我们每一个人都是由这三方面教育培养起来的。如果在一个人身上这三种不同的教育互相冲突的话，他所受到的教育就不好；如果这三种不同的教育是一致的，都趋于同样的目的，他就能受到良好的教育，达到他自己的目标，而且生活得很有意义。但是，在这三方面教育中，自然的教育完全是不能由我们决定的，事物的教育只是在有些方面才能够由我们决定，只有人的教育才是我们能够真正地加以控制

---

① 卢梭. 爱弥儿[M]. 李平沤, 译. 北京: 商务印书馆, 1978: 5.
② 卢梭. 社会契约论[M]. 何兆武, 译. 北京: 商务印书馆, 1962: 19.
③ 同①: 7.
④ 同③.

的。所以，必须以自然的教育为中心，使事物的教育和人的教育服从于自然的教育，才能使这三方面教育圆满地相配合，并趋于自然的目标。

2. 教育顺应自然

卢梭提倡的自然教育，归根到底，就是教育要服从自然的永恒法则，适应儿童天性的发展，促使儿童身心的自然发展。他认为，人的天性发展是有秩序的，教育必须适应不同时期儿童天性的发展水平。他强调指出："大自然希望儿童在成人以前就要像儿童的样子。如果我们打乱了这个次序，我们就会造成一些早熟的果实，它们长得既不丰满也不甜美，而且很快就会腐烂……儿童是有他特有的看法、想法和感情的；如果想用我们的看法、想法和感情去代替他们的看法、想法和感情，那简直是最愚蠢的事情。"[①] 在卢梭看来，教育必须遵循自然，跟着它给你画的道路前进。如果我们改变了这个自然法则，其结果就是毁了孩子。

教育在适应儿童天性的同时，还要适应儿童的个性差异。卢梭指出："每一个人的心灵有它自己的形式，必须按它的形式去指导它。"[②] 因此，只有很好地了解儿童之后，才能对他的发展给予正确的指导，使他身上的天性自由自在地发展起来。当然，适应儿童的个性差异，也包括了适应男女两性的天性差异。

总之，自然教育就是要顺应自然的发展，考虑人的发展的自然进程，并据此作为确定教育目的、原则、内容和方法的基础。卢梭强调指出："这是我的第一个基本原理。只要把这个原理应用于儿童，就可源源得出各种教育的法则。"[③]

3. 教育的目的是培养"自然人"

从自然教育这个基本原则出发，卢梭明确提出，教育要以培养"自然人"为目的。所谓"自然人"，是一种身心发达、体脑两健、不受传统束缚、天性发展的新人。他们不依从任何固定的社会地位和社会职业，能适应各种客观发展变化的需要。卢梭笔下的"爱弥儿"就是这种"自然人"的化身："他现在已经

---

① 卢梭.爱弥儿[M].李平沤，译.北京：商务印书馆，1978：91.
② 同①：97.
③ 同①：80-81.

年过 20，长得体态匀称，身心两健，肌肉结实，手脚灵巧；他富于感情，富于理智，心地是十分的仁慈和善良；他有很好的品德，有很好的审美能力，既爱美又乐于为善；他摆脱了种种酷烈的欲念的支配和偏见的束缚，他一切都服从于理智的法则，他一切都倾听友谊的声音；他具有许多有用的本领，而且还通晓几种艺术；他不把金钱看在眼里，他谋生的手段就是他的一双胳臂，不管他到什么地方去，都不愁没有面包。"[1]在卢梭看来，这种"自然人"与传统的封建教育制度所培养出来的那种身心受压抑的人是不同的。

卢梭还认为，这种"自然人"是生活在社会中的自然人。培养"自然人"，并不是要使他成为一个野蛮人，把他赶到森林中去。在他看来，在理性的社会制度中，每个人都能很好地发展自己的天性，又能把自己看作是国家和社会的一分子，这样的人既是自然人又是公民，两者也就统一起来了。因此，人的天性发展实际上是卢梭的最高目的。

二、论教育年龄分期

卢梭激烈批评传统的封建教育制度不顾儿童天性的发展和抹杀了儿童与成人的区别，强调应当根据儿童的特点来进行教育。因为在万物中人类有人类的地位，在人生中儿童有儿童的地位，所以，必须把人当人看待，把儿童当儿童看待。

从自然教育理论出发，卢梭根据受教育者的年龄特征把教育阶段分成四个时期：

1. 婴儿期（出生～2岁）

卢梭认为，人从出生到 2 岁是婴儿期。在这一时期，主要是进行体育，以身体的养护和锻炼为主。其目的是促进儿童身体的健康发展，增强儿童的体质。在他看来，体育乃是一切教育的基础。对于一个人来说，强健的身体是一切事业的基础，是个人幸福的源泉，也是个人智慧的工具。因此，当一个人出生后，

---

[1] 卢梭. 爱弥儿[M]. 李平沤, 译. 北京: 商务印书馆, 1978: 634.

就要遵循自然，通过合理的饮食、衣着、睡眠和游戏，实施正确的体育。卢梭所说的体育是以古希腊的斯巴达为样板的。

2. 儿童期（2~12岁）

卢梭认为，从2岁到12岁是儿童期，即"理性睡眠时期"。在这一时期，主要是进行感觉教育。因为人的初始理性源于对感官经验的思考。由于儿童的身体活动能力和语言能力都发展了，他们的感觉能力也开始发展了，因此就可以开始对他们进行感觉教育，通过感觉器官的运用获得丰富的感性经验，这也为儿童下一时期的智力教育创造了条件。但是，这一时期儿童的理性尚未发展，因而不能接受和形成观念，没有真正的判断。所以，这一时期不适合对儿童进行理性教育和知识教育。

3. 少年期（12~15岁）

卢梭认为，人从12岁到15岁是少年期。这一时期是人的一生中能力最强的时期，也是生命中最珍贵的时期。在这一时期，主要是进行智力教育和劳动教育。在前一时期已经受到体育和感觉教育的儿童具备了接受智力教育和劳动教育的条件，因为他们的身体和感觉器官得到了发展，他们的感觉经验得到了积累并激发了寻求知识的好奇心。在卢梭看来，根据自然的次序，现在到了工作、教育和学习的时期。

智力教育的任务并不是教给儿童各种各样的知识，而是培养他们的学习兴趣，教他们寻求知识的方法，教他们怎样在需要的时候取得知识，教他们正确地估计知识的价值，教他们爱真理胜于一切。

劳动教育的任务主要是教儿童学会劳动，学会一种职业，同时促使理性的成长以及道德品质和人格的发展。

4. 青年期（15~20岁）

卢梭认为，人从15岁到20岁是青年期。在这一时期，主要是进行道德教育，包括品行教育、宗教（自然神论）教育和性教育。当青年有了社会生活的准备，能抵制社会上的不良影响，并开始意识到社会关系时，就可以对他们进行道德教育了。

道德教育的任务主要是激发善良的感情，养成正确的判断力，培养坚强的意志。在卢梭看来，自然人不仅要能像农民那样劳动、能像哲学家那样思考，而且还要有正确的道德观和良好的道德习惯。

三、论幼儿教育的原则

在《爱弥儿》一书中，卢梭以自然教育理论为依据，论述了幼儿教育的原则与方法。卢梭教育理论体系中的一个最基本的思想就是把儿童当作儿童看待，把儿童看作教育中的一个积极因素；教育要适合于儿童天性的发展，保持儿童的天性。

卢梭认为，幼儿教育应该顺应自然的法则。具体来说，那就是：

（1）必须让儿童充分使用大自然赋予他们的一切力量，但不要随便滥用这些力量。

（2）对于儿童的一切身体的需要，既包括思想方面的需要，也包括体力方面的需要，必须对他们进行帮助，使其得到满足。

（3）只有当儿童真正需要的时候，才去帮助他们，绝不能依从他们胡乱的想法和没有道理的欲望。由于胡乱的想法和没有道理的欲望不是自然的，因此，即使加以拒绝，儿童也绝不会有痛苦。

（4）应当仔细研究儿童的语言和动作，真正地辨别他们的欲望究竟是直接由自然产生的，还是从心里想出来的。

卢梭强调指出，这些原则的精神是："多给孩子以真正的自由，少让他们养成驾驭他人的思想，让他们自己多动手，少要别人替他们做事。"[1] 在他看来，只有这样，人从幼小的时候起才能限制自己，不做自己能力所不及而自取其苦的事情。

---

[1] 卢梭.爱弥儿[M].李平沤，译.北京：商务印书馆，1978：59.

四、论幼儿教育的方法

从自然教育理论出发,卢梭还具体阐述了幼儿教育的方法。

1. 给予行动的自由

卢梭认为,为了使儿童身体能够得到自然发展,儿童刚从母胎出生就要给予行动的自由。如果把这幼小生命的四肢用襁褓捆扎起来,并束缚得紧紧的,以至于他们的头不能灵活转动,手脚不能自由伸展,那实际上就是剥夺儿童的自由,妨碍他们身体的自然发展,阻滞他们的血液循环,影响他们的性格和气质。正如卢梭所指出的:"他们的第一个感觉,就是一种痛苦的感觉,……他们……收到的第一件礼物是锁链,他们受到的第一种待遇是苦刑。"[①]

但是,在给儿童的身体以绝对自由的同时,教育者必须小心地予以照顾,观察他们,跟随他们,以防他们有跌倒的危险;同时,把一切可能会伤害儿童的东西收藏起来,使他们的双手不能接触到。

由于人最初是处在艰难和柔弱的境地,因此,其最初的声音就是啼哭。婴儿觉得他们有所需要,例如,饿了或渴了,需要活动或无法入睡,他们就会啼哭。教育者要进行观察,研究和找出他们需要什么并加以满足。

2. 合理的养护和锻炼

卢梭认为,儿童的养护和锻炼应当顺应自然。婴儿应当由母亲亲自哺乳,由父母亲自己养育,让婴儿接触新鲜空气。儿童的饮食要合于自然,简单而清淡,让他们多吃蔬菜、水果和乳制品,还要使他们养成适应吃任何食物的习惯。

在衣着上,应当让儿童穿得宽松,以利于四肢活动的自由。儿童的衣装要朴素,也不必穿得太多,能适应气候的变化。卢梭甚至反对给儿童裹头、戴帽、穿袜、穿鞋,认为这样不利于儿童的正常发育和养成抵抗的能力。

在睡眠上,应当使儿童有足够的睡眠时间,并对睡眠施以适当训练,使儿

---

① 卢梭.爱弥儿[M].李平沤,译.北京:商务印书馆,1978:16-17.

童的睡眠时间能随环境需要而改变。儿童的床褥也不宜过于温暖舒适，以养成在哪里都能入睡的能力。

在对儿童进行养护的同时，还应当注意对儿童进行锻炼。这既包括体格上的锻炼，使他们能够生活在一切环境中，经受自然的考验，也包括品质上的锻炼，使他们养成忍受痛苦的本领，具有克服一切困难的勇气。

在儿童的养护和锻炼中，卢梭坚决反对对儿童的娇生惯养，反对对儿童的溺爱。因此，不能因为儿童啼哭，就一切都顺从他。如果儿童由于习惯或执拗的脾气长时间哭个不完，唯一能够纠正或防止这种坏习惯的办法，就是任他们怎样哭都不要去理他们。

3. 注意语言的发展

卢梭认为，人的教育是同人的生命一起开始的。婴儿从出生的那一天起，就开始受到大自然的教育。他们一生下来就听人说话。在他们还听不懂人们向他们说话内容的时候，在他们能够听到自己发出的声音以前，由于他们的发音器官还很迟钝，他们只能一点一点地模仿成人的声音。因此，在卢梭看来，为了更好地促进儿童语言的发展，成人要发使儿童听得懂的一些声音，要少，要容易，要清楚，要常常翻来覆去地发给他们听；而且，这几个音所表达的词，应当指的是成人拿给他们看的那些看得清楚的东西。此外，成人在儿童面前说话应当说得正确，使他们觉得与成人谈话很高兴。这样，他们在不知不觉中是会按照你们的语言去纯化他们的语言，用不着你们再去纠正。

卢梭还认为，在儿童的语言发展过程中，一个十分严重的和不易预防的弊病是成人在教孩子说话这件事上太操之过急。成人越操之过急，儿童的语言发展就越会出现相反的效果，以致有些人终身发音都有毛病，说话也没有条理。

但是，卢梭又认为，在儿童的语言发展中要尽量限制他们的词汇。因为"如果他们的词汇多于他们的概念，他们会讲的事情多于他们对这些事情的思想，那就是一个很大的弊病"[1]。这显然是片面的。

---

[1] 卢梭. 爱弥儿[M]. 李平沤, 译. 北京: 商务印书馆, 1978: 68.

4. 感觉教育

卢梭认为，人生来就具有学习的能力，但在生命刚开始的时候，婴儿的记忆和想象力尚处在静止的状态，所注意的是对他们的感觉起影响的东西。这种感觉经验是理性发展的基础。他指出："由于所有一切都是通过人的感官而进入人的头脑的，所以人的最初的理解是一种感性的理解，正是有了这种感性的理解做基础，理智的理解才得以形成，所以说，我们最初的哲学老师是我们的脚、我们的手和我们的眼睛。"[①]因此，注意对儿童进行感觉教育，在智力教育之前先发展他们的感觉能力和充实他们的感觉经验，是十分重要的。

在人的自然发展中首先成熟的官能是感官，因此，应该首先锻炼感官。锻炼儿童的感官，不仅仅是使用感官，而且是要通过感官学会正确的判断，学会怎样去感受。只有这样，才能使儿童懂得怎样摸、怎样看和怎样听。然而，在卢梭看来，儿童感官的锻炼最容易为人们所遗忘，也最容易为人们所忽略。

在感觉教育中，应当同时发展儿童的视觉、触觉、听觉、嗅觉、味觉等感官。儿童锻炼了自己的感官，他们也就会变得越聪明。在各种感官的发展中，卢梭特别强调触觉。因为在所有的感官中，运用触觉的时间最多，而且触觉的判断是最可靠的。通过触觉，儿童可以获得关于事物的形状、硬软、大小、轻重等更准确的观念。

5. 重视模仿

卢梭认为，儿童具有一种模仿的本能，在他们的自然发展过程中会表现出来。他指出："人是善于模仿的，动物也是一样；爱好模仿，是一种良好的天性。"[②]儿童的模仿不仅表现在道德行为上，也表现在感官发展上。因此，成人应该善于运用儿童的模仿本能，使他们模仿善良的品行，从而产生良好的道德教育效果。因为像幼儿那样的年龄，心灵还处在懵懵懂懂的状态，所以，应该使他们模仿良好的行为，以使他们最终能够凭自己的判断和对善的喜爱去实践这

---

① 卢梭.爱弥儿[M].李平沤，译.北京：商务印书馆，1978：149.
② 同①：114.

些行为。

为了使儿童有好的模仿榜样，卢梭强调指出，教育者要严格管束自己，在对儿童进行教育时应该冷静和稳重。父母和教师都要以身作则、保持纯朴、谨言谨行，对儿童起潜移默化的作用。"在敢于担当培养一个人的任务以前，自己就必须要造就成一个人，自己就必须是一个值得推崇的模范。"①

同时，成人应当善于运用儿童的模仿本能，使他们养成善于观察的习惯。因为儿童是善于模仿的，他们看见什么东西都想画，照着房子画房子，照着树木画树木，照着人画人，逐渐养成仔细地观察物体和它们的外形的习惯。通过这种模仿，儿童的眼睛看东西可以更准确，他们的手画东西可以画得更好。

6. 自然后果法

以自然教育理论为依据，卢梭在道德教育上反对体罚，提出了"自然后果法"。他指出："我们不能为了惩罚孩子而惩罚孩子，应该使他们觉得这些惩罚正是他们不良行为的自然后果。"②也就是说，对于儿童的过失，不必加以责备和处罚，而要利用儿童过失所造成的自然后果，使他们自食其果，从而使他们认识其过失并改正。

儿童的自由只能受事物的限制，因此，在与自然的接触中，儿童必然会懂得应该服从自然的法则。例如，一个性情暴烈的儿童打坏他所使用的家具时，不要忙着给他另外的家具，而要让他感觉到没有家具的不方便；他打破他自己的窗子时，不要忙着给他配玻璃，而要让他昼夜都受风吹，别担心他受风寒。又如，一个儿童撒谎时，不要忙着去斥责他，也不要仅仅因为他撒谎而处罚他；而要使他明白，如果他撒谎的话，那谎言的种种不良后果都要落在他头上，即使他以后说的是真话也没有人相信，即使他没有做什么事情也会被人指责说干了坏事。通过自然后果法，儿童将会认识到什么是对的，什么是错的，什么是应当做的，什么是不应当做的。

卢梭认为，儿童还不能理解抽象的道德概念，还没有养成判断善恶的能力，

---

① 卢梭.爱弥儿[M].李平沤，译.北京：商务印书馆，1978：99.

② 同①：109.

因此，对他们进行道德说理教育，不仅是徒劳的，而且会把成人的各种道德要求强加到他们身上，容易使他们产生偏见。卢梭甚至认为，没有谁比那些受过许多理性教育的孩子更傻的了，所以，最初几年的教育应当纯粹是消极的。这显然是失之偏颇的。

在教育方面，卢梭的影响并不是即刻产生的。但是，他的自然教育理论，以及适应儿童天性发展的教育年龄分期及方法，击中了旧教育的弊病，闪烁着新教育的光辉，在西方教育史上被世人誉为新旧教育的"分水岭"。美国教育家杜威在《明日之学校》一书中开门见山地指出：从卢梭那时以来教育改革家们所最强调的种种主张，都源于他提出的教育应当根据受教育者的天赋能力这个观念[①]。尽管卢梭的教育理论中存在着一些片面、偏激甚至自相矛盾的地方，但他的教育理论在历史上具有积极的进步意义，同时也促使后世儿童观和教育观的巨大变革，成为开创新教育的一个重要的里程碑，极大地推动了现代幼儿教育理论的发展。

第二节
奥柏尔林论幼儿教育

法国慈善家、教育家奥柏尔林（Johann Friedrich Oberlin，1740—1826）出生于法国东部阿尔萨斯斯特拉斯堡的一个教师家庭。大学毕业后，他担任过家庭教师，积累了最初的教育经验。从1767年起，奥柏尔林开始在阿尔萨斯和洛林交界的施泰因塔尔地区的瓦尔德巴赫教区担任新教牧师的职位。他在进行社会改革的同时，也致力于教育发展，以基于游戏和儿童兴趣的新颖方法创建了欧洲第一所幼儿学校，而被誉为"幼儿学校创始人"。奥柏尔林的社会改革和

---

① 杜威.学校与社会·明日之学校[M].赵祥麟，等译.北京：人民教育出版社，1994：221.

教育活动，不仅受到了施泰因塔尔地区大部分居民的欢迎，而且也获得了世界声誉。

一、欧洲第一所幼儿学校的创建

受到启蒙思想运动影响的奥柏尔林十分重视教育，努力改变施泰因塔尔地区的教育落后状况。他始终认为，教育能把儿童培养成为文明的法国公民。原来在他的教区仅有一所学校，校舍也是破烂不堪的简陋茅舍。当地大部分居民只会讲本地的方言（一种与法语完全不同的罗马方言），这对奥柏尔林追求地区社会和经济的发展以及进行传教活动也是一个极大的障碍。为此，奥柏尔林发动居民建造新的校舍，在每个村庄都建立了学校，激励居民把他们的子女送到学校里去读书，并提高教师的薪水。这些学校除宗教外，还设立了阅读、书写、计算、历史、地理、天文、农业以及日常生活技能的科目。奥柏尔林强调应该尽量使教学方法赋予必要的直观性，借助一些图片、模型和实验进行教学。他还举办成人教育讲座和建立了一个小型图书馆，给居民和学生介绍启蒙思想家的著作。

更为重要的是，奥柏尔林于1769年在那里创建了欧洲第一所幼儿学校，招收了50个2~6岁的儿童。在他所辖的教区里，有个村庄的一位年轻妇女把邻居的孩子召集起来，教他们编织的方法。奥柏尔林从中得到了启示，产生了创建幼儿学校的想法。于是，他毫不迟疑地与自己的夫人一起建立幼儿学校，在每一个村庄选出女监护人，并用自己的钱修复为他们租下的房屋，使村里的幼儿能在温暖的房子里以及在充满温柔和母爱般的监护下度过他们的美好时期。由于这所学校对年纪稍大的儿童也教以手工编织，故有"编织学校"之称。奥柏尔林夫人（1784年去世）、女编织工莎拉·班泽特（Sarah Banzet）以及奥柏尔林家的女仆路易斯·舍普勒（Louise Schepler）参加了幼儿学校的教育活动。她们照料那些需要照顾的幼儿，并在该地区农村训练助手（也称指导员），以便建立起同类的学校。尤其是舍普勒在奥柏尔林的幼儿学校中起了重要作用，为幼儿教育工作贡献了毕生的精力。

二、论幼儿学校的目的

幼儿学校的创建，是奥柏尔林在他所辖教区进行的社会、经济和教育改革以及增进地区居民福利的一个重要方面。通过幼儿学校的教育，那些原来一无所知的年幼儿童完全判若两人。他们满怀喜悦的心情，有些年纪稍大的儿童因自己的进步而激动得流下眼泪。奥柏尔林强调指出："在童年时期，儿童的心灵是脆弱的和具有可塑性的，我们在这些年里所播下的将不再被抹掉。"[1]因此，教区里那些无人照管和指导的年幼儿童引起了奥柏尔林的极大忧虑。他认为，在儿童早期就应该对儿童实施正确的教育。

奥柏尔林创建幼儿学校，旨在使它成为一种对那些无人照顾的幼儿进行必要的照管和通过教育形成良好习惯的机构。《奥柏尔林传略》一书这样写道："奥柏尔林担心儿童在他的父母忙于家务和其他工作而无暇照管他们时会遇到什么危险或养成一种懒惰和恶劣的习惯，因此，他创建了幼儿学校，把儿童放在里面。在这些幼儿学校里，他们可以自己娱乐，也可以在温柔和慈爱的女指导员的指导下得到教育。"[2]奥柏尔林自己也描述过创建幼儿学校的动机。他说，促使他尽一切可能去建立幼儿学校的原因是显而易见的，首先是因为年幼的儿童喜欢到处乱跑，即使他们没有表现出什么恶劣的行为，也会染上游手好闲等许多坏习惯；其次是因为本地方言与法语完全不同，所以儿童对许多说教和诗歌的哲理根本不懂，而只知道淘气。

奥柏尔林认为，幼儿学校这种教育机构的设立，至少有以下好处：（1）年幼儿童可以结束到处游荡的生活；（2）年幼儿童可以逐渐养成劳动的习惯；（3）年幼儿童可以得到很好的照管和监护；（4）年幼儿童可以学习法语，这对他们尤为重要；（5）年幼儿童可以学到一些文化知识；（6）年纪稍大的儿童可以学习手工编织挣一些钱，尽管钱并不多。观察和经验的结果使奥柏尔林相信，即

---

[1] Denison Deasey. *Education Under Six Years*. London：Croom Helm Publishers，1978: 19.
[2] William Bell. *Memoirs of John Frederic Oberlin*. Cambridge: Hillard Brown, 1832: 42.

使在襁褓中的婴儿,也能教他们如何区别正确和错误,也能训练他们一种服从和勤勉的习惯。

曾参观过奥柏尔林创建的幼儿学校的英国教会人士坎宁安(Cuningham)夫人强调指出:"年幼的儿童,当他们的年长兄姐进学校读书以及他们的父母忙于事务而无暇照顾他们的时候,很容易发生种种不幸的事情。奥柏尔林有见于此,所以,他决定创办幼儿学校。他的幼儿学校也许是一切幼儿学校之始祖。"① 在奥柏尔林看来,幼儿学校的创建,就是为了照管和指导幼儿,使他们在进小学读书时已受过一定的训练。

总之,奥柏尔林创建幼儿学校的目的,就是通过把年幼儿童置于有规律的照管和指导之下,创建出一种有秩序的生活;通过教授正确的法语,使儿童理解法语的赞美诗和说教;同时通过手工编织的传授,使儿童学会劳动技能,培养勤劳的精神。在某种意义上,奥柏尔林创建的幼儿学校实际上是后来托儿所和幼儿园的一种雏形。

三、论幼儿学校的教育内容和方法

奥柏尔林的幼儿学校并不是每天开放的,而是一周开放两次,把年幼儿童集中起来进行照管和指导。幼儿学校的教育内容包括:标准法语、宗教赞美诗、唱歌、讲童话和格言、观察和采集植物、地图知识、游戏以及手工编织方法的传授等。

奥柏尔林认为,在儿童早期教育方面,首要的任务就是语言教育。他指出,这一点对施泰因塔尔地区的发展来说具有更重要的意义。因此,幼儿学校的任务首先就是利用一切手段在年幼儿童中消除土话,从小就开始教他们纯正的法语。女指导员在向幼儿出示一些有关历史、动物和植物领域的图画时,图画上分别用法语和方言标上了名称。每个幼儿先用方言高声朗读,然后再用法语说出来,最后全体幼儿一起读。

---

① 拉斯克.幼稚教育史[M].周竞中,译.上海:商务印书馆,1939:107.

在幼儿学校里，没有固定的课程表。在训练幼儿养成良好习惯和克服不良习惯的同时，又给他们一些自由，使他们发展自己的能力。在上课的时候，儿童都集中在一起，围成几个大圈。每个大圈配备两位女指导员，一位负责训导和与儿童一起娱乐，另一位教以手工技能。

女指导员注意给儿童一些对以后生活有用处的知识。其内容都是日常生活中生动有趣的事情，因此，在讲述中常常会引起儿童欢乐的笑声。女指导员有时拿出一些取材于《圣经》和自然历史的彩色图画给儿童看，教他们把图画的内容解释出来；有时利用刻在木板上的地图，向儿童解释说明其中的地名，还要求儿童复述一些小故事，用这种方法来培养儿童的记忆力。奥柏尔林还开设了一个小博物馆，展览农业设施和各种工具，使儿童有机会了解实际生活的知识。

在奥柏尔林创建的幼儿学校里，对儿童的教育是与游戏结合起来进行的。正如奥柏尔林自己所说的："所有这些学习完全像一种游戏，一种连续不断的娱乐活动。"[①]

奥柏尔林还认为，应该注意让儿童进行体育活动以及游戏和娱乐活动，活动他们的四肢和增进他们的身体健康，并在这些活动中养成他们友好相处和不争吵的良好行为。

在道德教育上，奥柏尔林认为，应该培养儿童对其父母、教师和长者的尊重，以及对同伴的富有基督精神的爱心与友情；还应该培养儿童遵守纪律、热爱劳动、爱清洁、懂礼貌和诚实等品质。但是，奥柏尔林培养儿童具有道德精神主要是从宗教观出发的，因为他认为博爱的上帝讨厌那些不良行为，例如说谎、虚伪、骂人、不听话、吵架、不注意清洁以及懒惰等恶习。但是，在对幼儿进行教育时，应该更好地利用鼓励和奖赏的方法。

总之，奥柏尔林创建的幼儿学校的教育内容是多方面的，并使儿童的活动不间断。在《致法国国民议会的信》中，奥柏尔林曾这样写道：幼儿学校的女指导员首先以本地方言给年幼儿童讲一些故事，然后告诉他们法语的名称，使他们逐渐习惯用法语来述说故事。为了培养儿童的动手能力，还教他们手工编

---

① Denison Deasey. *Education Under Six Years*. London: Croom Helm Publishers, 1978: 19.

织的方法。通过游戏活动，既满足了儿童自己的乐趣，又提高了他们的身体素质，更重要的是使他们互相帮助和友好相处。天气晴朗的时候，女指导员同儿童一起散步，使他们了解和熟悉当地的农作物和地理环境以及对家庭有用的东西，让他们采摘一些植物并告诉其名称，还使他们知道和提防那些有毒的植物。通过使儿童反复接触自然，达到了让儿童牢固掌握知识的目的——这种与儿童不断进行交谈的教学方法适合某种游戏。女指导员还把奥柏尔林撰写的一些短小精悍的故事作为教学内容的素材。如果儿童的学习积极性稍微降低，就让他们学习新的和有趣的事情，不断激发他们新的和富有活力的兴趣。

四、论幼儿学校的教师

为了在所辖教区对幼儿进行教育，奥柏尔林聘请当地一些心地善良的和有编织技能的妇女担任幼儿学校的指导员。其中，奥柏尔林最得力的助手就是路易斯·舍普勒。在奥柏尔林去世后，她继续在幼儿教育领域产生了很大的影响。1829年，舍普勒获得了由法兰西学院颁发的"伟大的道德奖"。

奥柏尔林往往先给女指导员讲解所要教的内容，使她们更容易对儿童进行讲解。他为所辖教区的每一个村庄训练女指导员，并用自己的钱支付她们的薪水以及校舍的租金。他认为，女指导员的主要职责就是教儿童讲纯正的法语，不让他们讲粗俗的话；在儿童游戏时避免他们发生危险和不幸的事情；给儿童讲解有关自然、历史、地理以及《圣经》的知识；教一些年纪稍大的儿童学习手工编织的方法等。

奥柏尔林还认为，应该定期举行女指导员之间的经验交流活动，以便不断改进幼儿的教育工作。他指出："我希望，从事儿童教育工作的、受人尊敬的人有时应该互相进行比较，至少每三个月进行一次交流……在交流会上，大家应该检查一下，是否以艺术的方法尽力把一些儿童培养成全面发展的人。"[1]

---

[1] Karl-heinz Günther. *Beitrage zur Geschichte der Vorschleziehug*. Berlin: Volk and Wissen Volkscigene Verlag, 1961: 89.

奥柏尔林强调指出，幼儿学校的教师要克服偏爱和软弱的心理。如果教师出于偏爱或软弱而对有缺点的儿童给予奖励，那实际上就是欺骗儿童。因此，教师不要对儿童做出不公正的事情，也就是说，不要对儿童作出不公正的评价。

在奥柏尔林的幼儿学校里，还挑选年纪稍大的女孩作为教师的"助手"。

奥柏尔林的幼儿学校的实践和理论是颇有新意的，对当时法国以及欧洲一些国家的幼儿教育产生了一定的影响。无论在幼儿学校的教育内容和方法上，还是在幼儿学校的教师上，他都提出了一些具有积极意义的观点，唤起了社会公众对幼儿教育的兴趣。尽管19世纪英国空想社会主义者欧文并不了解奥柏尔林幼儿学校的情况，但他后来在苏格兰纽兰纳克开办的幼儿学校，在很多方面与奥柏尔林的模式有相似之处，然而比奥柏尔林产生了更大的影响。

第三节
裴斯泰洛齐论幼儿教育

18世纪瑞士教育家裴斯泰洛齐（Johann Heinrich Pestalozzi，1746—1827）出生于瑞士苏黎世的一个医生家庭。他在母亲和女仆巴贝丽的抚爱下成长，她们的无私精神对他的一生影响很大。大学毕业后，裴斯泰洛齐先后进行了新庄实验、斯坦兹孤儿院实验以及布格多夫和伊弗东学校实验，他热爱和尊重儿童，提倡爱的教育理论，根据"教育心理化"的观点论述幼儿教育问题。他的教育小说《林哈德和葛笃德》（1781—1787），闻名于整个欧洲，获得了巨大的声誉。为了纪念这位献身于贫苦儿童教育事业的伟大教育家，瑞士人民在他墓前的纪念碑上写道：涅伊霍夫贫民的救星，斯坦兹孤儿之父，布格多夫初等学校的创始人，伊弗东的人类教育家……毫不利己，一切为人。

一、论爱的教育

在西方教育史上，裴斯泰洛齐是提倡爱的教育和实施爱的教育的典范。他热爱儿童、尊重儿童，并把自己毕生精力献给贫苦儿童的教育事业。他还认为，儿童生活应该是快乐的、自由自在的、毫无拘束的和没有任何体罚的，但自由和服从两者是结合的。无论是在新庄和斯坦兹，还是在布格多夫和伊弗东，裴斯泰洛齐总是以无私的精神和满腔的热忱从事儿童教育工作。

1. 爱是教育的主要原则

在总结自己的教育实践经验的基础上，裴斯泰洛齐强调指出："教育的主要原则是爱。"[①]在他看来，天赋之爱激发着人的内在精神，赋予生命以统一性。因此，在斯坦兹孤儿院，面对艰难的环境和条件，裴斯泰洛齐始终坚持实施爱的教育，靠赤诚的爱克服了各种困难。他坚信，教育者的热情将如春天的太阳使冰冻的大地苏醒那样迅速地改变孩子们的状况。后来，裴斯泰洛齐在与友人谈斯坦兹经验的一封信里这样写道："我一切为了孩子。从早到晚，我一个人和他们在一起，是我的双手，供给他们身体和心灵的一切需要。他们都是直接从我这里得到必要的帮助、安慰和教学。他们的双手被我握着，我的眼睛凝视着他们的眼睛。""我们一同哭泣，一同欢笑。他们忘却了外部世界和斯坦兹，他们只知道他们是和我在一起，我是和他们在一起。我们分享着食物和饮料，我没有家庭，没有朋友，也没有仆人，除了他们，什么都没有。他们生病，我在他们身边；他们健康的时候，我也在他们身边；他们睡觉的时候，我也在他们身边。我最后一个睡觉，第一个起身。"[②]在他看来，儿童的幸福就是教育者的幸福，儿童的欢乐就是教育者的欢乐。由于满腔的热情和深沉的爱，裴斯泰洛齐赢得了孩子们的信任和热情，使得他的教育实验活动获得了成功，孩子们的身

---

① R. H. Quick. *Essays on Educational Reformers*. New York: Macmillan, 1924: 358.
② 裴斯泰洛齐. 与友人谈斯坦兹经验的信 [M]// 张焕庭. 西方资产阶级教育论著选. 北京：人民教育出版社，1979: 198-199.

体、思想和道德都得到了发展。因此，他这样写道："如果不能爱孩子，我不懂得还能谈到有什么规则、方法和技能。"[1]他在晚年所写的《天鹅之歌》一书中也总结道："我除了对我国人民的满腔热情和爱以外，没有其他力量。"[2]德国哲学家费希特曾经这样说："裴斯泰洛齐的生活的灵魂是爱。"[3]

裴斯泰洛齐认为，对儿童实施爱的教育的目的，就是解放蕴藏在儿童身上的天赋才能，并在儿童之间以及师生之间建立友好和真诚的关系，使他们过着共同的新生活，有新的力量唤醒他们兄弟般的情谊，使他们成为热情的、公正的和亲切的人。同时，对儿童实施爱的教育，可以使教育者获得他们的信任和热情，并在师生之间建立一种相互信任的真诚关系。在裴斯泰洛齐看来，如果教育者做到了这一点，其余一切的问题也就会随之解决了。

2. 母亲对儿童的教育作用

在实施爱的教育中，裴斯泰洛齐十分强调母亲对儿童的教育作用。在《林哈德和葛笃德》和《葛笃德如何教育她的子女》这两部著作中，他都把理想的母亲葛笃德作为实施爱的教育的榜样。裴斯泰洛齐认为，儿童的教育从他诞生的第一天就开始了。一个母亲迫于本能的力量，精心照顾自己的孩子，喂他和保护他，使他喜欢和感觉到愉快；母亲看护自己的孩子，满足他的欲望，在他需要帮助的时候就给予帮助。这样，爱的种子和信任的种子就在孩子的心里发展起来了。他又认为，母亲是天生的伟大的教师，也是孩子的第一位教师和向导。母亲最热爱孩子，最了解孩子，也最能观察到孩子的需要，从而尽力使孩子的本能在自我活动中得到充分的发展。因此，裴斯泰洛齐强调指出："任何良好的教育，母亲必定能逐日地，不，每一小时地从儿童的眼睛、嘴唇、面部判断他心灵中的最微小的变化。"[4]总之，母亲的影响比任何其他人都更为有力。母亲不仅给她的孩子第一次的物质食粮，而且给她的孩子第一次的精神食粮。

---

[1] 裴斯泰洛齐论儿童教育[N].光明日报，1956-01-09.
[2] 裴斯泰洛齐.天鹅之歌[M]//张焕庭.西方资产阶级教育论著选.北京：人民教育出版社，1979：208.
[3] 吴志尧.裴斯泰洛齐[M].上海：商务印书馆，1948：序.
[4] 裴斯泰洛齐.与友人谈斯坦兹经验的信[M]//张焕庭.西方资产阶级教育论著选.北京：人民教育出版社，1979：197.

裴斯泰洛齐认为，母爱在儿童早期教育中比任何其他动力用得更多。母爱是人类情感中最纯洁的情感，是教育的基本动力。作为儿童来说，他们也需要母爱。如果儿童得不到母亲的爱，爱和忠诚的情感就得不到发展，他们的整个发展过程就受到了危害。因此，"没有母亲温柔的手和笑脸，也就失去了微笑和魅力，而这些正是一个婴幼儿的健康与快乐的自然需要。……母亲的影响是引起爱和忠诚的开端的自然途径"①。在母爱的影响下，母亲爱谁，他就爱谁，母亲信任谁，他就信任谁。儿童在感觉上对母亲的依恋和信任，首先推及到父亲和兄弟姊妹，然后逐步扩大范围，及至爱全人类并意识到自己是整个人类中的一员。

3. 家庭教育是实施爱的教育的最好方式

就如何实施爱的教育而言，裴斯泰洛齐认为，家庭教育是一种最好的方式。因为家庭生活的粘结力就是爱的粘结力；家庭影响如果以最纯洁的形式出现，就是人类教育中所想象到的最高尚的因素。在充满爱和有爱的能力的家庭生活环境中，孩子肯定会变好。他主持的新庄和斯坦兹孤儿院以及布格多夫学校，始终体现了家庭教育的模式。在那里，裴斯泰洛齐的爱的感情和言行，深深地感染着每一个儿童，产生了潜移默化的榜样影响。因此，他强调指出："如果公共教育对人类有任何真正价值的话，它必须模仿家庭教育的优点。"②只有这样，才能使家庭和学校之间没有任何鸿沟。在裴斯泰洛齐看来，教师应该是一个心胸开阔、性情开朗、感情真挚、和蔼可亲的人，应该像父母对待自己的孩子那样，去开启孩子的心灵和引发孩子的悟性。他们实际上不是父母，但要努力做到像父母一般。

但是，对儿童实施爱的教育，并不是对他们无原则地放纵。因此，裴斯泰洛齐指出："当孩子们固执和难以管束的时候，我是严厉的，而且运用了体罚。"③在他看来，虽然教育原则告诉我们必须用说理的方式来教育儿童，而不求

---

① 裴斯泰洛齐.天鹅之歌[M]//裴斯泰洛齐教育论著选.夏之莲,等译.北京：人民教育出版社,1992：416.
② 裴斯泰洛齐.与友人谈斯坦兹经验的信[M]//张焕庭.西方资产阶级教育论著选.北京：人民教育出版社,1979：197.
③ 同②：202.

助于惩罚，但这个原则只是在良好的条件和情况下可以采用。然而，在为了使儿童走上正确的道路而被迫去惩罚他们时，教育必须注意决不能因此而失去他们的信任。

裴斯泰洛齐对儿童的热爱是无私的，他所爱的对象是社会最底层的贫苦家庭的儿童。这是他提倡和实施爱的教育的特点。因为他认为，这些贫苦家庭的儿童通常被社会所忽视和歧视，如果不给他们爱，不使他们受到良好的教育，那他们的天赋才能就不能得到充分的发展，所以，他们特别需要爱的教育。因此，裴斯泰洛齐提倡和实施爱的教育，正是为了实现他提出的教育的最终目的："发展各人天赋的内在力量，使其经过锻炼，使人能尽其才，能在社会上达到他应有的地位。"①

二、论教育心理学化

1800年6月27日，裴斯泰洛齐在布格多夫"教育之友协会"上作题为《方法综述》的报告，首次提出了"教育心理学化"的著名论点。在西方教育史上，裴斯泰洛齐第一个提出了"教育心理学化"并付诸教育实践，探索以心理学为基础来发展人的能力的有效方法。在《葛笃德如何教育她的子女》中，他这样写道："我长期探寻一切教学艺术的共同心理根源，因为我确信只有通过这个共同的心理根源，才可能发现一种形式，在这个形式中，人类的教养是经由大自然自身的绝对规律来决定的。"②

裴斯泰洛齐所提出的"教育心理学化"思想显然是从卢梭的自然教育理论中引申和发展出来的。裴斯泰洛齐认为，自然主义和心理学两者并不矛盾，前者推崇人的天性，后者研究人的心理。在他看来，天性和心理是同一个东西，人的天性就是人的心理。他所理解的"自然"，不仅包括物质世界，而且也包括人的心理。

---

① 裴斯泰洛齐．林哈德和葛笃德[M]// 任钟印．西方近代教育论著选．北京：人民教育出版社，2001：238.
② 裴斯泰洛齐．葛笃德如何教育她的子女[M]// 任钟印．西方近代教育论著选．北京：人民教育出版社，2001：250.

1. 儿童具有发展的天赋能力

裴斯泰洛齐认为,尽管儿童像世界上最娇嫩的植物一样,需要温暖、养料、保护和宽容,但是,他身上生来就潜藏着具有要求发展倾向的天赋能力和力量。这些天赋能力和力量是自然的体现,是天生固有的、和谐一致地存在于内心的。人的能力发展,其动力不在于外界而在于人的身体之中。人的有机体从它具有生命之日起,自然已确定了它的发展道路,使它逐步成长起来,并引起有机体结构在组织、形式和功能等方面的一系列变化。这种内在的动力是天赋的、不可改变的。裴斯泰洛齐把天赋能力比喻成一颗树种,它蕴藏着树的全部属性,是树的精髓,它依靠自己的力量长成大树。因此,儿童来到世上,不仅拥有接受外界刺激的能力,更具有对它们加工和整理的能力。儿童将成为大自然赋予他可以而且应该成为的人。

这些天赋能力是发展的。裴斯泰洛齐指出:"人的能力在他的一生中不断发展,这和树的情况是一样的。……一棵树各自独立的部分通过其机体的无形灵魂,以其天赋的有序的统一精神共同工作,以完成共同的功能,即生产果实,人也如此。"[①] 人的身体的各个部分都要经过从小到大、从粗到精、从不完善到完善的发展过程,人的能力发展也总是从简单到复杂。但是,具有高级天性的人与树并不相同,那些天赋能力需要借助于积极的心理活动和精心安排的练习。

2. 教育在于发展天赋的能力

裴斯泰洛齐认为,人的天赋能力及其发展是教育的基础;而教育就在于发展人的天赋能力。教育要为儿童的天赋能力的充分发展提供环境和条件,并通过激发内部兴趣、提供练习和促进思考等来推动这些能力的发展。教育应与儿童心理发展的规律协调一致,使儿童获得身体、智力和道德发展的自主性。在裴斯泰洛齐看来,教育应该与自然结合起来。尽管从儿童的头脑能够接受大自然的印象的那一刻起,大自然就教育了他们,但自然并不完美,因此,教育不能单纯遵循自然,而应当帮助自然、纠正自然。

---

① 裴斯泰洛齐.1818年对我校师生的讲演[M]// 裴斯泰洛齐教育论著选.夏之莲,等译.北京:人民教育出版社,1992:321.

人的自然由肉体、智力和道德三个部分组成。这三个部分处于一个统一体中，是互相联系的。因此，教育应该考虑到人的全部能力的和谐发展。人的体育、智育和德育也应该是互相联系的和统一的。如果孤立地只考虑发展某一种能力，那将会损害和毁坏人的天性的均衡发展。教育者应该依照自然的法则，发展儿童身体、智力和道德各方面的能力，并照顾到它们的完全平衡。也就是说，"培养智力和技能需要有一个适合于人类本性的、符合心理学规律的一套循序渐进的方法"[1]。

人的全部教育就是促进自然天性遵循它固有的方式发展的艺术，所以，裴斯泰洛齐毕生致力于自然和教育艺术的结合。他把正确的教育比喻为园丁的艺术："成千上万棵树木在园丁的照料下开花、成长。园丁对树木的实际生长并不能有所作为，生长的原理存在于树木本身。……他既没有提供生命，也没有提供呼吸。他只是看守着，以防任何外部力量的伤害或干扰。他关照着让人们的发展沿着与其发展的法则一致的轨道进行。但是，他必须充分地认识人类心智的特殊构造，这一构造适于将人的各种能力结合起来以实现他最终的使命。"[2]

总之，裴斯泰洛齐提出的"教育心理学化"就是强调教育要符合儿童心理的发展。他深信，儿童开始有意识地接受各种事物的感觉印象时，就需要有符合心理学的训练。虽然裴斯泰洛齐对儿童的心理及其发展还没有作出真正科学的解释，但是，他已深刻地认识到教育科学应该源于并建立在对人类天性最深入的认识的基础上。所以，裴斯泰洛齐的"教育心理学化"的思想显然比夸美纽斯的"教育要适应自然"和卢梭的"教育要顺应自然"的思想前进了一步。他的思想开启了19世纪欧洲教育心理学化运动。

三、论要素教育

在裴斯泰洛齐的教育理论体系中，要素教育是一个重要的组成部分。他不

---

[1] 裴斯泰洛齐. 葛笃德如何教育她的子女[M]// 任钟印. 西方近代教育论著选. 北京：人民教育出版社，2001：266.
[2] 裴斯泰洛齐. 1818年对我校师生的讲演[M]// 裴斯泰洛齐教育论著选. 夏之莲，等译. 北京：人民教育出版社，1992：327.

仅从理论上进行了论证，而且在实践中付诸实行。他晚年曾在《天鹅之歌》一书中这样写道："要素方法的问题，就是如何使人的才能和能力的培养与大自然的顺序一致。我多多少少觉察到了这一问题的全部重要性，已花费了后半生的很大一部分精力努力解决它。"①

1. 要素教育的基本含义

裴斯泰洛齐认为，要素教育的基本含义是，教育过程要从一些最简单的、为儿童所接受的"要素"开始，再逐步过渡到更加复杂的要素，促使儿童各种天赋能力的全面和谐的发展。实际上，也就是遵循大自然的秩序，使人的头脑、心灵和手这些特有的能力得以充分展开和发展。在裴斯泰洛齐看来，在关于事物和对象的任何知识中都存在着一些最简单的要素，如果儿童掌握了这些最简单的要素，那就能够认识它们所处的周围世界。因此，他强调指出："最复杂的感觉印象是建立在简单的要素的基础上的。你对简单的要素完全弄清楚了，那么，最复杂的感觉印象也就变得简单了。"②

正因为如此，对儿童的教育和教学工作必须从简单的要素开始，然后逐步扩大和加深。各种教育都有最简单的要素，这是对儿童进行各种教育的依据。在裴斯泰洛齐看来，根据教学艺术的普遍规律，儿童可以通过一系列从最简单到最复杂的训练而得到教育。

2. 体育的要素

裴斯泰洛齐认为，体育最简单的要素是各种关节的运动。它表现为最简单的体力表现形式，例如，抛、搬、推、拉、戳、摇、转等基本动作。由这些基本动作结合起来，可以构成各种复杂的动作。这是自然赋予儿童关节活动的能力，是儿童体力发展的基础，也是进行体力活动和体育练习的要素。儿童应该从小开始就习惯于各种关节的运动，然后逐步扩展到全身的、更为复杂的体力

---

① 裴斯泰洛齐.天鹅之歌[M]//裴斯泰洛齐教育论著选.夏之莲，等译.北京：人民教育出版社，1992：411.
② 裴斯泰洛齐.葛笃德如何教育她的子女[M]//裴斯泰洛齐教育论著选.夏之莲，等译.北京：人民教育出版社，1992：80.

活动。通过这些简单到复杂的动作练习，就可以进一步发展儿童身体的力量和各种技巧。这种动作练习，还应该与感觉和思维的练习结合和协调起来，以便使智力和体力同时得到发展。

在裴斯泰洛齐看来，应该把体育和培养儿童良好的卫生习惯结合起来。例如，儿童应该经常洗手、漱口、刷牙和修指甲，注意自己的呼吸，在学习或工作时都要保持端正的姿势等。

3. 德育的要素

裴斯泰洛齐认为，德育最简单的要素是儿童对母亲的爱。这种爱的种子是在母亲对婴儿的热爱及满足其身体上的需要的基础上产生的。这种爱反映和表现得最早。

在裴斯泰洛齐看来，应该重视发展儿童的道德情感。他指出："在谈到道德以前，我努力唤醒孩子们的道德感。因为我认为和孩子们谈论，要他们在没有彻底了解他们自己所说的东西以前，就迫使他们讲那些题目是不明智的。"[①] 此外，应该重视儿童的道德行为练习。因为道德行为只有通过多次的练习才能巩固。通过道德行为练习，儿童学会自我控制，养成良好的意志品质，并在日常生活中表现出来。在全部道德习惯中，自我克制的习惯是最不容易获得的，但一旦养成这种习惯，它就是最有益处的。

4. 智育的要素

裴斯泰洛齐认为，智育的最简单要素是数目、形状和语言。知识教学应当首先从观察事物开始。他特别提到，幼儿说话的愿望和能力的发展，是与他通过观察逐渐获得知识成正比的。在观察时，儿童必须注意三点：（1）在他面前有多少物体，有哪几种物体；（2）它们的外貌、形状或轮廓是怎样的；（3）它们叫什么名称，怎样用一个声音或一个字表达每一个物体。在知识教学过程中，儿童通过计算来掌握数目，通过测量来认识形状，通过说话来学习语言。

---

① 裴斯泰洛齐. 与友人谈斯坦兹经验的信 [M]// 张焕庭. 西方资产阶级教育论著选. 北京：人民教育出版社，1979：201.

裴斯泰洛齐还认为，作为知识教学最简单要素的数目、形状和语言，还有其最简单的要素。具体来讲，数目的最简单要素是 1；形状的最简单要素是直线；语言的最简单要素是语音。

四、论儿童早期教育

裴斯泰洛齐认为，儿童应该尽可能早地受教育，最好从出生时就开始。因为及早地注意儿童身体、道德和智力等方面的训练，就能使他通向一个更高级的目标，就是说，使他能够自由自在地而又充分地运用造物主所赋予的全部才能，并使这些才能朝着完善人的一切的方向发展。这种训练开始得越早，成功就越容易、越完满。

在儿童早期教育中，母亲与儿童的关系最为重要。因为母爱是最强有力的力量，母亲与儿童之间的感情是早期教育的动因。在裴斯泰洛齐看来，婴儿需要母亲的养护和照顾，并有相应的表现与反馈；母亲也会对婴儿的需要给予满足。

1. 儿童早期教育的原则

裴斯泰洛齐提出了儿童早期教育的两条法则：

一是既不能过度溺爱，又不能放任自流。裴斯泰洛齐强调指出："请母亲坚定地遵循这条有效的古老法则，即对婴儿的关心要持之以恒；尽可能坚持同一种做法；如果孩子的需要是实际的，就绝不要忽略它们，如果他们的需求是非分的，或者胡搅蛮缠地来表示这种需求，那么就绝不能纵溺。这种做法实行得越早，越能持之以恒，孩子所获得的益处也就越大，越持久。"[①]在他看来，如果母亲忽视了这条法则，不管她的用意是多么良好，那都是不明智的。但是，母亲在开始行使权威时，应该小心行事，考虑到她自己的责任，考虑到她的做法对其孩子未来幸福的重要影响。母亲的首要责任就是，竭尽全力去激励和增强

---

① 裴斯泰洛齐. 致格瑞夫斯的信 [M]// 裴斯泰洛齐教育论著选. 夏之莲，等译. 北京：人民教育出版社，1992: 348-349.

婴幼儿心中爱和信任的倾向，并使之升华。

二是不仅让儿童被动地受教育，而且要使他成为教育中的动因。裴斯泰洛齐认为，尽管教育是母亲的一个最神圣而又最重要的职责，但是，儿童也是他自己的教育者，因为他不仅具有注意和记忆某些概念或事实的能力，而且还有不受他人思想支配的独立思考能力。母亲应该清楚地看到这一点，要让儿童去阅读、书写、听讲和复述，更要让儿童去思考。"要在幼儿的头脑中形成这种思考习惯——经常性的、自觉的思考习惯，没有什么能比早期发展这种习惯更为有效的了。"[1]

2. 儿童早期教育的内容

儿童的早期教育包括体育、智育、德育、音乐教育和绘画教育等。

一是体育。裴斯泰洛齐认为，儿童运用四肢，增强了体质，锻炼了技巧，它有助于人的全部才能得到发展，使人的全部潜在能力得到发展。但是，母亲应该考虑到儿童的运动必须是渐进的，在安排运动时，从容易进行的运动开始，继而进行更为复杂、难度更高的运动。同时，应该熟悉体育的原理，在那些初级的、预备性的运动中，根据情况选择出那些最适合、最有益她的孩子的运动。裴斯泰洛齐还认为，如果体育训练得当，也有助于道德训练，因为合理的体育训练能促进儿童的欢乐和健康，培养团体精神和兄弟般的情感、勤奋的习惯以及勇敢和吃苦耐劳等品质。

二是智育。裴斯泰洛齐认为，母亲应该鼓励儿童的好奇心，因为好奇心这个强有力的刺激能激励儿童进行思考；同时，应该正确地对待儿童的提问，不要因为他不断地询问他还不理解的问题或穷根究底和令人烦恼地提出问题，而千方百计地加以阻止，这样就会扼杀儿童智力上的自主性。在儿童早期的智育中，最好采用图片和实物来启迪儿童，而抛弃令他感到最头痛和最难以忍受的纯文字的教学。但裴斯泰洛齐又认为，思维能力可以萌芽于婴儿的头脑中，一旦婴儿到达一定的年龄，他周围的每一个实物都可以成为激发他思维活动的工具。

---

[1] 裴斯泰洛齐.致格瑞夫斯的信[M]//裴斯泰洛齐教育论著选.夏之莲，等译.北京：人民教育出版社，1992：388.

三是德育。裴斯泰洛齐认为，习惯和环境在儿童早期的德育中起着很重要的作用。因为婴儿总是很容易地习惯于那些他经常见到的以及与母亲关系亲密的人们的眼光和关注，所以，他学会了去爱母亲喜欢的那些人，去信任母亲信任的那些人。为了促使婴幼儿的爱和信任的倾向发展，母亲应该注意两个方面：首先是要有始终如一的日常行为举止。因为婴幼儿不会对最微小的反常现象视而不见，有些婴幼儿还讨厌这种反常。其次是不能纵容一种坏脾气。因为这很容易失去婴幼儿的爱。在早期的德育基础上，儿童开始对事物和人作出判断，并学到了道德的概念，发展了道德上的自主性。

四是音乐教育。裴斯泰洛齐认为，早期的音乐教育可以发展儿童健全的欣赏力和健全的感觉，并对陶冶情感产生最显著的影响。从这一点来看，音乐教育也有助于道德教育，因为音乐可以产生和促进那种能够通过陶冶而形成的人的最高级的情操。

五是绘画教育。裴斯泰洛齐认为，应该重视儿童天生的模仿能力，因为那些表现出好奇心的儿童，会迅速地开始运用他的智力和技能来仿制他所看到的东西。在绘画练习中，应该使儿童在仔细观察的基础上先画出一个物体的各个局部，然后再画出这个物体的全貌。但更重要的是，应该让儿童去临摹大自然。在绘画练习之后，还可以让儿童进行制作模型的练习。在裴斯泰洛齐看来，绘画教育也有助于儿童早期的智育。

关于儿童早期的玩具和游戏，裴斯泰洛齐认为，母亲最好向儿童提供一些玩具，并经常给他以帮助，这既能激发他天真的快乐，又能引导他到有益的工作上去。但是，他又指出："要避免让他们每日每时单调地重复那些小玩艺，要使他们的微不足道的娱乐变得丰富多彩，玩耍一旦引起他们的兴趣，就会激发他们的思想，增强他们的观察力。"[①]

3. 重视对母亲的教育

为了实施儿童的早期教育，裴斯泰洛齐十分强调对母亲的教育。他指出：

---

① 裴斯泰洛齐. 致格瑞夫斯的信 [M]// 裴斯泰洛齐教育论著选. 夏之莲，等译. 北京：人民教育出版社，1992：369.

"谁要是深切关心年轻一代的幸福，那就应该把对母亲们的教育看作是他的最高目标，如此而已，别无他途。"① 在裴斯泰洛齐看来，在儿童的早期教育中，母亲的作用和母爱是最重要的。母亲能教给孩子各种物体的名称；能和孩子谈谈家庭周围的环境；能给孩子传授更多的各种各样确实有用的知识；能教孩子去探究和思考。如果不清楚地看到这一点，那儿童早期教育的全部希望和努力只能以失望而告终。因此，应该从教育母亲着手，使母亲认识到儿童早期教育的重要性，并在品格和知识上受到教育。据此，裴斯泰洛齐提出，需要建立培养未来母亲的学校。"这个学校教育出来的学生要去当教师，去当教育工作者；最重要的是，这个学校要使女子的品格自早期岁月起就朝这个方面发展，使之能在早期教育中发挥重要的作用。"②

早在 1770 年 8 月，自裴斯泰洛齐的独生子出生后，他就逐日观察儿子的身体、语言和行为发展并作记录，对儿童早期的发展和教育作了较为详细的研究。裴斯泰洛齐的这本日记题为《一个父亲的日记》，是西方教育史上儿童研究的最早范例之一。

裴斯泰洛齐既是一位教育实践家，又是一位教育理论家。在某种意义上，他成为卢梭教育思想的真正继承者，用自己成年后的全部时间践行《爱弥儿》中的教育理想。英国教育史学家拉斯克和斯科特兰在《伟大教育家的学说》一书中指出："毫无疑问，裴斯泰洛齐天才地认识到了现代教育的特征，远远地走在了他的时代的前面。"③ 尽管裴斯泰洛齐的教育理论中有不尽完善和缺乏理论逻辑的地方，但是，他的教育实践和理论对欧洲各国的教育产生了极大的影响，在 19 世纪的欧美国家形成了"裴斯泰洛齐运动"。他提出的爱的教育和儿童早期教育思想对以后的幼儿教育家，特别是德国幼儿教育家福禄培尔产生了重要的影响。

---

① 裴斯泰洛齐. 致格瑞夫斯的信 [M]// 裴斯泰洛齐教育论著选. 夏之莲，等译. 北京：人民教育出版社，1992: 375.
② 同①: 381.
③ 罗伯特·R·拉斯克，詹姆斯·斯科特兰. 伟大教育家的学说 [M]. 朱镜人，单中惠，译. 济南：山东教育出版社，2013: 166.

第 5 章

19 世纪幼儿教育智慧

在 19 世纪中，社会经济和自然科学的发展，为近代西方教育理论和实践增添了活力。19 世纪英国空想社会主义者欧文强调教育是实现未来理想社会的主要工具，并以性格形成学说为指导开办了纽兰纳克幼儿学校，不仅强调儿童早期教育的重要性，而且构建了幼儿学校的目的、原则及内容和方法。与之相比，德国教育家福禄培尔创办了世界上第一所幼儿园，构建了较完整的幼儿园教育体系，极大地提升了幼儿教育在儿童发展中的重要地位，因而被称为"幼儿园之父"。正是由于幼儿园的创立，近代西方从 19 世纪中期起开始有了更正规的幼儿教育机构，为近代西方幼儿教育思想的发展提供了实践的平台。与此同时，法国教育家凯果玛的母育学校理论强调幼儿教育机构要适应儿童身心发展的特点；美国教育家霍尔基于儿童心理发展的儿童研究理论及问卷法进一步推动了幼儿教育思想的发展；瑞典教育家爱伦·凯注重儿童个性发展的幼儿教育理论，尤其是她的《儿童的世纪》一书为现代西方幼儿教育思想的发展吹响了进军号角。相比18世纪西方幼儿教育思想，19世纪西方幼儿教育思想更加趋于儿童的个性发展和理论的科学化，这在20世纪西方幼儿教育思想中得到了更加充分的体现。

第一节
欧文论幼儿教育

19世纪英国空想社会主义者、教育家欧文（Robert Owen，1771—1858）出生于英国北威尔士蒙哥马利郡新镇的一个马具师兼小五金商家庭。他自幼聪明好学，曾在小学里当过教师的助手，并养成了阅读书籍的习惯。由于家境贫困，欧文9岁时离开学校，在伦敦、林肯郡斯坦福德和曼彻斯特等地谋生。后来，他积极投身于社会活动，努力探索社会问题。欧文尖锐地批判资本主义制度，幻想建立理性的社会制度；同时提出了性格形成学说以及教育与生产劳动相结合的思想，以培养全面发展的人。欧文的幼儿学校实践和理论对英国乃至世界幼儿教育的发展产生了重要的影响。

一、纽兰纳克幼儿学校的开办

1800年1月，欧文担任了苏格兰纽兰纳克一家有2000名工人的大棉纱厂经理。在那里，他开始了空想社会主义的理论和实践活动。他缩短工人的劳动时间，禁止雇佣10岁以下的童工，改善工人的生活设施；同时，他于1802年开办幼儿学校、日校和夜校以及举办讲座，对工人及其子女提供教育。1816年元旦，包括这些文化教育机构的"性格形成新学院"开幕。欧文在性格形成新学院开幕典礼上致词说，这所学院旨在增进本村、邻人、英国人民乃至世界人民的利益。它主要接受工厂区的儿童,但工厂区以外的儿童也可以来。除家长每年为每个儿童支付3先令外,厂方每年给学校提供经费1200英镑。

欧文开办的纽兰纳克幼儿学校(infant school)是英国第一所幼儿学校。幼儿学校招收2~5岁儿童。他们在校时间约一半是在教室里,其余时间就在户外大草坪上自由玩耍。这所学校拥有一间长40英尺、宽40英尺、高22英尺的教室,布置着以动物为主的图画和地图,还有从花园、田野和树林中采集来的自然界的实物。另外,还有面积大小与教室差不多、在天气恶劣的时候供幼儿娱乐的房间。在幼儿学校里,儿童很小就开始学习唱歌、跳舞和体操,并参加一些户外活动。幼儿学习取得了前所未闻的成效,幼儿在那里生活得很愉快。恩格斯在《反杜林论》一书中这样写道:欧文"发明了并且第一次在这里创办了幼儿园。孩子们满一岁以后就进幼儿园,他们在那里生活得非常愉快,父母几乎领不回去"[1]。欧文自己后来也自豪地写道:"在我以后所见到的学校中,没有一所能和这所最初创办的培养儿童优良性格(这是创办这所学校的唯一目的)的学校相比。"[2]

欧文在纽兰纳克的社会改革活动很成功。经过短短几年的时间,那里的整个社会面貌都改变了,争吵、诉讼、酗酒、怠惰、欺诈、偷盗和淫荡等现象都绝迹了。

在此期间,欧文根据纽兰纳克的改革实践写成了《新社会观,或论人类性格的形成》(1816)一书,论述了他关于人的性格形成理论。由于这部著作的发表,纽兰纳克的改革实践引起了英国乃至欧洲社会的广泛注意,吸引了成千上万的社会人士前来参观和考察。欧文的名声也更高了,成了欧洲最有名的"慈善家"。1820年,他又写成了《致纽兰纳克郡报告》,首次全面概述了他的空想社会主义思想。这是欧文从慈善家转向空想社会主义者的标志。

---

[1] 恩格斯.反杜林论[M]//马克思恩格斯选集(第3卷).北京:人民出版社,2012:649.《反杜林论》德文版中用的"kleinkinderschulen"一词,只能译为"幼儿学校",而不能译为"幼儿园"。
[2] 欧文.人类思想和实践中的革命或将从无理性到有理性的过渡[M]//欧文选集(第二卷).柯象峰,等译.北京:商务印书馆,1981:91.

二、论人的性格形成

人的性格形成学说是欧文从事社会改革和教育实验活动的出发点。

1. 环境对人的性格形成的作用

欧文认为,人生来就具有动物倾向的幼芽,也就是具有维持生命、享受生活和繁殖生命的欲望,这就是人的自然倾向;同时,人生来还具有获得知识的官能,在成长的过程中接受、传递和比较各种观念,并使人意识到他在接受、传递和比较各种观念。欧文还认为,人的天赋素质都是在母胎中形成的。但是,这些自然倾向和官能在任何两个人身上都不可能完全相同,从而产生了能力上的差异。

欧文认识到,人是他的机体(天赋的能力)以及自然与社会在他周围形成的条件(环境)的必然产物。他指出:"儿童经过教育可以养成任何习惯和情感。这些习惯和情感同每个人身心两方面的天性倾向和能力,以及他所处的一般环境结合起来就形成一个人的全部性格。"① 但是,他从机械唯物主义的认识论出发,研究人的性格与环境(教育)的关系。他直接继承了18世纪法国唯物主义者(尤其是爱尔维修)关于"人的性格是环境的产物"的思想,认为人的性格不是先天的,而主要是在后天所处的环境中形成的。在欧文的著作中,他反复阐述这样的观点:"一个人的性格不是由他自己创造的,而是外力为他创造的。"② 因此,社会环境是形成人的性格的决定因素,一个人永远是他出生前后所存在的周围环境的产物。欧文在美国建立的"新和谐公社"组织法中也提出:人的性格,即智力、德行和体质,决定于人的成长过程、居住地点和社会环境。正如恩格斯所指出的:"罗伯特·欧文接受了唯物主义启蒙学者的学说:人的性格是先天组织和人在自己的一生中,特别是发育时期所处的环境这两方面

---

① 欧文. 论工业体系的影响 [M]// 欧文选集(第一卷). 柯象峰,等译. 北京:商务印书馆,1979:143.
② 欧文. 人类思想和实践中的革命或将从无理性到有理性的过渡 [M]// 欧文选集(第二卷). 柯象峰,等译. 北京:商务印书馆,1981:93.

的产物。"①

欧文还认为，人的本性是善良的，人具备成为善良的人的一切素质；但是，如果他为邪恶的环境所包围，他的思想和行为肯定是不健全的。他指出："就目前表现出罪恶的种种性格而论，过错显然不在于个人，问题在于培育个人的制度有缺点。消除那种容易使人性产生罪恶的环境，罪恶就不会产生，代之以适于养成守秩序、讲规矩、克己稳重、勤勉耐劳等习惯的环境，这些品德就可以形成。"②在欧文看来，每个人一生处于什么样的环境，他就像顺应自然规律那样万无一失地成为什么样的人。在罪恶的资本主义社会环境中，人就会形成不良的品性和行为，滋生种种罪恶的现象；只有改变这种旧的环境，建立合理的环境，才会培养出理性的性格。因此，在社会改革实践中，欧文坚持一个方针：必须改变这些有害的环境，代之以良好的环境，从而在适当的自然程序中，按照其不变的规律，用可以通过优良环境造成的优良品性来代替低劣环境所造成的低劣品性。可以说，欧文在纽兰纳克所做的一切，就是要消除某些有助于产生、延续或增加人们早年恶习的环境，消除社会由于愚昧而允许其形成的东西。

2. 通过教育培养有理性的人

为了使人形成优良的性格，欧文批判资本主义社会制度，并强烈要求改革这个不合理的社会制度，用新的社会制度来代替旧的资本主义社会制度。由此出发，欧文寄希望于教育。他强调指出："教育人，就是培养他的性格。"③"人可以经过教育而养成任何一种情感和习惯，或任何一种性格。"④在他看来，运用适当的方法，即通过改变环境（尤其是教育），可以为任何社会乃至整个世界造成任何一种普遍的性格，从最坏的到最好的、从最愚昧的到最有教养的性格。教育将使人学会合乎理性的感觉、思考和行动。唯有通过为人们所正确地理解的

---

① 恩格斯.反杜林论[M]//马克思恩格斯选集（第3卷）.北京：人民出版社，2012：648-649.
② 欧文.新社会观，或论人类性格的形成[M]//欧文选集（第一卷）.柯象峰，等译.北京：商务印书馆，1979：35.
③ 欧文.人类思想和实践中的革命或将从无理性到有理性的过渡[M]//欧文选集（第二卷）.柯象峰，等译.北京：商务印书馆，1981：132.
④ 同②：68.

教育，人类社会才能治理得好；而且通过这种教育，也能费力最少和最令人满意地达到人类社会所要达到的一切目标。正因为如此，在纽兰纳克的社会改革实践中，欧文不仅十分重视教育实验活动，而且把它看作一个主要的组成部分。

欧文还认为，人从出生到成年，都要用最好的方式进行教育和培养，用合乎理性的方法培养出有理性的人。他所建立的性格形成新学院就是打算用来直接影响人的性格形成的。因为对一个国家来说，教育下一代是最重大的问题。欧文指出："每一个要求治国有方的国家应该把主要注意力放在培养性格方面。因此，治理得最好的国家必须具有最优良的国家教育制度。"[1]在他看来，因为任何社会的成员所遭遇的苦难或幸福的性质和程度取决于他们所形成的性格，所以，培养各个国民的性格便是每一个国家的最高利益所在，也是它的首要任务。对于一个国家政府来说，最要紧的是不要使国民受到肤浅的教育，而应该使他们获得充分而实在的知识；并且应该提供有效的方法，使他们受到培养理性的人所应有的教育。对于国家来说，其教育的全部意义就在于：使未来一代养成有助于个人与国家的未来幸福的观念和习惯。

面对英国政府没有为千百万未受教育的贫民提供任何国民教育制度的情况，欧文愤怒地指出，正因为这些贫民教育不良和愚昧无知，所以养成了酗酒、偷盗、欺骗等坏习惯。他强调指出，应该立即为劳动阶级安排一种国家教育制度。因为只有这样，才能使没有受到任何良好的和有用的教育的人受到教育。在欧文看来，一个全体人民都受到良好教育的国家的实力，将大大超过大部分人民受到不良教育的国家的实力。因此，只要教育制度计划得宜，一个国家就可以实现其从未实现过的最有价值的改良。

欧文承认人的性格是遗传素质、环境和教育的产物，批判了教会所宣扬的"原罪说"，但由于机械唯物主义认识论，他不能正确认识三者的关系，而陷入了"环境决定论"和"教育万能论"的境地。马克思对此作了分析：这种"学说忘记了：环境是由人来改变的，而教育者本人一定是受教育的。因此，这种

---

[1] 欧文.新社会观，或论人类性格的形成[M]//欧文选集（第一卷）.柯象峰，等译.北京：商务印书馆，1979：79.

学说一定把社会分成两部分，其中一部分高出于社会之上"①。

三、论儿童早期教育的重要性

欧文在他的社会改革实践中，注重使人生活在比较合乎人的尊严的环境中，特别关心成长中一代的教育。他在一系列著作、演说和报告中，反复强调儿童的教育应当及早开始。在欧文看来，从小培养儿童，使他们按照应走的路去走，是最容易的形成性格的方法。为了培养体、智、德全面发展的有理性的人，应该在新的环境中，使人从襁褓中开始就受到能养成善良性格的教育；同时，应该没有任何偏私，使每个人出生后都受到同样关怀备至的教育。

对于儿童早期教育的重要性，欧文从五个方面进行了论述：

第一，人的性格是从出生之日起由外力形成的。欧文强调指出，一个人在出生时所具有的天赋能力，从出生之日起既可能受到社会良好的指导，也可能受到社会错误的指导。如果在社会错误的指导下，在不良环境的熏染下，在错误训练和教育影响下，他的身心从小就必然会受到损害。幼儿的语言、习惯和情感，都是由周围的人在他们诞生之后灌输给他们的。因此，欧文坚持认为，应该使儿童从最小的时候起就在良好的环境中受到良好的教育，从而养成各种良好的品行，例如公正、坦率、诚恳、仁慈等。

第二，人刚诞生就具有可以发展的天赋能力。欧文认为，人一出生后就有可能很好地发展自己的天赋能力——体、智、德等方面的能力。由于儿童幼年生活中的印象极容易在他们的意识中长期保留下来，好的种子或坏的种子在他们幼年和童年时代都会深深地和广泛地撒播下来，因此，绝不能忽视儿童幼年的训练和教育。他强调指出："惯于仔细观察儿童的人一定能清楚地看出，许多好事和坏事都是在他们很小的时候被教会或学会的，许多好的或坏的脾气和性情都是2岁以前养成的，许多深刻而难忘的印象则是在1岁以前甚至在半岁以前获得的。……这样自幼养成的性格对个人和社会愈是有利，就愈能持久。"②在

---

① 马克思.关于费尔巴哈的提纲 [M]// 马克思恩格斯选集（第1卷）.北京：人民出版社，2012：134.
② 欧文.新社会观，或论人类性格的形成 [M]// 欧文选集（第一卷）.柯象峰，等译.北京：商务印书馆，1979：41-43.

欧文看来，幼年时所留下的极其深刻的印象，会使儿童养成一种习惯，在以后的人生中永志不忘并经常加以应用。

第三，从小训练，到老不变。欧文强调指出："人们在幼年时期和儿童时期被培养成什么样的人，成年后也就是什么样的人。现在如此，将来也永远是如此。"① 在他看来，凡是在出生后就受到良好教育和指导的儿童，直到成年都明显地保留着这种教育的良好效果。然而，在当时的英国，幼儿的心理和感情很少受到应有的考虑和关注。针对这种状况，欧文指出："要为人类陶冶最优良的性格，就应当从儿童出生起就加以训练和教育；为了养成良好的性格，就必须从1岁的儿童开始进行系统的训练和教育。"②

第四，儿童早期教育是早期智力投资。欧文认为，受到良好教育的幼儿，将会成为一个强壮、健康、富有思想、品性良好的儿童；反之，就有可能成为一个衰弱、愚昧、不健康、品性堕落的儿童。因此，他强调指出："儿童如果没有健康的品格和良好的习惯，就不能成为国家真正有用的臣民，他们在生活中也不能自享安乐而对人无害。"③

第五，儿童早期教育可以提高人的智力。欧文认为，幼儿的父母和管理他们的人对于人性缺乏正确的认识，因此，儿童不能形成最理想的性格和促进智力的发展。他指出："人们至今还不知道儿童的智力有多高，儿童的能力一直是根据其所受的愚蠢的教育来估计的。如果人们从来没有教会他们学会错误的东西，他们很快就会显示出很高的智力，使最不肯轻信的人也会相信人类的智力由于以往和现在的愚昧的培养方法而受到极大的损伤。"④

四、论幼儿学校

欧文开办的纽兰纳克幼儿学校，对前来参观和考察纽兰纳克社会改革实践

---

① 欧文.致拉纳克郡报告[M]//欧文选集（第一卷）.柯象峰，等译.北京：商务印书馆，1979：344.
② 欧文.自传[M]//欧文选集（第三卷）.马清槐，等译.北京：商务印书馆，1984：282.
③ 欧文.致不列颠工厂主书[M]//欧文选集（第一卷）.柯象峰，等译.北京：商务印书馆，1979：159.
④ 欧文.新社会观，或论人类性格的形成[M]//欧文选集（第一卷）.柯象峰，等译.北京：商务印书馆，1979：52.

的人具有很大的吸引力。在这所幼儿学校里，年幼的儿童表现出了非常自然的优美风度、彬彬有礼、天真纯朴、温文尔雅、进退自如、无所畏惧，对自己的老师充满信任和敬爱的感情。他们彼此相亲相爱，尽情享受那种令人赏心悦目的天真的无限快乐。这一切使得来访者感到无比的惊奇和喜悦，以至于他们中的大多数人觉得幼儿们新的品行难以理解。甚至一些贵族妇女参观纽兰纳克幼儿学校时，看到那些幼儿的举止、风度和知识都十分惊讶。欧文自己在晚年时也写道："这样的幼儿学校是任何国家的任何方面从来没有想到的，因为它是为实行世界上前所未有的新制度而采取的切实可行的第一个步骤；……我们人类千秋万代的持久的无上幸福取决于各国及其人民是否能正确地实行这种纯正的原理和办法。"①

1. 幼儿学校的目的

欧文认为，大多数贫民和劳动阶级家庭不具备必要的条件，可以使儿童在出生后形成良好的性格；做父母的百分之九十九完全不懂得怎样用正确的方法去对待儿童，特别是对待自己的孩子；做父母的又必须忙忙碌碌应付和处理他们自己的事务，难以安排适当的条件来很好地加以培养。正因如此，欧文开始觉得有必要开办一所幼儿学校，从幼儿最早能离开父母的时候起就对他们施以陶冶品性的教育。幼儿学校提供适当的设施，把孩子在幼年时代几乎一会走路就接过去。通过这种方法，可以防止幼儿们沾染任何恶习，并逐步准备养成他们的最好习惯。因此，欧文强调指出："我所发明并顺利地实际采用的幼儿学校，是为了走向开创一种组织和管理人类的合理制度，把人类引入尘世生活真正太平繁荣的境地而至今迈出的踏踏实实的第一步。"②在他看来，这种学校是培养儿童聪明、善良、仁慈和理性，以及训练他们适应新的社会状态的第一个实际步骤。

在欧文看来，幼儿学校的建立可以达到以下一些具体目的：儿童可以在切实可行的范围内尽量远离尚未受教育的父母的错误的教育；儿童将被安置在适

---

① 欧文. 自传 [M]// 欧文选集（第三卷）. 马清槐，等译. 北京：商务印书馆，1984: 233.
② 同①: 378.

当的环境里，与小伙伴一起生活和学习，养成最优良的习惯和品性；对儿童的培养和教育变得比在家庭条件下优越得多；父母无须为了照管孩子而花费时间，也无须操心和担心；父母和子女之间的眷恋感情可以得到加强，孩子在吃饭时和晚上可以回到父母的身边，双方的情爱可能有所增进；家庭主妇们在少替孩子操心的同时，可以给孩子们挣得更多的生活费。

2. 幼儿学校的原则

欧文为幼儿学校确立了一个原则："要尽力使小朋友快乐。"[1] 不仅幼儿学校的教师要遵守这个原则，而且幼儿学校的儿童也要养成永远根据这个原则行动的习惯。

与此同时，欧文还详细规定了对纽兰纳克幼儿学校的 10 条指导原则[2]：

第一，不责骂或处罚儿童。

第二，每一位受聘的教师应当始终对所有的儿童毫无例外地在口气、表情、言语和行为上表示亲切的感情，以便在教育者和被教育者之间产生真挚的爱和充分的信任。

第三，运用直观的方法进行教学，允许被教育者经常提出他们自己的问题，并通过教育者和被教育者之间无拘无束的交谈作出解释。

第四，必须用和蔼可亲和合情合理的态度回答儿童的问题。当问题的内容超出教师的知识范围时，教师应当立刻完全承认自己对这个问题缺乏了解，而不要把儿童的思想引入歧途。

第五，没有固定的室内上课时间。教师要注意当受教育者或他们自己的脑力因室内上课而疲倦时，如天气晴朗，就应当把室内的课改为室外体育活动，如天气恶劣，就应当改为室内体育活动或音乐练习。

第六，除音乐外，教师还要让这些工人的子女进行军事训练，以使他们养成遵守秩序、服从指挥和严格要求自己的习惯，改善他们的健康状况和仪态举

---

[1] 欧文.新社会观，或论人类性格的形成[M]//欧文选集（第一卷）.柯象峰，等译.北京：商务印书馆，1979：50.
[2] 欧文.自传[M]//欧文选集（第三卷）.马清槐，等译.北京：商务印书馆，1984：364-366.

止。同时，教师还要指导他们学习舞蹈并跳得很熟练，以便增进他们的仪表、风度和健康状况。对男女儿童适当进行军事训练以及让他们学习舞蹈和音乐，是形成一种善良、合乎理性和幸福的性格的有力手段；在每一所为了陶冶性格而合乎理性地建立和管理的学校中，这些活动应当成为教育和训练内容的一部分。

第七，当儿童练习熟练军训、舞蹈和音乐并享受到其乐趣时，这些活动就不再机械进行。当他们刚露出厌倦的样子时，就应当让他们回到室内学习智力方面的功课。如果指导得法，儿童总是以新的欢乐去学习这些功课。他们受到教师合情合理的对待时，总会心满意足地接受体力或智力方面的训练和教育。

第八，把儿童带到室外，让他们熟悉花园、田地和树木，熟悉家禽、家畜和一般的自然史。这是教育工人子女的一个重要部分。

第九，训练工人的子女合乎理性地思考和行动，使他们获得一生中都有用的重要知识。

第十，把工人的子女置于比任何其他阶级的儿童更为优越的环境之中，即白天把他们安置在最完美的学校中，使他们养成优良的性格。

3. 幼儿学校的内容

欧文认为，幼儿学校作为培养体、智、德全面发展的有理性的人的第一阶段，应该通过体育、智育、德育、美育和劳动教育合理地培养每个儿童。

（1）体育。

一是注重幼儿的生活和营养。欧文指出："应该做到使他们在适合他们年龄的气温条件下生活；用最有营养的食品哺育他们；他们的衣服要肥大而轻松"[1]。在他看来，这是幼儿身体健康成长的一个重要条件。

二是注重户外活动。在天气和他们体力允许的条件下，必须尽量让他们在户外新鲜空气中玩耍，以便使孩子们有强壮的身体。[2] 纽兰纳克幼儿学校的儿童绝大部分时间是在露天里和游戏场上进行活动的。

---

[1] 欧文.《新道德世界书》摘译[M]//欧文选集（第二卷）.柯象峰，等译.北京：商务印书馆，1981：35.
[2] 欧文.1816年元旦在新拉纳克性格陶冶馆开幕典礼上的致辞[M]//欧文选集（第一卷）.柯象峰，等译.北京：商务印书馆，1979：108.

三是注重体操。欧文指出："指派在游戏场上管理儿童的人应当能够教导和训练儿童的体操。"① 通过这种训练，男女孩子既可以使身体健康、具有好的体形，又可以逐渐适应以后的军事训练的要求。

（2）智育。

一是注重直接观察。欧文认为，应该使幼儿从最熟悉的事物开始获得有用的知识，在最初的时期以他们周围熟悉的事物为内容。通过直接观察，既可以使幼儿直接从事物形象获得真实和正确的观念，又可以激发幼儿的兴趣和好奇心。欧文还指出，只要幼儿们的智力能够办到，就应该使他们获得有关他们所看见的和所接触的一切事物的确切的知识，同时避免一切错误观念的影响。因此，他主张不让幼儿们为书本所困扰。

二是注重发展幼儿的智力。欧文强调指出："如果一个人的推理能力能从幼儿时期开始就得到适当的培养或训练，而且他在儿童时期就受到合理的教导，知道要排除那些自己加以比较之后认为是自相矛盾的印象或观念，那么这个人就会获得真实的知识。"② 因为人只有具有推理能力，才能识别什么是正确的，什么是谬误的。

三是注重游戏。欧文认为，游戏是幼儿活动的主要方式，因此，对于一所幼儿学校来说，游戏场应当是一个必不可少的组成部分，使幼儿能在那里尽情玩耍和游戏。但是，欧文主张在幼儿学校不必借助于任何毫无用处的儿童玩具，这显然是不妥的。

（3）德育。

一是注重集体的道德教育。欧文认为，集体主义是新道德的基础，儿童应当从幼年起就在富于乐趣的集体生活中受到集体的道德教育。应当使幼儿把帮助周围一切人作为自己莫大的快乐。

二是反对责骂、强制和惩罚。欧文强调指出："在管理得合情合理的幼儿学校里是永远不需要采用惩罚手段的，应当把这看作在他们的食物中下毒一样绝

---

① 欧文. 新社会观，或论人类性格的形成 [M]// 欧文选集（第一卷）. 柯象峰，等译. 北京：商务印书馆，1979: 62.
② 同①: 59.

对加以避免。"① 在纽兰纳克幼儿学校里，儿童在不受惩罚或不必担心受惩罚的情况下得到训练和教育，教育的唯一手段是亲切关怀和通情达理。

三是反对宗教与幼儿的道德教育相联系。

（4）美育。

欧文认为，美育主要包括这两个方面：一是舞蹈，二是音乐。为了孩子们的健康和心灵美，无论是男孩还是女孩，都将学习舞蹈。幼儿从2岁起开始学习舞蹈，从4岁起学习唱歌。通过学习舞蹈和音乐，能够使幼儿身体健康，体态富于自然美。

（5）劳动教育。

欧文十分重视儿童的劳动教育，但他认为必须考虑到他们的年龄和体力。儿童从5岁至7岁可以适当参加一些他们力所能及的最容易的家务劳动和园艺工作，以获得一些有用经验，并得到更大的快乐和满足。

4. 幼儿学校的教师

为了使幼儿学校成为一个合乎理性的新式的教育机构，欧文认为，幼儿学校教师的条件是热爱幼儿并对他们有无限的耐心，性情温顺。为了使幼儿得到良好的训练和教育，幼儿学校教师绝不应当让他们听到愤怒的斥责或看到脸上有任何生气的和怒目而视的表情；幼儿学校教师的语调和神态应当是和善的、富有慈爱的感情的，对所有的幼儿一视同仁，毫无偏心；幼儿学校教师应当把他们看作年幼的朋友，并按照对待朋友的样子对待他们。

根据这个条件，欧文挑选织布工布坎南（James Buchanan）为纽兰纳克幼儿学校的教师，同时又挑选年轻织布女工莫莉·扬（Molly Young）为保育员来协助教师。欧文给他们的第一项指示是：决不可责打任何儿童，或者在说话或行动上对他们进行威胁，或者使用辱骂的语句；而要经常和颜悦色地同儿童谈话，做到态度亲切，语气柔和。尽管布坎南和莫莉·扬的文化程度低，又没有任何教学经验，但他们始终坚决地贯彻欧文的指示，从而使纽兰纳克幼儿学校的实验获得了很大的成功。

---

① 欧文.自传[M]//欧文选集（第三卷）.马清槐，等译.北京：商务印书馆，1984：283.

欧文还指出，幼儿学校教师的训练是十分重要的，因为儿童自幼所接触的人应当先受到良好的教育，否则儿童在任何情况下都不可能得到正确的教养。他强调指出：幼儿学校的教师"如果能够持之以恒地热爱儿童，在开始担任这项工作前又受过适当的训练，……收到的成效肯定是惊人的"[①]。

欧文在纽兰纳克的社会改革和教育实验活动，曾在19世纪英国社会产生了很大的影响。在长期的教育实践基础上，他形成了自己的教育思想。尽管欧文的教育思想带有空想的性质，但实际上已包含了马克思主义教育理论的萌芽。作为英国幼儿学校的创始人，欧文所开办的纽兰纳克幼儿学校以及颇为丰富的幼儿教育思想，推动了19世纪上半期英国幼儿学校运动的兴起。

第二节
福禄培尔论幼儿教育

德国幼儿教育家福禄培尔（Friedrich Wilhelm August Frobel，1782—1852）把自己毕生的精力献给了幼儿教育事业。他出生于德国图林根地区奥伯魏斯巴赫村的一个牧师家庭。缺乏母爱的童年和对自然界的热爱，对福禄培尔以后幼儿园教育思想的形成具有很大的影响。1805年，没有完成大学学业的他到法兰克福模范学校任教，由此开始了自己的教育生涯。此后，福禄培尔深受裴斯泰洛齐教育思想的影响。他创办了世界上第一所幼儿园，构建了较完整的幼儿园教育体系，并倡导幼儿园运动。对于儿童早期教育来说，福禄培尔提出在"幼儿园"中对儿童进行教育是一个全新的概念。创办幼儿园是福禄培尔整个生涯中对儿童乃至人类的最大贡献。

---

① 欧文.自传[M]//欧文选集（第三卷）.马清槐，等译.北京：商务印书馆，1984：282.

一、世界上第一所幼儿园的诞生

1816 年，福禄培尔在施塔提尔的格利斯海姆创办了一所学校，称为"德国普通教养院"。次年，学校迁往鲁道尔施塔特的卡伊尔霍。后来，他以卡伊尔霍学校教育实践经验为基础写成了《人的教育》一书，于 1826 年正式发表。由于德国反动势力的压制和迫害，从 1831 年起，福禄培尔流亡瑞士，曾在布格多夫担任一所孤儿院的院长（1834—1835）。这使他积累了解决幼儿教育问题的经验，并决心把他的教育思想全面地运用于儿童早期教育工作。在此期间，他还阅读了夸美纽斯的幼儿教育著作《母育学校》，更有助于他的学前幼儿园教育思想的形成。

在近代教育家夸美纽斯和裴斯泰洛齐教育思想的影响下，福禄培尔在凯尔豪学校实践的基础上更深入地思考幼儿教育问题，并逐渐形成了为幼儿建立幼儿教育机构的想法。1836 年，他回到故乡，开始设计游戏材料。第二年，福禄培尔在凯尔豪附近的勃兰根堡为 3~6 岁的儿童开设了一个幼儿教育机构，旨在幼儿的本能发展和自我活动。然而，他一直未能为这个幼儿教育机构找到一个合适的名称，直到 1839 年夏天才为它想出"幼儿园"（Kindergarten）一词，并于 1840 年 6 月 28 日正式公布于世。这标志着世界上第一所幼儿园的诞生。在福禄培尔看来，幼儿园就是"儿童的花园"。在这个花园里，幼儿是生长中的"花草树木"，幼儿园教师就是精心照料花草树木的"园丁"，正是在"园丁"的照料下，"花草树木"才能生长得更好。世界上第一所幼儿园的诞生是世界幼儿教育发展史上的一个里程碑。

在第一所幼儿园里，所有儿童都充满着欢乐地进行游戏和作业活动。福禄培尔的助手米登多夫（W. Middendorf）曾在他的《幼儿园》一书中作了这样的描述："当所有儿童都来齐后，他们围成一个圆圈，轻轻地和高兴地运动，并唱着一首快乐的歌曲。……然后，他们坐到一个长桌子旁，四处寻找一些游戏的材料……在他们的要求下，教师给了他们一小盒积木，他们马上就专心致志地玩了起来。一个儿童用积木搭成了一个早餐桌子，另一个儿童用积木建成了一个壁炉,又一个儿童用积木搭成了一条牧羊狗……这样的活动继续着,每一个儿童都根据他个人的兴趣而进行活动。接下来是午餐。在这之外,儿童在户外排队并唱着一首进行曲。在那里,他们松土、拔草、播种以及给花园中的幼苗浇水,还相互进行交流。……在花园附近有一块吸引人的和适宜的游戏场地。儿童冲进这块场地,跳跃和摔跤,然后再集合在一起做游戏。先是扮演蜜蜂的游戏,蜜蜂正在花卉上盘旋;接着是扮演鸽子的游戏,鸽子正在空中飞翔。"[1]1844年,这所幼儿园迁往巴特利本施泰因的马林塔尔,福禄培尔本人在那里生活和工作到生命的最后时刻。

从一些近代教育家的著作中,人们可以找到有关幼儿教育机构的胚芽思想。应该说,这些胚芽思想对福禄培尔创办幼儿园这种幼儿教育机构产生了不可忽视的影响。因此,从福禄培尔创办的"幼儿园"机构中,人们也许可以隐约见到夸美纽斯提出的"母育学校"设想。此外,正是在瑞士布格多夫孤儿院期间,福禄培尔自己心里已初步形成了为幼儿建立幼儿教育机构的想法。尽管福禄培尔创办幼儿园时已50多岁了,但他和助手坚持不懈的努力,使得世界上第一所幼儿园引起了世人的关注,前往参观的社会人士和教师络绎不绝并留下了难忘的印象。

1843年,福禄培尔出版了幼儿教育专著《慈母曲及唱歌游戏集》,总结了他自己的幼儿园教育工作经验。由于福禄培尔本人开办幼儿教育讲习班和训练幼儿园的教师,加上德国一些社会人士和教育家的支持,一批新的幼儿园在德国许多城市建立起来,原来的幼儿学校等机构也按福禄培尔的幼儿教育体系进行了改组。福禄培尔1852年去世后,他有关幼儿教育的文章经他生前友人编辑于1861年出版,名为《幼儿园教育学》。

二、论教育的一般原理

在构建幼儿园教育理论体系的过程中,福禄培尔既受到了裴斯泰洛齐、卢

---

[1] Robert Downs. *Friedrich Froebel*. Boston: Twayne Publishers, 1978: 43–44.

梭、夸美纽斯的教育思想的影响，又受到了费希特、谢林、克劳泽的哲学思想的影响。这使得福禄培尔的幼儿园教育理论体系既强调了人的发展和教育适应自然的观点，又体现了万物有神论并带有宗教神秘主义的色彩。

1. 上帝是万物的统一体

在《人的教育》一书中，福禄培尔开宗明义写道："有一条永恒的法则在一切事物中存在着、作用着、主宰着。这条法则，无论在外部，即在自然中；或在内部，即在精神中；或在两者的结合中，即在生活中，都始终同样地明确与确定。……这条支配一切的法则必然以一个万能的、不言而喻的、富有生命的、自觉的因而是永恒的统一体为基础。……这个统一体就是上帝。"[1]在他看来，上帝是万物的统一体。与动物、植物一样，人也是上帝的创造物，应该服从于同一条发展规律，服从于一条永恒的法则。这一原理正是福禄培尔论述教育问题的出发点。

为了进一步阐述上帝的万物的统一体这一原理，福禄培尔又用"球体法则"来说明。他认为，包罗着从同一中心向各个方向扩散开来的一切东西的圆球，可以解释为无限性的象征，可以最清楚地象征一个统一体。他还认为，圆球就是统一中的多样性和多样中的统一性的表现，是无限多样性归结和导源到统一性的表现。因此，球体法则是自然事物的根本依据。在他看来，球体是最完善的形体，是作为自然中一切形态和形式的统一体表现出来的，也是在最一般意义上说的最初的和最终的自然形式。

2. 教育必须适应自然

福禄培尔认为，对于人来说，重视自然和观察自然是十分重要的。人作为宇宙万物的一部分，具有与宇宙万物一样的发展进程和规律，服从于同一条法则。人的力量、天赋及其发展方向、四肢和感官的活动，是按照它们本身在儿童身上出现的必然的次序发展的。从儿童刚诞生起，就必须按照儿童的本性去理解他们和正确对待他们，让他们自由地和全面地运用他们的能力，不能违反

---

[1] 福禄培尔.人的教育[M].孙祖复，译.北京：人民教育出版社，1991：1.

他们的本性而把成人的形式和使命强加于他们。因此，福禄培尔强调指出："一切专断的、指示性的、绝对的和干预的训练、教育和教学必然地起着毁灭的、阻碍的、破坏的作用。"[1]他以园丁修剪葡萄藤为例，指出在葡萄藤确实应当修剪时，如果园丁在修剪中不是十分耐心地、小心地顺应葡萄树本性的话，不管园丁出自多么良好的意图，葡萄藤都可能由于修剪而被彻底毁灭，至少它的肥力和结果的能力被破坏。

福禄培尔还认为，尽管在每一个人身上包含着并体现着整个人性，但它在每个人身上是以完全固有的、特殊的、个人的、独一无二的方式得到表现和塑造的。因此，从儿童刚诞生起，就必须重视儿童的个性及个性发展，而不能把他们当作一个模拟出来的、没有个性差异的复制品，当作某一先辈模样的铸件。

3. 人是不断发展的

福禄培尔认为，宇宙万物都是不断发展的，作为宇宙万物中一部分的人在其生命过程中也是不断发展的，总是从一个发展阶段趋向于另一个发展阶段，最后趋向于永恒的、最终的目的，即展现上帝精神。他强调指出："人和人身上的人性应当被看作外表的现象，不能看作一种已经充分发展的、完全形成的，一种已固定、静止的东西，而应当看作一种经久不断地成长着、发展着的，永远是活生生的东西，永远朝着以无限性和永恒性为基础的目标，从发展和训练的一个阶段向另一个阶段前进的东西。"[2]

因此，人诞生后就是不断发展的。在人身上具有天赋本能，这使得人具有了不断发展的可能性。福禄培尔把人看作是花园里的种子，不断发展着自己的天性，充分发挥着自己的潜能。他认为，每个人诞生时就具有四种本能：（1）活动的本能。这是上帝精神在人身体内部的表现。它起初表现为单纯的模仿活动，后来便表现为富于创造的活动。（2）认识的本能。这是潜藏在人身体内部的认识和展现万物的上帝精神的能力。（3）艺术的本能。这是发展的人对

---

[1] 福禄培尔.人的教育[M].孙祖复，译.北京：人民教育出版社，1991：6.
[2] 同[1]：12.

万事万物的艺术形象的能力。（4）宗教的本能。这是人的发展的最终目的的表现。人的发展过程就是在上述四种本能的基础上实现内部和外部的统一，即变内部为外部、变外部为内部的过程。

福禄培尔把儿童的发展划分成三个时期：（1）婴儿期，主要是养护时期。它也可以称为"吸吮"的时期。婴儿发展外部器官，从外界吸收和接受多种多样的东西；他们的感官和四肢是最初的活动，也是最初的求知欲。对于人来说，第一个发展阶段对于他的现在和将来都具有无法描写的重要意义。（2）幼儿期，主要是生活时期。幼儿运用他的身体、感官和四肢，开始自动地向外表现内在本质，使得内部的东西变为外部的东西。在这一阶段，真正的人的教育便开始了，游戏和说话成为儿童生活的要素。（3）少年期，主要是学习时期。儿童开始为了创造物而活动，为了成果而生活，使得外部的东西变为内部的东西。因此，人进入了少年期，也就成了一个小学生了。

从整体联系的观点出发，福禄培尔批评那种把人的各个发展阶段孤立起来的观点，强调人的各个发展阶段之间的连续性。他强调指出："人为了完成他的使命和实现他的天职而需要经历的发展和训练，乃是一个永久性地连续不断地前进地始终一贯地从一个阶段向另一个阶段上升的不可分割的整体。"[1] 如果把人不断前进的一系列发展的年岁划分明显的界限和造成截然的对立，从而完全忽视持续不断的进步、活生生的联系和生活的本质，那是十分有害的，起阻碍作用的，甚至会发生破坏作用。在福禄培尔看来，在人的整体发展过程中，前一个阶段总是为后一个阶段的发展打下基础，而后一个阶段总是前一个阶段发展的继续，各个发展阶段是紧密相连的，既不能忽视，更不能跳跃。

总之，只有在人的天性不受到干扰而自然地发展以及人的个性发展也受到重视的情况下，正确的、真正的人的教育和人的培育才能发展，才能开花结果，才能成熟。

---

[1] 福禄培尔.人的教育[M].孙祖复，译.北京：人民教育出版社，1991：62.

三、论幼儿园的作用和任务

在儿童的发展中，福禄培尔特别强调学前期的重要性。研究学前期的发展及教育，正是福禄培尔一生教育活动的主要方面。

1. 幼儿园的作用

在《人的教育》一书中，福禄培尔强调指出："人的整个未来生活，直到他将要离开人间的时刻，其根源全在于这一生命阶段，不管这未来的生活是纯洁的还是污浊的，是温和的还是粗暴的，是平静的还是充满风浪的，是勤劳的还是怠惰的，是功绩卓著的还是无所作为的，是迟钝而优柔寡断的还是敏锐而富有创造的，是麻木不仁、畏首畏尾的还是富有远见的，是建设性的还是破坏性的，是和睦待人的还是生性好斗的，是惹是生非的还是给人以安宁的。他将来对父亲和母亲、家庭和兄弟姊妹的关系，对社会和人类、自然和上帝的关系，按照儿童固有的和天然的禀赋，主要取决于他在这一年龄阶段的生活方式。"他又指出："假如儿童在这一年龄阶段遭到损害，假如存在于他身上的未来生命之树的胚芽遭到损害，那么他必须付出最大的艰辛和最大的努力才能成为强健的人，必须克服最大的困难在其朝着这一方向发展和训练的道路上避免这种损害所造成的畸形。"[①]正因为福禄培尔认识到幼儿期是人的一生发展中一个极其重要的阶段，所以，他创立了"幼儿园"这种幼儿教育机构。

与裴斯泰洛齐、夸美纽斯一样，福禄培尔认为家庭和父母在幼儿教育中占有很重要的地位，家庭生活对于儿童发展的每一个阶段乃至人的整个一生是无比重要的。但是，他又认为，许多父母没有受过任何有关幼儿教育的指导和训练以及缺乏幼儿教育的知识，加上他们没有足够的时间和精力去教育自己的孩子。因此，幼儿园的创立就可以解决这个矛盾。

在福禄培尔生活的时代，由于资本主义生产的发展，许多妇女甚至年龄稍大一些的儿童都卷入了这个生产过程而无暇照顾和教育家庭中年幼的孩子。于

---

① 福禄培尔.人的教育[M].孙祖复，译.北京：人民教育出版社，1991：34.

是，名称不一的幼儿教育机构，例如，幼儿学校、看护学校等也应运而生。这是一种时代的需要。从客观上来看，福禄培尔创立的幼儿园也正反映了这种时代的需要。

2. 幼儿园的任务

福禄培尔强调指出，他创立的幼儿园与以前已存在的幼儿学校一类的幼儿教育机构是不同的。他说："称之为'幼儿园'与通常称为'幼儿学校'的类似机构是不相同的。它并不是一所学校，在其中的儿童不是受教育者，而是发展者。"[1]因此，在福禄培尔的幼儿园里，其基本思想是帮助幼儿自我表现并由此得到发展。幼儿园教师使幼儿参加与其天性相适应的活动，带领他们到花园、树林里做游戏活动，增强他们的体质，在活动中引导他们进行观察，训练他们的感官，发展他们的活动和创造能力。在幼儿园里，必须拥有一个供游戏用的宽敞而明亮的大房间，并与一个花园相连。只要天气许可，幼儿就应在花园里进行各种有益于身心健康的活动，例如，游戏、体操练习等。正如美国教育学者白恩斯（H. W. Burns）和白劳纳（C. J. Brauner）所指出的："在一定的时期中，教育是儿童兴趣与能力的自然开展，正如花卉一般，在一定时期内展开并且显露出它的色彩。……儿童和花卉没有教师或园丁一样要生长，但是这两者有了人照料就生长得更好。正如园丁帮助花卉，使它在开花时把所有的美丽颜色都开放出来；同样，教师帮助儿童实现神所给予他的一切能力。福禄培尔深受这个类比的触动，把他的学校称为'儿童的花园'（幼儿园）。他把儿童放在生长发芽的种子的地位上，把教师放在细心的有知识的园丁的地位上。"[2]

1843年，福禄培尔在他自己所写的《关于德意志幼儿园的报告书》中明确指出："幼儿园收容学龄前3~6岁的儿童，以家庭的方法主张儿童的身体发育与精神上诸能力的发展，养成良好的习惯为目的。"[3]在他看来，幼儿园的具体任务是：通过直观的方法培养学前儿童，使他们参加各种必要的活动，发展他们

---

[1] H. Courthope Bowen. *Froebel and Education through Self*. New York: Seribner, 1897: 3.
[2] 白恩斯，白劳纳. 当代资产阶级教育哲学 [M]. 瞿菊农，译. 北京：人民教育出版社，1965：导言.
[3] 雷通群. 西洋教育通史 [M]. 上海：商务印书馆，1935：313.

的体格，锻炼他们的外部器官，使他们正确认识人和自然以及增长知识，并在游戏、娱乐和天真活泼的活动中，作好升入小学的准备。

四、论"恩物"、游戏和作业

在福禄培尔构建的幼儿园教育体系中，"恩物"、游戏和作业是最引人注目的和最新颖的三个方面。

1. "恩物"

为了更好地引导幼儿认识自然、扩大知识和发展能力，福禄培尔在幼儿园教育实践中创制了一套供他们使用的活动玩具。这套活动玩具适合幼儿教育的要求，仿照大自然的性质、形状和法则，体现了从简单到复杂、从统一到多样的原则，作为幼儿认识万物的初步手段。它们是与儿童天性的发展相适应的。福禄培尔把这套活动玩具称为"恩物"（gifts），意指它们是上帝的恩赐。在他看来，通过"恩物"的使用，可以帮助幼儿由简到繁、由易到难和循序渐进地认识自然以及自然界的万物统一于上帝精神。从1835年到1850年，福禄培尔共花费了15年时间去构想、发展和完善他的"恩物"。这些恩物也许是世界上最早的、精心设计的教具。

从上帝是万物的统一体的原理以及球体法则出发，福禄培尔创制的这套"恩物"的基本形状是圆球、立方体和圆柱体。他认为，圆球是上帝力量最本质的表现，是万物统一体的象征。它可以向任何方向滚动，既没有起点也没有终点，是运动无限的象征。立方体具有三维性。它同时有6个面、8个角、12条边，表现出多种多样的几何图形。圆柱体是圆球与立方体的联结。通过这三种最基本的物体形态及其变化，体现了统一性与多样性的结合。

具体来说，福禄培尔所创制的"恩物"主要有6种：

第一种恩物是6个用不同颜色的绒毛做成的柔软圆球。圆球的颜色包括红、黄、蓝、绿、紫、白。圆球代表球状的太阳、月亮、地球等。每个圆球上系着一根细线，可以提着做各种动作。通过圆球的不同方向的运动，能使幼儿形成

"去—来""上—下""左—右""前—后""转过去—绕过来"等空间概念。通过不同颜色的圆球的比较，能发展幼儿辨别颜色的能力。通过玩球，不仅能训练幼儿的四肢和感觉，而且能使他们模仿母亲会各种发音和理解词的含义。福禄培尔认为，圆球最适宜于幼儿，因为他们容易抓握；但最重要的还是，圆球体现了上帝精神的统一，是运动和变化无限的象征。

第二种恩物是木制的圆球、立方体和圆柱体。它们的直径和高度是一样的。福禄培尔认为，圆球是运动的象征；立方体是静止的象征；圆柱体是球体和立方体两种形态的结合，它竖立时是静止的，卧倒时是运动的。这三者构成了宇宙中的万物。用各种方法使圆球、立方体和圆柱体摇摆、滚动、平衡等，就能展现它们的各种特性。借助于这一恩物，能使幼儿辨别三种物体的异同，并认识物体的各种形状和各种几何图形。

第三种恩物是一个可以分成8个相同的小立方体的木制大立方体。通过它们的组合和分割，能使幼儿认识部分与整体以及部分与部分之间的关系；同时能激发幼儿的建造能力，利用8个小立方体构成宇宙中万物的形状，例如桌子、椅子、桥、塔等。

第四种恩物是一个可以分成8个相同的小长方体的木制大立方体。通过它们的组合和分割，能使幼儿认识长方体与立方体的异同；同时能使幼儿获得长、宽、高的观念；还能激发幼儿的建造能力。

第五种恩物是一个可以分成21个相同的小立方体、6个相同的大三角体和12个相同的小三角体的木制大立方体。通过它们的组合和分割，能使幼儿认识正方体、长方体和三角形的异同，以及不同角度的变化。

第六种恩物是一个可以分成18个相同的小长方体、6个相同的小方柱体和12个相同的小四角体的木制大立方体。借助于这一种恩物，可以使幼儿获得更多的练习机会训练他们的建造能力，进一步发展他们的组合能力和想象力。

在福禄培尔看来，真正的"恩物"应当能使幼儿理解他周围的客观世界和表达他对于这个客观世界的认识；应当能表现各种恩物之间的联系；应当表现部分与部分之间的联系；应当表现整体与部分之间的关系。

尽管福禄培尔力图使恩物体现上帝是万物的统一体的思想，但他所创制的恩物客观上有助于扩大幼儿的知识，发展他们的创造力和想象力，从而在欧洲各国得到了广泛的流行。

在以后的福禄培尔运动中，福禄培尔主义者把福禄培尔创制的恩物扩大为20种，并分成游戏恩物（第1—10种）和作业恩物（第11—20种）两类。在福禄培尔主义者看来，游戏恩物是幼儿游戏的用具，除前述的6种恩物外，又增加了表现面、线、环、点的4种恩物；作业恩物是幼儿作业的材料，包括刺纸、墙纸、画点、剪纸、贴纸、编纸、组纸、折纸、豆细工和粘土细工等10种。实际上，这已不符合福禄培尔创制"恩物"的原意。

2. 游戏

从儿童的能力特别是创造能力的发展出发，福禄培尔强调游戏与作业在幼儿园教育中的地位和作用，并对游戏与作业进行了颇有价值的论述。特别是他重新发现了游戏的教育价值，指出游戏与儿童生命有关。因此，美国教育家哈里斯（W. T. Haris）指出："幼儿园的伟大之处在于半自发的游戏。在1872年和1873年间，福禄培尔发现了游戏的价值，选择当时最聪明的游戏。"[1] 随着福禄培尔幼儿园运动的发展，游戏的基本价值实际上自柏拉图以来第一次被人们承认。

福禄培尔认为，随着幼儿期的到来，儿童进一步运用他们的身体、感官和四肢，并力求寻找内部和外部两者的统一。这一点特别应当通过游戏来实现。因此，游戏就是幼儿期儿童生活的一个要素。他强调说："游戏是人在这一阶段上最纯洁的精神产物，同时是人的整个生活、人和一切事物内部隐藏着的自然生活的样品和复制品。所以，游戏给人以快乐、自由、满足，内部和外部的平静，同周围世界的和平相处。"[2] 在福禄培尔看来，游戏既是儿童内在本质的自发表现，又是内在本质出于其本身的必要性和需要的向外表现。可以说，游戏是儿童内部需要和冲动的表现。游戏作为儿童最独特的自发活动，成为幼儿教育

---

[1] 杜威. 与早期教育有关的游戏和想象力[M]// 杜威全集·中期著作第一卷. 刘时工，白玉国，译. 上海：华东师范大学出版社，2012：243.

[2] 福禄培尔. 人的教育[M]. 孙祖复，译. 北京：人民教育出版社，1991：33.

过程的基础。一个游戏着的儿童，一个全神贯注地沉醉于游戏中的儿童，正是幼儿期儿童生活最美好的表现。在某种意义上，幼儿园无疑是幼儿游戏的乐园。

对于幼儿期的发展来说，游戏绝不是无关紧要的小事，而是具有极其重要的意义。福禄培尔认为，通过游戏，幼儿第一次给他们自己描绘了世界。所以，游戏直接影响着儿童的生活和教育。他指出："这一年龄阶段的各种游戏是整个未来生活的胚芽，因为整个人的最纯洁的素质和最内在的思想就是在游戏中得到发展和表现的。"[1] 正因为如此，福禄培尔在《人的教育》一书中恳切地呼吁：母亲啊，培养和哺育儿童的游戏！父亲啊，保护和关心儿童的游戏！[2] 但是，福禄培尔强调指出，游戏应当适合于儿童的体力和智力，并使他们认识周围的自然和社会生活。

当儿童从幼儿期进入少年期后，他们仍需要游戏。福禄培尔认为，儿童通过充分地享受他亲自经历的生动活泼的游戏得到满足。但是，这一时期游戏的目的与前一时期已有所不同。"如果说前一时期，即幼儿期，游戏的目的仅在于活动本身，那么现在游戏的目的却始终是一种特定的有意识的目的，就是说，现在游戏的目的就是表现。"[3]

福禄培尔强调集体性的游戏在幼儿园教育中的重要性。他认为，许多最有趣味的游戏，只有在集体性的游戏中才可能进行。它能使幼儿学会尊重别人，通过集体的游戏获得愉快，从而培育幼儿之间友爱和信赖的感情。

在幼儿的游戏中，福禄培尔十分注意象征主义对幼儿发展的作用，例如，一根小棍被想象成一匹马等。在他看来，这是儿童想象世界的途径。他甚至在幼儿园的房间地板上画上一个象征统一性的圆圈，每天早晨幼儿们脚踏圆圈，手拉着手，排成一圈祈祷和唱歌，以此象征集体的统一性。

福禄培尔把游戏分成三类：（1）身体的游戏。它主要是为了锻炼幼儿的身体。这是幼儿对自然界和周围生活中所观察到的动作的模仿。既可以作为力量和灵活性的练习，也可以是内在的生活勇气和生活乐趣的表达。（2）感官的游

---

[1] 福禄培尔.人的教育[M].孙祖复,译.北京：人民教育出版社,1991:34.
[2] 同[1]:34.
[3] 同[1]:72.

戏。它既可以是听觉的练习，例如捉迷藏等，也可以是视觉的练习，例如辨别色彩的游戏等。（3）精神的游戏。它主要是为了训练幼儿的思考与判断。

福禄培尔强调指出，在幼儿园中，游戏能够最大限度地发展幼儿的活动本能以及自我活动能力、想象力和创造力，并成为他们理解自然和社会生活的桥梁。他还指出，所有的游戏组成了一个相互联系的和前后连贯的体系，从单一的、简单的活动开始，逐渐发展到多样的、复杂的活动。每一种游戏都能使儿童从中受到教育，并作为个体和人类社会的一个成员得以成长和发展。无疑地，这些游戏涵盖了感觉教育的整个领域，从建立空间关系开始，进而发展为语言和思维的训练，并培养了合作的社会意识，从而为幼儿以后的教育打下基础。

正因为游戏对幼儿的发展是如此的重要，所以，福禄培尔提出，每一个村镇都应当为幼儿设立公共游戏场。他认为，公共游戏场将对整个社区的生活产生极大的作用，既丰富和充实孩子的生活，又培养他们共同的社会意识和感情，并激发和培养他们的公民和道德的品质。因此，福禄培尔指出："不管谁，如果想呼吸一下令人振奋精神的新鲜的生命气息，都得参观一下这些孩子的游戏场所。"[1]

因此，在福禄培尔幼儿园中，游戏的重要性是其教育方法的基本原则。正如美国教育家杜威所指出的："柏拉图最先在教育中发现游戏的重要性，与福禄培尔对游戏重要性的再次发现，构成了教育方法的基本原则。"[2]

3. 作业

福禄培尔认为，作业就是给幼儿设计的各种活动。在作业活动中，他们使用某些材料，例如纸、沙、泥土、竹、木、铅笔、颜色盒、剪刀、浆糊等，制作某种物体。通过这些作业活动，幼儿得以完善地发展。

作业与恩物的关系是否密切？从某种意义上说，作业是恩物的发展。它要求幼儿将恩物运用于实践。与恩物中的立体相对应的作业活动有捏泥型、纸板和木刻等；与恩物中的平面相对应的作业活动有剪纸、刺孔、串珠、图片上色

---

[1] 福禄培尔. 人的教育 [M]. 孙祖复, 译. 北京：人民教育出版社，1991：73.
[2] 杜威. 教育百科全书·游戏 [M]// 杜威全集·中期著作第七卷. 刘娟, 译. 上海：华东师范大学出版社，2012：238.

和绘画等。因此，福禄培尔指出，幼儿只有掌握了恩物的使用之后，才能开始进行作业活动。尽管作业和恩物是紧密联系的，但两者又有明显的区别，其表现在：恩物在先，作业继后；恩物的主要作用在于吸收或接受，作业的主要作用在于表现或建造。

作业活动是幼儿的体力、智力和道德和谐发展的一个主要方法。通过各种形式的作业活动，可以对幼儿进行初步的教育。在作业活动中，幼儿可以更深刻地认识事物和表现自我，表现他们的天性以及发自内心的创造性冲动。福禄培尔制定了一套详细的幼儿园作业大纲，要求幼儿的作业活动严格遵循由易到难、由简到繁的原则。例如，绘画这个作业活动应当从画点开始，然后是画横线和竖线的组合，最后才是画一些物体。在他看来，这种作业活动对儿童来说是有趣的、愉快的，起培养作用和有教育意义的。但是，福禄培尔对作业活动规定的顺序有时过于死板而表现出形式主义。

除了使用恩物进行的作业活动外，福禄培尔还认为，幼儿也能参加一些简单的劳动活动，例如照料花草、初步的自我服务等。他强调指出："通过劳动和在劳动中学习、通过生活和从生活中学习要比任何方式的学更深入和更容易理解，……其取得的成效要比任何方式的学习更能生动活泼地向前发展。"[1]

福禄培尔最后认为，在作业活动中，教师应当对幼儿及时进行指导和帮助，培养幼儿集中注意力和认真制作的习惯，促使幼儿的表现和创造能力的发展。

五、论语言、绘画、唱歌、读写和计数

在福禄培尔构建的幼儿园教育体系中，还包括语言、绘画、唱歌、读写和计数等。

1. 语言

福禄培尔认为，对于儿童的发展和教育来说，语言也是一个重要的方面。正因为如此，语言训练就成为了福禄培尔幼儿园教育体系中的一个不可缺少

---

[1] 福禄培尔.人的教育[M].孙祖复，译.北京：人民教育出版社，1991：24.

的部分。

随着儿童的发展,他们的语言也得到了发展。由婴儿期进入幼儿期的突出特点之一就是语言的出现。语言就是对人的整个内外世界的描摹,语言本身的作用在于把内部的东西向外表现出来,因此,语言就是通过外化了的东西自动地向外说明和表现自己内在的东西。所以,福禄培尔强调指出:"游戏和说话是儿童这时生活的要素,因此,处在人的这一发展阶段上的儿童,视每一个事物是有生命、感情和言语能力的,并相信每一个事物都在听他说话。"[1] 在他看来,在幼儿期,外部世界的对象同言语发生了极其密切的联系,然后又通过言语同人发生了密切的联系,因此,幼儿期这个阶段是发展人的语言能力的主要阶段。儿童在这个时期十分容易地把感觉、语言和观念结合起来,会学习用恰当的名称和词汇去表达他们所看到的每一个事物。

在游戏和作业活动中,幼儿往往会有很想多说话的表现。他们把每一个事物都看成是有生命、感情和语言能力的,同时又相信每一个事物都在听他说话。说话也是幼儿期儿童生活的一个要素。这是儿童需要把自己的内在本质向外表现,想用说话来表达他们所发现的许多美好的事物。福禄培尔指出:"通过游戏,儿童逐渐地听到语言中所有的元音;而且,整个语言可以在游戏中加以运用。"[2] 所以,在他看来,从幼儿期开始,教师就应该注意对儿童进行语言训练,例如,一些简单的游戏可以通过运用不同的语调和词语(诸如"那里,这里""上,下""近了,远了""向右绕,向左绕"等)而进行许多变化,特别要重视正确地发音以及正确地描述。为了使儿童"清楚、正确、纯正地描述一切","就极其需要把他周围的一切东西正确地、清楚地、纯正地展示在他的面前,使他能够正确地、清楚地、纯正地看到并认识这一切"。[3] 当儿童在观察外界事物时,应该要求他们说出所观察到的事物的名称。对这一时期的儿童来说,每一个事物或对象似乎只有通过言语才会存在,似乎只有言语本身才会创造事物或对象。在儿童的一切行动中,他们的行动不可避免地与一定的言语联系起

---

[1] 福禄培尔. 人的教育 [M]. 孙祖复,译. 北京:人民教育出版社,1991: 32-33.
[2] Friedrich Froebel. *Pedagogics of the Kindergarten*. New York: D. Appletonard Company, 1895: 60.
[3] 同[1]: 32.

来,并通过言语来说明他们的行动。正因为如此,福禄培尔强调指出:"孩子从渴望知识的心灵出发会接二连三地提出问题:怎么?为什么?用什么办法?什么时候?什么原因?什么目的?每一个稍能满足孩子的答案,会给孩子开拓一个新的世界。在这方面,语言对他来说处处起着媒介作用,因而它具有独立的性质。"①

在语言训练中,教师可以借助于格言、诗歌、寓言、童话、歌曲等。因为这不仅能使儿童学习语言,而且能使儿童获得很大的乐趣。正如福禄培尔所指出的:"凡是儿童心灵里模糊地预感到的东西,凡是使他的内心充满欢乐和愉快、力量和青春的感觉的东西,他都希望用语言表达出来,但是他感到自己尚未具备这种能力。他寻找着表达的言语,由于他不能在自身中找到这种言语,于是,当他在自己以外通过格言,特别是通过诗歌来找到这种言语时,便感到内心的高兴。"②

虽然儿童的语言在幼儿期得到了发展,但对他们来说,语言和语言符号同要描述的事物或对象是一体的,也就是说,他们还不能把词语与事物或对象分开。当词语与事物或对象分离开来时,福禄培尔认为,人也就由幼儿期进入了少年期。

2. 绘画

福禄培尔认为,儿童在他的发展过程中会表现出对绘画的爱好。这种绘画能力是天生的。早在《人的教育》一书中,他就明确指出:"儿童爱好绘画,甚至对绘画有一种迫切的欲望。"③也就是说,在人的发展早期(幼儿期),儿童已有通过绘画和颜色把自己内心世界表现出来的欲望。后来,他在《幼儿发展中的教育》一书中又就儿童对绘画的爱好问题进行了专门的论述。

对于真正健康的儿童来说,他总是表现得很活跃,喜欢观察他周围环境中那些拥有生命的事物;他总是会利用自己的能力,努力去把这些事物的形状描

---

① 福禄培尔. 人的教育 [M]. 孙祖复, 译. 北京: 人民教育出版社, 1991: 66.
② 同①: 76.
③ 同①: 48.

绘下来。因此，"那些围在儿童身边的人必须通过促进和培养他绘画的能力，满足儿童的这种努力和冲动以及他的活动"[1]。在福禄培尔看来，促进和培养儿童绘画能力的做法，犹如给正在萌芽的种子提供温湿的土壤、给含苞待放的花朵提供明亮的阳光一样。正是通过绘画的方式，儿童的表现冲动和创造力得到了发展，只要有材料和机会，他就会尝试去描述、构建和创造。绘画对儿童具有如此巨大的吸引力，因为它是潜藏在儿童身上的创造力的表现，而且是一种比较容易的表现。作为一种表达内在自我的方式，绘画使儿童得到全面的满足。通过绘画这种艺术形式，儿童证明他自己是一种具有创造力的生物。

正因为如此，福禄培尔强调指出，发展绘画能力是儿童教育的最基本的内容之一，也是真正的人的训练的一个必要部分。在儿童的早期教育中，幼儿园教师应该重视绘画，认识到绘画是儿童创造力的一种全面体现。通过绘画，儿童只要使用最少的材料和花费最小的体力，就能最容易和最迅速地描绘他自己想要创造的物体。在福禄培尔看来，为了发展儿童的绘画能力，必须对他的身体、四肢和感官进行令人满意的训练，同时必须训练他的观察力、注意力和想象力。

福禄培尔认为，发展儿童的绘画能力开始于画线。通过画线的练习，发展和培养儿童的创造性绘画的冲动和能力也就开始了。于是，线条首先成为了绘画的内容，画这些线条成为了引导儿童绘画的目的。在福禄培尔看来，正是"通过对线条的理解和表现，一个崭新的世界展现在这个不久将成为少年的幼儿面前；他不仅把外部世界缩小，使他的眼睛和感官更易于理解它；他不仅能把作为回忆或新的联系存在于自己意识中的东西向外表现出来，而且能够把一个崭新的无形的世界，即各种力量的世界直到最细微的根毛发掘出来。"[2]当然，儿童最后可以在幼儿园教师的指导下根据他自己的想象力自由地绘画。

福禄培尔还认为，绘画与语言两者之间存在着不可分割的联系。它们既是互补的，又是对立的。在他看来，"言语和画图常常需要相互说明和相互补充，

---

[1] Friedrich Froebel. *Education by Development*. New York: D. Appleton and Company, 1903: 66.
[2] 福禄培尔. 人的教育[M]. 孙祖复, 译. 北京: 人民教育出版社, 1991: 46.

因为其中的任何一方对所要描写的事物都不可能是详尽的、充分的。图画本来是介于言语和事物之间的，具有同言语和事物共同的特征。……言语与图画在本质上又是截然对立的，因为图画是静的，而言语却是活的。图画是看得见的东西，而言语是听得见的东西"①。因此，在儿童绘画的过程中，幼儿园教师应该注意将绘画和解释性的言词联系起来。

总之，在绘画的过程中，儿童往往能超常地表现他的创造力，因而能非常清楚地画出他想表达的东西。也正是在绘画的过程中，儿童同时认识了他自己。因此，对于儿童早期的发展和教育来说，绘画是一个重要的手段。因为"正是在这种培养儿童的创造性绘画中，包含着幼儿园的本质特性。"②

3. 唱歌

在儿童早期的发展和教育中，福禄培尔也很重视唱歌。因为在他看来，尽早培养儿童唱歌的能力，也就为他提供了极其珍贵的财富。他亲自编撰的《母亲：游戏与儿歌》一书，列出了50首伴随游戏的歌曲，由母亲在游戏时唱给孩子听，就是一个例证。尽管其中的儿歌还比较粗糙，但是，这些歌曲用它的箴言把儿童自己和对外部世界的感觉联系起来。通过唱这些儿歌，儿童不仅认识了外部世界，而且也使自己得到了喜悦、愉快和欢笑。

福禄培尔认为，在唱歌的过程中，儿童耳朵的听力和唱歌的器官得到了发展，通过言语和声音表达的感觉也变得敏锐起来。特别是，通过唱歌，儿童培养了关心他人以及协调多方面生活的品质。因此，儿童都愿意跟随幼儿园教师和儿童保育员学唱歌。

在福禄培尔的幼儿园中，唱歌与游戏活动、绘画等是密切相连的。游戏活动都伴随着歌曲，甚至绘画时也配有歌曲。在某种意义上，歌曲成为了游戏活动和绘画的一部分。福禄培尔曾这样说："箴言和歌谣的作用是不言而喻的，因为它们很清楚地表明了游戏的精神。"③儿童可以一面进行游戏活动或绘画，一面

---

① 福禄培尔. 人的教育 [M]. 孙祖复，译. 北京：人民教育出版社，1991：48.
② Friedrich Froebel. *Education by Development*. New York: D.Appleton and Company, 1903: 88.
③ Friedrich Froebel. *Mother - Play and Nursery Songs*. Boston: Lee and Shepard Publishers, 1894: 188.

唱着熟悉的和相应的歌曲。

4. 读写

在《幼儿园教育学》的最后一章"琳娜是怎样学习读写的"中，福禄培尔通过对一个6岁儿童学习阅读和书写的事例的描述，阐述了他对幼儿读写教学的观点。

福禄培尔认为，通过游戏和作业活动，幼儿已经具备了一些良好的素质，例如，喜欢活动，能非常熟练地运用四肢，能对问题进行思考等。由于幼儿对外界的事物特别是新事物充满好奇，因此，他们一旦发现读写的乐趣，就会产生一种强烈的学习愿望。但是，此时他们的读写教学主要由父母负责并在自己的家庭中进行。应该说，一种宽松而又温暖的家庭环境有助于幼儿的主动学习。但父母必须善于发现并积极激发幼儿对学习读写的兴趣，给他们提供学习的条件，并鼓励他们将学习的兴趣付诸实践。

在幼儿学习读写时，作为教育者的父母首先应该引导幼儿读出与其生活密切相关的单词，例如人的名字、物体的名称等。在读单词时，父母必须要求幼儿读音清楚和正确，并且与他们一起找出其中的开音节、闭音节。幼儿也可以运用实物，例如小木棒、小石块等，摆出单词的大写字母的形状，使他们自己获得清晰的感性认识，从而记住字母的形状及其写法。

通过一段时间的读写学习，幼儿将会渴望学习更多的单词。福禄培尔认为，此时父母应该启发幼儿学习生活中经常使用和易于练习的单词，例如亲戚的称呼等。当幼儿学习了一定数量的单词后，父母应该督促他们及时复习，以便加深理解并牢记住所学习的单词；同时应该鼓励幼儿从生活中学习单词，最后到阅读整本书。

当实物练习的方法已无法满足幼儿的学习兴趣时，父母应该允许他们先用石板然后用纸和笔进行书写。但是，父母首先应该教会幼儿握笔的正确姿势，然后再给他们提供运用已学会的单词的机会，例如给亲人写信等，从而激发他们更大的学习读写的兴趣和热情。他们甚至会去发现手写体字母和印刷体字母之间的细微差异及相似之处。

福禄培尔指出，在阅读书籍的过程中，幼儿会发现一些似曾相识的字母（小写字母），于是他们就会把小写字母和大写字母进行对比并发现其对应关系；同时，幼儿也会感受到还有许多新的内容需要学习。这时，父母应该抓住时机启发幼儿主动地探索由简单字母组合成复杂字母的规律。

在幼儿学习读写的过程中，父母应该善于变换学习的形式，或利用实物，或利用对话，或利用图画，使幼儿在学习中感到生动有趣而不会枯燥乏味；同时，应该让幼儿劳逸结合，在学习过程中允许他们与伙伴进行游戏；还有，应该遵循学以致用的原则，引导幼儿在生活中积极使用在读写中学习过的词语，既可以巩固已学的词语，又可以激起对新词语的学习兴趣。在福禄培尔看来，只有这样，才能使幼儿保持学习读写的兴趣并使得学习读写的过程持续进行下去。

5. 计数

福禄培尔认为，在儿童早期的发展和教育中，通过计数训练发展儿童的计数能力也是一个重要的方面。因为"通过对数的注意和认识，通过发展和训练儿童的计数能力，他的认识范围、他的生活的世界又扩大了。……他的内心的本质需要、他的精神的一定的向往得到了满足……关于量的关系的知识将使儿童的生活得到极大的提高"[①]。

但是，儿童的计数训练必须与他的日常生活和游戏活动联系起来。正是在日常生活和游戏活动中，儿童通过一定的归类和比较，渐渐有了数的概念，并对量的关系有了初步的认识。在儿童计数时，他可以用手指进行，并用词语（先是不确定的词语，然后是确定的数词）明确地和清楚地说出来。例如，从"一只苹果—又一只苹果—又一只苹果—再一只苹果—许多苹果"到"1只苹果—2只苹果—3只苹果"，从"一粒豆子—又一粒豆子—又一粒豆子—再一粒豆子—许多豆子"到"1粒豆子—2粒豆子—3粒豆子"，等等。

在计数训练中，福禄培尔特别强调指出，虽然数的概念和量的关系对儿

---

① 福禄培尔. 人的教育[M]. 孙祖复, 译. 北京: 人民教育出版社, 1991: 49.

来说是十分重要的，但绝不要把数词作为空洞的、毫无意义的声音说给他听，并让他机械地模仿着说。因此，更重要的是，应该使儿童通过数的观念来实现对直观和事实印象的抽象，并能初步认识数的多方面应用。

六、论幼儿园教师

福禄培尔在他的教育著作中还对幼儿园教师进行了很好的论述，具体表现在幼儿园教师的角色和培训两个方面。

1. 幼儿园教师的角色

福禄培尔认为，在幼儿园里，作为"园丁"角色的幼儿园教师具有十分重要的地位。因为在"儿童的花园"里，像幼苗的儿童如能得到园丁的悉心照料，就能更加健康和茁壮地成长起来。作为幼儿园教师来说，必须始终牢记儿童的发展过程与培育过程是一个整体，以及其发展过程正是从无限到有限、从一般到特殊、从统一到个别、从胚胎生命到组织生命、从整体到部分、从不可分的整体到由各部分组成的整体的发展。

尽管福禄培尔开始提出培训男士成为幼儿园教师，但他后来强调妇女才适合培训成为幼儿园教师和儿童保育员，那是因为妇女从其与儿童的密切关系以及妇女的天性等方面来看更适合于幼儿园教育工作。福禄培尔指出："很清楚，她们必须在那些对母亲和儿童所共同的事情上是有技能的，因为她们扮演了调解者的角色，所以，她们能够替代母亲去关心和教育她的孩子；她们必须能够亲自引导家庭主妇以母亲的关系去处理突发情况，同样能够替家庭主妇承担看管、照料和教育她的孩子的责任。"[1] 在福禄培尔看来，由于幼儿园教师和儿童保育员要替代母亲在家庭中的角色，因此，热爱儿童的妇女最适合担任幼儿园教师和儿童保育员。他甚至认为，任何国家的拯救必须依靠它的妇女，因为妇女是儿童教育的起点。他相信，有孩子的母亲能够最好地理解幼儿园的目的和理想。因为"母亲，母爱，母亲的整个本性和生命，以及她与孩子的内在结合是

---

[1] Jessie White. *The Educational Ideas of Friedrich Froebel*. London: University Tutorial Press, 1894: 13.

一种精心设计的人的教育的最重要的起点、最纯洁的源泉和最牢固的基础"①。正如美国教育学者海涅曼所指出的:"福禄培尔把妇女看成是人的真正的自然的教育者。"②

2. 幼儿园教师的培训

此外,福禄培尔还认为,由于在儿童生命的早期提供恰当的教育是十分重要的,因此,幼儿园的教师必须接受必要的教育培训。1839年4月,他在《全德意志新闻》上发表《关于幼儿园教师和保育员培训所的计划》,提出了建立幼儿园教师和保育员培训机构的设想,并把实现这一设想作为他毕生努力的方向。这个机构的目的是使遵循儿童天性和满足其发展需要的教育得以推广,并表明如何在家庭中实施这样的一种教育。同年6月,他就在德国开设了第一个幼儿园教师培训班,培训时间为26周。这种培训既包括理解所有儿童在身体(营养)和智力(教育)方面的要求,也包括对儿童各种爱好的观察,特别是引导儿童为学校教育作好初步的准备。由于当时条件的限制,福禄培尔事实上把幼儿园教师和保育员培训与幼儿园结合在一起。1847年11月16日,他在给阿恩斯瓦尔德大公爵的信中就写道:"这一事业的主要部分是为儿童提供具有良好环境的幼儿园。它将包括两个部分:首先是幼儿园本身……;其次是一所为了对儿童的保育员和教师进行实际培训的师范学校。"③在《为孤儿建立幼儿园的计划》中,福禄培尔也指出:"这个计划包括了以下三个独特的部分:(1)这个教育机构是为了供养和教育从出生至六七岁的孤儿。其目的是成为早期儿童教育的一个示范机构……(2)一所作为示范机构的幼儿园。它将按1840年建立的德国幼儿园模式进行管理。(3)一所为儿童保育员、助理教师以及幼儿园教师提供的师范学校。这三个部分将组成一个有机的整体,并将相互支持和帮助。"④

在福禄培尔看来,准备担任幼儿园教师和保育院的年轻妇女必须年满13岁(17~20岁是最佳年龄),身体健康且已发育成熟,最好接受过良好的学校教育;

---

① Friedrich Froebel. *Mother - Play and Nursery Songs*. Boston: Lee and Shepard Publishers, 1894: 192.
② Arnold H. Heineman. *Froebel Letters*. Boston: Lee and Shepard Publishers, 1893: Preface.
③ 同②: 77.
④ 同②: 77-78.

此外更重要的是，对儿童的热爱、与儿童交往的能力和对生活的恬静而快乐的态度。幼儿园教师和保育员训练的时间为6个月。其要求是："懂得孩子的本质和发展过程；提高尊重和热爱儿童的思想；熟悉孩子们生存的各种要求和熟悉掌握通过适当保育和教育去满足其需要的本领；引导他们在其工作范围内掌握自然知识和学会照看生命，并由此授予指导孩子和解决问题的能力。"[1] 总之，幼儿园教师和保育院必须去观察、分析、理解和研究儿童的生命及其发展。

福禄培尔还强调指出，让母亲们到幼儿园里来亲自研究一下幼儿园的体制，以便改进幼儿园教师的训练工作。他甚至呼吁每一社会阶层的年轻女性都来参与幼儿园研究，进行充分的自我教育，以便为将来教育自己的孩子作好充分的准备。在福禄培尔看来，没有母亲们的积极合作，幼儿就很难获得进步和发展。

为了给幼儿园的教师提供材料，福禄培尔出版了《每周新闻》报纸和《福禄培尔周刊》，刊载宣传幼儿园教育的重要性以及幼儿园教育理论和方法的文章。同时，他撰写了不少有关幼儿园教育的著作。

在福禄培尔生涯的后期，他把自己的全部时间和精力都奉献给了训练幼儿园教师和保育员的机构。从早到晚，他不知疲倦地授课和释义解难，还与学生们一起工作和游戏。经过多年的努力，到1851年时，福禄培尔已训练了许多幼儿园教师和保育员。这些受过训练的女青年和妇女，后来在德国各地乃至欧美其他国家开办幼儿园，传播幼儿园经验的理论和方法。

作为世界上第一所幼儿园的创立者，福禄培尔是近代幼儿教育理论的奠基人。尽管他的理论和实践带有宗教神秘主义和形式主义，但他推动了世界范围内的幼儿园运动的兴起和发展，而被世人誉为"幼儿园之父"。他的幼儿教育理论和实践对世界各国幼儿园的发展，以及幼儿教育理论体系的形成和发展产生了广泛的影响，促使全世界儿童的生活变得如此丰富多彩。现代进步性的幼儿园观念是从他的早期教育著作中发现灵感的。在20世纪初期，福禄培尔所制定的幼儿园教育体系是幼儿教育领域中最流行的。他创立的幼儿园作为一种幼儿教育机构的形式一直沿用到现在；他的幼儿园教育理论，至今对世界各国的幼

---

[1] 梅根悟.世界幼儿教育史（上册）[M].刘翠荣,梁忠义,等译.长春：吉林人民出版社,1986：234.

儿教育工作者仍具有启迪的作用。特别值得注意的是，福禄培尔在幼儿园创立和发展中的精神是十分重要的。正如美国教育家杜威所指出的："理解福禄培尔的精神很重要。没有这种精神，他就很难创立我们在《幼儿园教育学》论文集中看到的所有理论。"[①] 但是，杜威和对幼儿教育发展十分关注的美国教育家霍尔都提及，在幼儿园教育中需要进行一些改革。

第三节
凯果玛论幼儿教育

法国幼儿教育家凯果玛（Pauline Kergomard，1838—1925），原名波利娜·雷克卢斯（Pauline Reclus）。她出生于法国波尔多的一个初等学校视导员家庭。从私立师范学校毕业后，一直从事私人教学活动。1879年，教育部长费里（Jules Ferry）任命凯果玛为托儿所的视导员。在以后的20年里，凯果玛在重建法国的整个幼儿教育制度中产生了卓越的影响。她改善幼儿教育机构的设施，提倡新的幼儿教育原则，阐述新的幼儿教育理论。她曾是法兰西第三共和国托幼教育机构方案起草委员会以及母育学习委员会的负责人。凯果玛领导了19世纪80年代法国幼儿教育机构的改革，积极投身于母育学校运动，奠定了法国现代幼儿教育的基础。

一、论母育学校的性质和任务

根据法国的教育传统，幼儿教育机构历来属于慈善事业的一部分，18世纪中期始办于农村地区。其任务主要是在农忙季节收容和照管幼儿。从这个意

[①] 杜威. 与早期教育有关的游戏和想象力 [M]// 杜威全集·中期著作第一卷. 刘时工，白玉国，译. 上海：华东师范大学出版社，2012：243.

义上讲，它谈不上是真正的幼儿教育。从 19 世纪 20 年代起，城市里也开始建立了看管幼儿的教育机构，其名称叫"托儿所"。它仍是一种慈善事业。法兰西第三共和国成立后，设立了由凯果玛负责的托幼教育机构改革方案起草委员会。1881 年 6 月 16 日，该委员会决定将托儿所改造成母育学校（école maternelle），使它由慈善事业变成了国民教育体系中的一个组成部分。同年 8 月 2 日的政令第一条对"母育学校"下了这样的定义："母育学校是基础教育的设施，男女儿童在那里将共同接受体、德、智全面发展的教育。"

尽管基本法律已经通过，但旧的托儿所的气氛和传统仍支配了法国幼儿教育领域。因此，凯果玛强调指出，母育学校的设立就是为了改变这种旧的气氛和传统。将托儿所改名为"母育学校"正说明幼儿教育机构的目的是双重的，既是社会的，又是教育的。"社会的，意指解决母亲不能照顾自己的孩子这个社会问题；教育的，意指要像一个聪明而挚诚的母亲那样施行教育。"[1] 在凯果玛看来，母育学校的目的就是看护和教育幼儿。

凯果玛认为，母育学校并不是一所学校。由于生活应该是一切教育体系的基础，因此，母育学校的重要任务是使儿童了解外部世界，同时使儿童更好地完成从家庭生活到学校教育的过渡。当时，有些母育学校采取初等学校的做法，主任教师在大声地朗读该课本时，许多幼儿的眼睛看着她但毫无表情，一位比较年轻的教师监视着幼儿，要求他们集中注意力，针对这种情况，凯果玛严肃指出："几乎所有熟悉儿童的人都不会感兴趣于这种教育。因为这种教育已使母育学校变成了一所学校，具有了学校一切不合适的特征。"[2]

在凯果玛的大力提倡下，母育学校在法国发展得很快。根据 1887 年 1 月 18 日法国公共教育部的命令，要求在有 2000 个居民以上的市镇设立一所母育学校，在有 1200 个居民以下的城乡地区可以开办附设于初等学校的幼儿班。这种母育学校教育是免费的、自愿的、世俗的和男女混合的。市政当局有责任对所有母育学校的教师提供训练，并支付她们的工资。但这个命令明确规定"母育学校是初等教育机构"，同时又指出"母育学校不是通常所说的学校，它形成了从家

---

[1] 《六国教育概况》编写组. 六国教育概况 [M]. 北京：人民教育出版社，1979：184.
[2] Denison Deasey. *Education Under Six Years*. London: Croom Helm Publishers, 1978: 71.

庭生活到学校教育的过渡，在保持家庭生活的影响和温情的同时，又把儿童引向学校教育的工作和常规之中"。① 母育学校的这个特点至今在法国仍保持着。

二、论母育学校的基本原则

凯果玛认为，母育学校的基本原则主要是以下两条：

第一条，必须尊重儿童的个性和创造精神。凯果玛认为，母育学校的基本原则应该是遵循儿童的发展及其特点。任何否认和忽视儿童个性的教育形式都是错误的。因此，她强调指出："当我们交给儿童一个现成的事实去学习，并期望儿童去服从一种教育时，他是不能吸收这种教育的。实际上，我们正在干涉儿童在智力和道德上的自由。无论如何不应该使儿童服从这种教育。"②

第二条，尊重儿童的自由。凯果玛认为，在每一个家庭里，儿童具有较大的自由。因此，在幼儿教育机构里，在母育学校里，同样应该使儿童具有较大的自由。在她看来，母育学校应该是一个儿童具有自由的更大规模的家庭，由教养员（一大批幼儿的母亲）来管理。凯果玛激烈地反对守旧的传统纪律。她指出："在我们的母育学校里，教育的模式着眼于使儿童自己明确什么是好的行为和什么是错事。如果要我在纪律与没有秩序和喧闹之间作出选择的话，我宁愿选择没有秩序和喧闹，因为喧闹和没有秩序至少对我表明：儿童是真正地生活着！"③ 正因为如此，凯果玛拒绝了"福禄培尔式"的幼儿园，使它从未变成法国的幼儿教育模式。在她看来，"福禄培尔式"的幼儿园是依附于缺乏独创性地运用恩物的程序的。1890年，凯果玛在《幼儿教育》杂志上发表文章写道："一所福禄培尔式幼儿园并不真正是一所法国学校。"

三、论母育学校的教育内容和方法

凯果玛认为，母育学校应该成为男女儿童如同在家庭里生活和受到慈爱母

---

① Denison Deasey. *Education Under Six Years*. London: Croom Helm Publishers, 1978: 72.
② 同①: 68.
③ 同①: 66.

亲照顾的地方。她强调指出，在母育学校里，所有的儿童都要"受到同样的照顾，玩同样的游戏。简单地说，因为男孩和女孩在一起生活，所以他们的智能保持均衡，他们能得到更快的成长。男孩体力强壮，举动粗野，由于和女孩在一起，就会控制自己，变得有礼貌。女孩的气质比较腼腆、胆小，共同生活之后，就变得更勇敢。在那里，男孩的手指锻炼得越来越灵巧，女孩的身体锻炼得越来越矫健。对于母育学校来说，教育男女儿童并肩携手过着协调、整洁的生活是很重要的"①。进入母育学校的儿童为2~6岁，他们按年龄被分成两个组（2~4岁和5~6岁）；后来又被分成小（2~4岁）、中（4~5岁）、大（5~6岁）三个组。如果母育学校的儿童人数达到50人以上，那主任教师就应该配备助手予以帮助。

从幼儿教育机构要适应儿童身心发展的特点出发，凯果玛论述了母育学校的教育内容和方法。

1. 母育学校的教育内容

凯果玛认为，母育学校的教育内容主要包括以下四个方面：

第一，母育学校应该注意幼儿的清洁卫生和身体健康。1879年，法律规定开始实施儿童身体健康检查，但凯果玛发现没有一所教会办的托儿所是积极支持和重视儿童身体健康检查的。但是，经过凯果玛的提倡和建议，到1888年时，儿童身体健康检查已成为所有幼儿教育机构的必要措施，市政当局任命的医生每周到母育学校去巡视一次。与此同时，凯果玛认为，母育学校应该重视幼儿的体力活动。因为儿童的体力活动不仅能发展儿童双手的灵巧性，而且还能陶冶儿童的心灵。

第二，母育学校的"智力"课程应该由日常生活知识、唱歌、散步运动、讲故事、绘画以及观察和模仿、提问和回答等方面组成，而不应该是阅读、书写和计算。每节课的时间最多不超过20分钟。1889年，母育学校调查委员会提出报告说：过早的智力教育对儿童的健康和身体发展是一种"灾难性的影

---

① 梅根悟. 世界幼儿教育史（上册）[M]. 刘翠荣，梁忠义，等译. 长春：吉林人民出版社，1986：365.

响"。凯果玛同意和支持这种观点。在她看来，母育学校的"智力"课程应该培养儿童一定的注意力、技能、自信心和良好的品质。

第三，母育学校应该重视道德教育。凯果玛认为，道德教育在母育学校中是极其重要的，应该从母育学校的第一年就开始。它是建立在幼儿已有意识的基础上的。因为通过观察，凯果玛发现儿童早在具有说话能力之前就已有正确的知识和错误的知识。她要求母育学校的教养员应该使儿童养成初步的良好习惯，使他们相信世界上的一切美好事物都是劳动的结果，懒散是万恶之母。凯果玛还认为，道德教育可以通过有关家庭问题的问答和交谈，以及唱歌的方式来进行。

第四，母育学校应该禁止宗教教育。凯果玛坚决反对福禄培尔把基督教信念置于他的教育哲学的中心，反对对幼儿进行宗教教育。第一次视察母育学校时，凯果玛大吃一惊，因为她看到幼儿们在通过死记硬背和反复祈祷的方法背诵教义问答手册。后来通过凯果玛的努力，在母育学校里，爱国主义教育代替了原来流行的宗教教育，民族文化代替了原来每天都教的教义问答手册和圣经故事。尽管凯果玛的这种观点和做法受到了激烈的反对和批评，但她毫不动摇。

2. 母育学校的教育方法

凯果玛认为，母育学校应该有适合于幼儿发展和教育的必要设施。但是，原来托儿所的设施基本上是不适合幼儿的，例如，幼儿用的桌子太高，而且固定在地板上；缺少供幼儿休息的场所和小床，致使他们只能在肮脏的地板上打瞌睡；等等。因此，凯果玛指出，为了保证幼儿身心健康发展，必要的设施是不可缺少的。在凯果玛的提倡下，1887年1月18日法国公共教育部的命令列举了母育学校应该具备的设施条件，例如，母育学校要有独自的校舍，幼儿所使用的保育室和设施都要设在楼下，要有游艺室和带小庭院的游戏场，要有幼儿进餐和准备饭菜的厨房，要有供幼儿使用的厕所，要在正门口设有家长接待室，等等。

母育学校应该采用游戏和活动的方式。这表明，尽管在整个法国幼儿教育制度中没有采用"福禄培尔式"的幼儿园，但是，"福禄培尔式"的最好的特点都被吸收了。凯果玛认为，对游戏和活动的爱好是儿童的天性；游戏和活动在儿童的体力、智力和道德发展中具有巨大的作用。通过游戏和活动，使幼儿在身体、听觉和触觉方面得到训练。由于凯果玛的提倡，游戏的原理进入了法国的母育学校。她强调指出："一个忙碌的儿童几乎不需要看管和监视。"[1] 为了使幼儿更好地进行游戏和活动，凯果玛认为，应该使用任何儿童都能用来进行制作的东西，例如，泥土、沙、铲、小水桶、小手推车、抹布、碎木块、纸以及树叶等来代替课本和书写的石板等。

凯果玛在用一种新的精神指导母育学校的实践中，论述了具有新的原则的幼儿教育思想，推动了法国现代幼儿教育的发展。她比蒙台梭利、德可乐利和杜威更早提出颇有独创性的幼儿教育思想。凯果玛的母育学校教育实践和理论在法国得到了普遍的承认和理解，"母育学校"作为法国幼儿教育机构的名称一直沿用到现在。

第四节
霍尔论幼儿教育

美国心理学家、教育家霍尔（Granville Stanley Hall，1844—1924）出生于美国马萨诸塞州阿什菲尔德的一个农庄。大学毕业后，他曾两度赴德国学习，是现代实验心理学创始人、德国心理学家冯特（W. Wundt）的第一个美国学生。霍尔在约翰斯·霍普金大学任教时，在那里创建了美国第一个心理学实验室。后来，克拉克大学在霍尔的领导下成了当时美国儿童心理学和儿童研究的中心。他曾担任美国心理学会的第一任主席。他长期从事儿童心理和教育问题的研究。其论文《儿童心理的内容》是19世纪末20世纪初欧美儿童研究运动

---

[1] Denison Deasey. *Education Under Six Years*. London：Croom Helm Publishers, 1978：74.

的基石之一。作为儿童研究运动的创始人，霍尔被人们誉为"儿童研究之父"。他极大地推动了美国心理学和儿童研究运动的发展，特别是他的儿童教育观对后世西方幼儿教育产生了很大的影响。

一、论儿童发展与教育

霍尔是达尔文进化论的崇拜者和宣扬者。以进化论为主导思想，他研究发展心理学方面的问题、人类和动物的发展及适应和发展的关系问题，以及儿童心理发展的问题。

1. 人的心理发展和生理发展是平行的

霍尔认为，儿童心理的发展在任何时候都离不开生理的发展。人的心理发展和生理发展是平行的。在第一个生物细胞形成时，就有了心理行为的潜在可能。随着生活的高级形式出现，神经系统及时地发展了，心理生活也发展到了一个新的高度。在他看来，进化不仅表现在生理方面，而且也表现在心理方面。儿童的心理生活随生理的进化而进化。儿童的心理发展包括一系列的进化阶段。在进化的不同阶段，就出现了语言、艺术、意识、情感和心灵等。尽管霍尔的主要兴趣在儿童心理的进化方面，而不是在生理的进化方面，但他并没有把两者对立起来。

2. 儿童发展的复演说解释

由于霍尔接受的个体心理发展是种族进化历史复演的理论，因此，他用复演说来解释儿童的发展。霍尔强调指出，儿童的个体发展复演了种族的生活史。在他看来，婴儿最初的自发活动可以看作种族祖先的生活。个体发生和发展的过程，实际上就是种族发生和发展过程的重演。儿童从出生起，就重演着种族的变化和发展。儿童的心理生活和个人行为的一系列发展阶段，或多或少相当于种族从原始状态到文明社会的阶段。

由于复演说提出种族进化史上最早出现的活动在个体发展中最先表现出来，因此，霍尔认为，在儿童个体发展的早期（婴儿期和幼儿期），个体发展的动力主要是来自种族祖先的遗传。儿童个体在发展的过程中，接受了种族祖先在特定的生存环境中形成的适应外界环境的某种习惯。总之，儿童早期的个体发展几乎都是由遗传决定的。

3. 儿童的发展阶段

根据儿童身心发展，霍尔把儿童的发展过程分为四个时期：

（1）婴儿期（0~4岁）。在这一时期，儿童的身体和心理迅速发展。与此同时，儿童的感觉器官很活跃。

（2）幼儿期（4~8岁）。在这一时期，儿童的理解能力差，但通过感觉器官逐步加深对事物的认识。幻想和想象对儿童的心理发展起着极其重要的作用。霍尔强调指出，8岁以前的儿童复演了类人猿时期的生活方式，表现为动物的好动，思维推理能力处于休眠状态，大脑和智能的发展远远落后于肢体的发展。儿童的本能和冲动需要得到正确活动的保证，并为下一个发展阶段作准备。

（3）青少年期，或称青春前期（8~12岁）。儿童精力充沛，并处于性格形成时期。霍尔认为，在这一时期，儿童复演了后类人猿时期原始人的生活方式，表现为对外界刺激的敏感，多样化活动受意志和欲望所支配，理智、道德、信仰、情感等开始缓慢地发展。

（4）青春期（12~25岁）。在这一时期，随着社会影响的增加，儿童的思维和情感迅速地发展，复演的本能则大大减弱。霍尔认为，这一时期恰如人类历史中的现代文明时期。它是儿童个体的第二次生命的开始，也是真正的教育的开始。

霍尔强调指出，在儿童个体发展过程中的四个时期正代表了种族历史的不同阶段。儿童在发展过程中会表现出各种冲动。这些冲动是儿童未来高级发展的前奏；没有这些冲动，儿童未来高级发展就不可能实现。但是，霍尔认为，在这些原始冲动中，有些冲动本身是不良行为。只有让它们在儿童个体发展早期的适当时候发泄掉，儿童个体才能正常地发展。如果在儿童个体发展早期不让它们发泄掉，那就会阻碍和损害儿童个体的发展；如果使它们推迟到成年期才发泄出来，那就会给社会和个人带来危害。

4. 儿童教育必须遵循复演的顺序

根据复演说，霍尔认为，现代人是种系进化到目前为止的结果，又是种系进化过程中的过渡产物。由于任何一个阶段的发展都是对下一个阶段出现的正常刺激，那么，为了使未来人有一种更好的复演倾向，现代人需要通过教育不断趋于完善和提高。因此，霍尔强调教育必须遵循复演的顺序，适应儿童在不同的发展时期表现出的不同需要。教育应该使儿童发展过程中依次出现的各种活动本能充分地展现出来。一切有效的教育都必须以儿童的发展为基础。教育的艺术就在于深入地研究儿童，更好地引导儿童对自然产生兴趣。霍尔强调指出："应该确信，没有什么东西像发展中的儿童身心那样值得爱，值得尊崇，值得服务。"[1]

在儿童教育上，霍尔指出，儿童的发展和品性的形成与肌肉的协调有着密切的关系，因此强调活动在儿童发展和教育中的重要地位。他反对当时在美国学校教育领域里占统治地位的主知主义教育，指出主知主义教育超越了儿童的成熟程度，不符合儿童的发展过程，违反了儿童的心理特点。

霍尔强调指出，教育应该遵循儿童个体发展过程中的本性和需要，给予他们有关自然的知识，鼓励他们到自然环境中去活动。在他看来，当时美国的都市化实际上破坏了儿童复演种族祖先生活方式的场所，因为只有简朴的乡村生活才能使儿童在个体发展中尽情发泄种族祖先遗传的各种本能和冲动，并得以正常地发展。显然，霍尔的这种观点受到了卢梭自然教育理论的影响。

从进化论和复演说出发，霍尔探究了儿童生理和心理的发展，试图说明儿童心理发展的规律并使之应用到儿童教育工作中去，要求教育者遵循儿童发展规律对儿童进行教育。为此，他被称为"心理学上的达尔文""美国儿童心理学之父"。但是，霍尔提出的复演说把个体发展过程和种族过程完全等同起来，显然是缺乏科学根据的，复演说作为一种儿童发展理论体系，现在基本上已被心理学和教育理论界所否定。

---

[1] 克雷明.学校的变革[M].单中惠，等译.上海：上海教育出版社，1994：117.

二、问卷法与儿童研究

对儿童发展具有浓厚兴趣的霍尔十分重视和大力提倡儿童研究。他认为，儿童研究是新的心理学运动的一个重要方面。它有助于在学校和家庭之间建立新的联结，也有助于加强教师和儿童之间的了解以及各级学校教师之间的合作。他强调指出："教师应该研究每一个儿童。"[①] 通过儿童研究，教师了解了儿童的特点，就不会把儿童看成是提线木偶。在1882年美国教育协会会议上，霍尔在他的报告中主张以儿童研究为新教育学的核心。后来，他又出版了一本名为《儿童的研究》的小册子。因此，儿童研究以霍尔担任校长的克拉克大学为基地，在当时逐渐成为一场波及整个美国的运动。美国教育家杜威这样指出："儿童研究运动是新事物。……它代表了在好几代人中有效发挥作用的教育和社会力量的最高点，昭示着儿童研究本身就是一个必须永久考虑的因素。它是心理学运动的一个组成部分。"[②]

1. 问卷法在儿童研究中的使用

在儿童心理的研究上，问卷法并非霍尔首创，因为英国心理学家高尔顿（F. Galton）以前早就使用过。但是，霍尔比高尔顿更广泛地使用了问卷法，在研究中对儿童的心理发展进行了系统的调查和详细的记录。1931年，美国明尼苏达大学教授古迪纳夫（F. L. Goodenough）在他的《实验的儿童研究》一书中指出：霍尔如此广泛地使用问卷，以至问卷法与他的名字联结在一起。尽管霍尔曾在德国莱比锡大学师从冯特，但他对冯特的实验研究方法并不感兴趣，并认为冯特的工作范围和目标太狭隘，因而有很大的局限性。霍尔认为，研究儿童的最好方法是使用问卷法。其主要手段有两种：一是作为被试者的儿童自己直接回答精心准备的问卷。二是通过父母和教育者对儿童搜集资料，最后在积

---

① Sol Cohen. *Education in the United States: A Documentary History*. Vol.3. New York: Random House, 1974: 1846.
② 杜威. 幼儿园和儿童研究 [M]// 杜威全集·早期著作第五卷. 杨小微，罗德红，等译. 上海：华东师范大学出版社，2010: 158.

累大量样本资料的基础上进行统计分析和研究。由于问卷法是基于一个特定的目的设计的，因此，它获得的资料信息比较集中于一个特定的和明确的领域。而且，由于问卷法可同时请许多儿童来参加，因此，它可以在较短时间里获得大量有代表性的样本资料。在霍尔看来，通过问卷法可以更好地了解儿童的心理及其发展，并在这个基础上进行有针对性的教育。这对心理学和教育学上许多问题的研究是很有意义的。霍尔广泛使用和大力提倡问卷法，这使得问卷法很快就成为儿童研究上最主要的方法，取代了以前流行的实录儿童发展的传记方法。

与冯特仅仅偏重感觉生理和心理方法的研究不同，霍尔的问卷法研究涉及儿童的各个方面。从1894年到1903年，霍尔和他的同事、学生一起设计并印发了102种问卷，开列的问题十分广泛。据统计，到1915年，霍尔他们已使用过194种问卷。为了使通过问卷法而得到的样本资料真实可靠，霍尔不仅注意合理地选择问题，将各种问题归类并形成一定的系统；而且还注意选择主试人，训练主试人掌握问卷法的要求并能及时地对问卷上所列的问题加以修正。

1880年9月，霍尔在波士顿小学开学后不久主持领导了对刚入学的400名6岁儿童的一次调查。这是霍尔使用问卷法的一个典型例子。这份问卷共开列了134个问题，其中包括动物、植物、人体结构、气象、地理、数量、工具、颜色以及其他等方面。调查结果表明[①]：

在动物方面，80%的儿童不知道蜂房是什么，77%的儿童不知道乌鸦，65.5%的儿童不知道蚂蚁，63%的儿童不知道松鼠；

在植物方面，92.5%的儿童不认识小麦，91.5%的儿童不认识榆树，89%的儿童不认识白杨树和柳树；

在人体结构方面，94%的儿童不知道他们的胃在什么地方，90%的儿童不知道他们的肋骨在什么地方；

[①] Sol Cohen. *Education in the United States: A Documentary History*. Vol3. New York: Random House, 1974: 1835–1837.

在气象方面，78%的儿童不知道露水是什么，73%的儿童从未见过冰雹，65%的儿童从未见过彩虹；

在数学方面，92%的儿童不知道三角形，56%的儿童不知道正方形，35%的儿童不知道圆，28.5%的儿童不懂数字"5"的含义；

在工具方面，65%的儿童没有见过锉刀，64.5%的儿童没有见过犁，62%的儿童没有见过铁锹，61%的儿童没有见过锄头，等等。

根据这个调查结果，霍尔提出了一些改进儿童教育工作的建议和措施。例如，应该让儿童多接触实物，并向他们说明这些实物与他们生活的关系；应该给儿童提供到农村去的机会，使他们熟悉自然界，为入学作准备；教师应该了解刚入小学的儿童应掌握多少知识，使教育建立在儿童研究的基础之上；等等。

2. 问卷法的影响

霍尔广泛使用的问卷法以及他的儿童研究理论使得美国许多教育工作者相信教育必须基于心理学的研究。因此，问卷法后来在美国成为了解和研究儿童心理发展的一种重要手段。它使教师能够根据儿童的直接反应和成人的回忆，而不是凭教师个人的主观臆断来进行儿童教育工作。这对儿童心理研究和儿童教育工作无疑是有一定意义的。

但是，由于问卷法缺乏有效的控制，因而会发生儿童回答时漫不经心或相互仿效的情况，也可能发生因儿童猜测而使成人满意的情况，以致所获得的样本资料不很精确，从而削弱了它的真实性和科学性。从这一点来看，使用问卷法所得到的统计数据和结果分析只能为儿童教育工作提供参考。

霍尔的问卷法与儿童研究吸引了许多热情的追随者，促使了儿童研究运动在欧美国家的兴起和发展。据统计，到第一次世界大战前夕，已有25个国家建立了全国性的儿童研究协会，创办了约20种儿童研究杂志，并出版了大量有关儿童研究方面的书籍。尽管儿童研究运动后来渐衰，但它肯定了对儿童采取经验研究的重要性，使得儿童研究成了现代教育科学研究活动的一个组成部分，以及现代儿童心理学研究的一个重要辅助手段。

三、游戏理论

在游戏理论上，霍尔对游戏的作用及范围进行了论述。

1. 游戏的作用

霍尔十分强调游戏在儿童生理和心理发展中的使用。他认为，儿童的游戏最明显地表现出儿童个体发展的动力主要来自种族祖先的遗传。为了使儿童能够正常地发展，应该允许儿童进行各种自发的活动。在儿童个体发展早期，这些自发活动通常以游戏的形式表现出来。因此，儿童早期教育特别要依赖于游戏活动来进行。

在游戏的作用上，霍尔反对把游戏看作未来生活的准备。他认为，儿童的游戏是在复演人类进化的历史。它实际上是种族祖先活动的重复，是遗传的原始本能的作用。儿童的游戏活动是本能的、没有意识的目的，也就是说，它是儿童本能和冲动所驱使而表现出来的。尽管有些原始本能在成熟之前已消失，但许多原始本能用游戏形式继续起着作用。由于这些游戏活动促进了种族祖先的进化，因此，儿童自发地进行游戏活动，就能促使自身的迅速发展，顺利地走完复演的过程。霍尔甚至认为，如果想了解种族祖先时代成人从事什么样的活动，最好看一看儿童的游戏。显而易见，霍尔对游戏的看法是与他的复演说相联系的。

但是，霍尔也强调指出，游戏是儿童生活的最主要特征。无论何时何地，游戏总是儿童的别名。游戏活动不仅可以促使儿童身体的发展和增强体力，而且可以培养儿童的自信心和意志力以及使儿童感到快乐，还可以发展儿童的个性和技巧能力。因此，"在最纯粹的游戏上可以有身体和精神的统一"[①]。在霍尔看来，游戏对于儿童来说是最好的教育，既能锻炼人的躯体，又能锻炼人的头脑。通过游戏活动，能引导儿童的本能和冲动向健康的方向发展。在游戏活动中，儿童有充分的自由活动的余地，以适应他的本能和冲动的需要。霍尔强调

---

① 霍尔. 青年期的心理和教育 [M]. 李浩吾，译. 上海：世界书局，1929：94.

指出:"游戏因为由内在的遗传的冲动而起,在有机地联系各种本能上,是最好的一种方法。本能这类东西,若放置不管,就有倾向错误方向的危险;而欲引导之于善良的方向,就有赖于游戏之必要。"[①] 儿童的早期教育必须包括游戏活动。对于儿童来说,只有尽其游戏本能,才能发展成更富于人性和更大度的人。

2. 游戏的范围

霍尔认为,儿童游戏的范围同人类生活一样广泛。游戏种类之多超出社会产业和职业的种类。但是,游戏会因儿童年龄、男女性别以及季节的差异而有所不同。在儿童发展的不同阶段,游戏活动会表现为不同的方式。在霍尔看来,随着儿童年龄的增长,社会对于儿童的游戏愈有重要的作用。当儿童进入青少年时期后,童年时期的游戏活动形式也就不存在了,但仍会有出自其兴趣与适应其本能和冲动需要的活动,例如体育竞赛、军事训练等。在这一时期,游戏活动显然带有合作和竞争的性质,一切动作也具有某种确定的目的。

为了使儿童更好地进行游戏活动,霍尔强调指出,父母和教育者应该给儿童提供最有利于进行游戏活动的环境,并正确指导儿童的游戏活动。但霍尔认为,教育者可以尝试使工作寓有游戏的精神,或使游戏寓有工作的精神。他还认为,儿童进行游戏活动不能过度,否则会有损于儿童的身体和活力。总之,教育者应该研究和利用游戏活动,作为引起儿童接受教育的动机。

作为儿童研究运动的创始人,霍尔是推动美国儿童心理学研究的最有影响的人物。他毕生致力于儿童心理的研究,并试图把发展心理学运用到儿童教育上去。尽管霍尔的幼儿教育理论有片面和不完善之处,但他的理论无疑在当时的美国心理学界和教育学界产生了巨大的影响。他倡导的儿童研究运动在较大程度上推动了儿童发展与教育观的变革,以及20世纪前半期美国幼儿教育的发展。

---

① 霍尔.青年期的心理和教育[M].李浩吾,译.上海:世界书局,1929:138-139.

第五节
爱伦·凯论幼儿教育

瑞典教育家爱伦·凯（Ellen key，1849—1929），原名卡罗琳娜·苏菲娅·凯（Karolina Sofia-key）。她出生于瑞典南部斯莫兰的一个历史学家的家庭。在母亲的影响下，爱伦·凯开始对社会改革问题产生了兴趣，曾积极参加保卫母亲和儿童权利的妇女运动。尤其是她的《儿童的世纪》（1900）一书成为了举世闻名的儿童教育经典著作。爱伦·凯提倡热爱儿童和尊重儿童，保卫儿童的权利，注重儿童个性的发展和教育，明确提出"20世纪将是儿童的世纪"[①]，因而在世界上产生了广泛而深远的影响，有力地推动了现代幼儿教育理论和实践的发展。

一、论幼儿发展和教育

在社会改革和妇女运动中，爱伦·凯形成了她自己关于幼儿发展和教育的观点。

1. 幼儿的发展

从进化论观点出发，爱伦·凯认为，儿童一生下来就具有种族的遗传素质。在适应环境的过程中，儿童身上的遗传素质会受到环境的影响，但儿童同时又会表现出一种与种族方式不同的倾向，即个性的发展。因此，决不能把具有自己发展能力的儿童当作一个抽象的观念，一个没有个性的机体，一个可以被人

[①] 爱伦·凯.儿童之世纪[M].魏肇基，译.上海：晨光书局，1936：104.

们任意捏塑的东西。爱伦·凯明确指出:"人们没有权力可以为这个新生命制定法则,正像他们没有能力为天上的星辰指定运行轨道一样。"①

对于幼儿生理和心理发展的观察,不仅是可能的,而且是十分必要的。爱伦·凯强调指出:"幼儿心理之研究,开始于幼儿诞生时,继续在其游戏中,在其工作中,在其休息中,而进行每人的比较研究,需要一个人的专门注意。"②在她看来,应该把尊重儿童的个性与对儿童的整个生活的细心观察联系起来;应该注意发展儿童的个性,而不能加以压抑或者把成人的个性硬栽到儿童身上去。她呼吁说:"幼年时的教育,必须着眼于加强个性。"③具体来说,就是应该允许儿童有他自己的意志,想他自己的思想,获得他自己的知识,形成他自己的判断。

爱伦·凯认为,尽管当时侈谈儿童个性的新理论很多,并制定了儿童的保护条例,但是,由于破裂的家庭生活、愚劣的学校制度、过早的工厂劳动和不良的街头生活,幼儿的身心不能得到健康的和充分的发展。她曾列举了这样的一个例子:对英国兰开夏娜 2000 个幼儿身高与体重调查的结果表明,只有 151 人是真正健康强壮的,其余的都在健康的标准之下,其中有 198 人是很糟糕的。因此,爱伦·凯大声疾呼:"我们需要新的家庭,新的学校,新的婚姻,新的社会关系"④。

2. 教育的职责

爱伦·凯认为,教育的职责就是要在儿童的内心和外界创造出一个美丽的世界,让他在里面长大。这对培养健康的、强有力的、幸福的和健全的人来说是必要的。在《年轻的一代》一书中,她曾这样写道:在未来社会的法规中,"第一位的和最重要的条款是儿童的权利"⑤。由于现代心理学的发展以及社会的进步,儿童被尊为神圣者的时代将会到来。在爱伦·凯看来,"20 世纪将是儿童

---

① 爱伦·凯. 儿童的教育 [M]. 沈泽民,译. 上海:商务印书馆,1934:82.
② 爱伦·凯. 儿童之世纪 [M]. 魏肇基,译. 上海:晨光书局,1936:191.
③ 同②:197.
④ 同①:63.
⑤ Ellen Key. *The Younger Generation*. New York: G. P. Putnam's Sons, 1914:132.

的世纪"具体表现在两个方面：一是成人应该重视了解儿童的特点；二是成人应该注意保护儿童天真纯朴的个性。但是，爱伦·凯又认为，应该让幼儿懂得自由行动的一个条件是不妨碍他人；使幼儿知道如果个人的快乐妨碍别人的快乐，别人就会来禁止他的快乐；使幼儿知道要养成一定的自制能力。

为了培养幼儿的独立精神，要让他与实际生活相接触，而不要在一种矫揉造作的环境中成长。爱伦·凯指出："应该让儿童时时刻刻和人生的真实经验相接触；玫瑰花要让他玩，刺也不要摘去。"[1] 当幼儿在生活中接受真正的教育时，不要使他处在"不要动！""动不得！"的呵斥声之中。爱伦·凯甚至还这样指出："假如儿童接近危险东西的时候，这件东西如可以让他去经验，那就不妨让他自己去经验一下。例如火，儿童戏火的时候，母亲呵斥他是没有用的，他不过是等母亲不在的时候再玩就是了。让他给火烫一下，然后他真不会再惹它了。"[2] 在爱伦·凯看来，儿童接触实际生活，不仅积累了生活经验，而且可以养成很好的气质，还可以发展自己的能力。

由于幼儿的模仿力很强，善于学习大人，因此，要给幼儿提供好的榜样。爱伦·凯指出："榜样是习惯的基础，而习惯是人格的基础。"[3] 因为当大人都在做着好事时，幼儿也会做好事；当大人都在享受着自然与艺术的美时，幼儿也会知道享受自然与艺术的美。在爱伦·凯看来，要激起幼儿的本能发展和促使他的个性发展，只有使幼儿仿效好的榜样，并让他自由发展。

爱伦·凯还认为，要绝对禁止体罚。对儿童的教育要依靠大脑，而不是利用手臂。责罚鞭打所唤起的是奴隶性格，而不是自由精神。体罚的方法不仅摧残了幼儿身心的发展，而且建立了一种错误的道德。因此，爱伦·凯满怀着对儿童热爱的心情呼吁："使儿童们无端吃苦是何等不自然又鄙夷的事！我一想起，心里便无限的难受，所以，接触一个我知道他曾打过孩子的人的手，便油然起了嫌恶之心，在街上听见一个孩子被体罚的威逼，便合不拢我的眼睛。"[4] 在

---

[1] 爱伦·凯. 儿童的教育 [M]. 沈泽民, 译. 上海：商务印书馆，1934：30.
[2] 同[1]：25.
[3] 同[1]：53.
[4] 同[1]：39.

她看来，幼儿发展与教育问题是一个复杂的心理学问题，有些人以为用一顿鞭打就可以把它解决，实际上是不可能的。所有在幼年时因为说谎而被鞭打的人在心理上所受到的损伤程度，往往千百倍于在幼年时虽说谎但没有被鞭打的人。责罚鞭打会使儿童懒惰的更懒惰，固执的更固执，倔强的更倔强，甚至会使儿童产生憎恨或报复的心理。爱伦·凯强调指出："家庭和学校一天还要用这种教育方法，野蛮性格将一天在儿童心中自行发展，而人类将一天不免于无穷的损失了。"[1]当然，她也不主张用物质的报酬去引诱儿童。因为物质引诱方法的结果与责罚鞭打方法的结果同样坏。

二、论家庭教育与父母

爱伦·凯十分强调家庭教育以及父母在幼儿发展和教育中的重要作用。

1. 家庭教育的作用

爱伦·凯认为，家庭不仅应该是幼儿肉体的家庭，而且也应该是幼儿灵魂的家庭。因为健全的家庭生活是儿童真正幸福的人格发展的基础。在一个坦诚、友爱、勤勉和一往直前的家庭里，它能有助于儿童的善良、工作欲以及诚挚等品质的培养，促使他的生理和心理充分发展。

在爱伦·凯看来，家庭不应该是儿童到学校学习的预备室。一个理想的家庭应该是欢悦的、温暖的和平等的，充满着和谐一致的气氛，儿童能与成人一起工作、一起读书、一起谈话和一起娱乐。家庭应该建立合理的秩序，安排富有教育意义的环境，提供一切条件，允许儿童根据自己的兴趣、爱好和能力充分自由地活动。把家庭里的一些实际工作分派给儿童，在他可以自己做到的事情上，让他自己利用时间认真地去做，养成一种不用监督就能自觉去做的习惯。爱伦·凯甚至主张，为了使儿童更好地接触自然，住家最好搬到乡村里去。在这一点上，她与法国的卢梭颇为相似。

---

[1] 爱伦·凯.儿童的教育[M].沈泽民,译.上海：商务印书馆,1934：36.

2. 父母的职责

爱伦·凯认为，在家庭教育中，孩子的父母尤其是母亲负有重要的责任。忽视孩子发展和教育的父母还应该受到训戒。但是，爱伦·凯反对父母对孩子的一切进行包办代替。她强调指出："现在这种被一个母亲和许多仆役们所团团围绕，代替儿童做上学的预备，帮助他回忆事情的习惯必须废除。"[1]在爱伦·凯看来，由于母亲在家里帮孩子做功课，替孩子想玩耍的方法，房间乱了替他整理，东西掉了替他捡起，因此，在这样的"保护"下，孩子的工作欲、忍耐力、发明和想象的天赋以及一切为儿童所应有的品质都会衰弱下去而变得被动。在这样的家庭里长大的儿童，将是习惯于受人服侍的人。母亲教孩子的心太热了，反而会使他的人格迟钝起来。在某种意义上，这实质上是现代教育的退步。

在爱伦·凯看来，出版一本《父母指南》是最需要的。因为父母必须认识儿童早期教育的重要性，学习心理学的知识，认真细致地对儿童进行观察，尊重儿童的个性，才能避免在家庭教育中的盲目性和过失以及反复无常的现象，例如，对孩子一会儿打，一会儿吓，一会儿又用物质去引诱等。父母对待孩子既不能溺爱，又不能凶残。爱伦·凯指出："无论是溺爱的父母，还是凶残的父母，虽然方法不同，但他们不懂得孩子应该有自己的意见，自己理想的幸福，自己的正当兴趣和地位，因此造成孩子的痛苦是一样的。"[2]在她看来，这两种父母同样都是不了解他们孩子的感情和需要，其做法实际上压抑了儿童个性的发展。

在家庭里，母亲往往会用她的思想和慈爱去保护孩子，会让孩子依照自己的法则去生长。爱伦·凯指出，这就是不自私的"母性"。正因为如此，母亲很乐意把她的生命力、心灵和精神中的最好部分给予正在长大的孩子。她为使孩子更好地走向广阔的世界，而丝毫没有一点要回报的想法。因此，爱伦·凯强调指出："母亲们必须真实地知道没有再比教育更具伟大意义的社会活动，而在

---

[1] 爱伦·凯. 儿童的教育 [M]. 沈泽民, 译. 上海：商务印书馆, 1934: 65.
[2] 同①: 75.

教育中没有可以代替在家庭中自己的适当感染力的东西。"①但是，必须防止这样的情况：有些母亲一天到晚专门使自己的孩子的神经处于兴奋状态。爱伦·凯认为，这样的情况是不利于儿童的发展和教育的，会使儿童的工作变成一种困苦，使儿童的游戏失去趣味。

父母在家庭里应该平等地对待孩子，不要随意地对孩子发布命令。爱伦·凯指出：这意味着"不要照我们自己心中要变成怎样的人而去影响他，而要让他随他自己本性怎样而去接受印象的影响，不要欺骗他或用暴力，而要以相当于他自己的品性的严肃和诚恳对待他"②。在她看来，当孩子与父母一起平等地生活时，他就能从父母的生命之源和能力中获得自己所需要的养料，以促使他自己个性的生长。如果父母常常以粗暴的态度对待孩子，想用训斥乃至鞭打的方法来使倔强的孩子驯服，那不但没有效果，反而会把许多不好的东西给了孩子。因此，和孩子一起玩耍，也要讲究艺术。当儿童们不知道他们将做什么事的时候，大人切不可替他们做。

在家庭里，父亲和母亲应该一起担负教育孩子的责任。爱伦·凯认为，做父母的应该懂得，孩子需要生理上和心理上的温暖；如果没有这种温暖，那孩子的生活将永远是苦闷的。因此，只有养育新时代的人，才能在将来组成新的社会。

关于儿童的玩具，爱伦·凯认为，应该准备充分的工具和材料让孩子们自造玩具，而不要提供以模仿成人的奢华为能事的玩具。在她看来，父母不要用价钱昂贵的玩具来损害儿童的本性。因为这些价钱昂贵的玩具只会助长儿童的吝啬的"占有欲"，而使他的发明和创造的能力得不到发展。

在注重家庭教育的同时，爱伦·凯过分强调了母亲的地位和作用。她指出："在幼儿训练的最重要时期，母亲应该完全离开那种为获得生活费用的劳动。"③甚至提出把母亲拉回到孩子身边和家庭中，这显然是片面的和倒退的。

---

① 爱伦·凯.儿童之世纪[M].魏肇基，译.上海：晨光书局，1936：159.
② 爱伦·凯.儿童的教育[M].沈泽民，译.上海：商务印书馆，1934：5.
③ 同①：79.

3. 开设"家庭学校"

为了能更好地对幼儿进行教育,爱伦·凯主张开设"家庭学校",并把它称为"理想的方法"①。尽管爱伦·凯并没有否定托儿所和幼儿园的作用以及对母亲的恩惠,但是,她却片面地认为幼儿园只不过是制造工场,提出母亲的第一件要事是把幼儿从幼儿园制度下解放出来。她曾这样说:"无论为个性之发展,无论为情绪之发展,家庭实际上更优于幼儿园和学校。"② 对此,苏联教育家克鲁普斯卡雅指出:爱伦·凯批评了现代的幼儿园和学校,却想用家庭去取代它们,她"在这里犯了一个方法论上的错误"③。

对于妇女、儿童、婚姻以及道德行为问题的深刻论述,使爱伦·凯被誉为"瑞典的雅典娜"。虽然她没有躬行幼儿教育实践,但是,她提倡热爱儿童和尊重儿童,注重儿童的早期教育,促使儿童个性的发展,倡导理想的家庭,强调家庭及父母在幼儿发展与教育中的作用,对现代幼儿教育理论与实践的发展产生了很大的影响。特别是她提出的"儿童的世纪"的时代性口号,吹响了20世纪幼儿教育理论和实践改革与发展的进军号角。然而,爱伦·凯轻视幼儿园的作用,这显然是片面的和消极的。

---

① 爱伦·凯.儿童之世纪[M].魏肇基,译.上海:晨光书局,1936:195.
② 同①:194.
③ 克鲁普斯卡雅.家庭与学校[M]//克鲁普斯卡雅教育文选(上卷).卫道治,译.北京:人民教育出版社,1987:74.

第 6 章

20 世纪
幼儿教育智慧

20世纪以后，西方社会经济和科学技术的进一步发展，不仅使社会生活发生了很大的变化，而且对教育提出了新的需求。在这一社会背景下，欧洲新教育运动和美国进步教育运动促使了现代西方幼儿教育的革新和幼儿教育思想的发展。美国教育家杜威提出了新的儿童观和教育观，现代西方幼儿教育思想无一不受其影响。更值得注意的是，意大利教育家蒙台梭利创办了儿童之家，构建了颇为创新的"蒙台梭利方法"，因而被誉为"幼儿园改革家"。与此同时，比利时教育家德可乐利开办了隐修学校、英国教育家罗素开办了皮肯希尔学校，并形成有各自特色的幼儿教育理论。苏联教育家克鲁普斯卡雅在教育实践中重视幼儿教育理论的建设和发展，不仅推动了苏维埃幼儿教育事业的发展，而且奠定了苏维埃幼儿教育理论的基础。对于二战后西方乃至世界幼儿教育思想的发展来说，瑞士心理学家皮亚杰构建的儿童心理发展理论以及儿童教育基本原则，苏联心理学家维果茨基的儿童心理和教育研究以及"最近发展区"理论，显然也推动了现代幼儿教育思想的发展。意大利教育家马拉古兹创办瑞吉欧幼儿学校并形成举世闻名的"瑞吉欧方法"，更是引起了西方乃至世界幼儿教育界的关注，产生了广泛的影响。

第一节
杜威论幼儿教育

美国哲学家、教育家杜威（John Dewey，1859—1952）是实用主义哲学最有影响的代表人物之一，也是实用主义教育理论的创始人。他出生于美国佛蒙特州柏林顿的一个杂货商家庭，自幼养成了阅读书籍的习惯，十分喜爱课余阅读和户外活动。1884年获得哲学博士学位后，杜威到密歇根大学任教。在此期间，杜威开始对教育感兴趣。此外，美国心理学家詹姆斯（W. James）1890年出版的《心理学原理》一书对他产生了很大的影响，并激起了他进行教育实验的想法。因此，在1894年担任芝加哥大学哲学、心理学和教育学系的系主任后，杜威就进行了影响极大的教育实验活动，于1896年创办了芝加哥大学实验学校，通称为"杜威学校"（Dewey School）。杜威后来在哥伦比亚大学哲学系和师范学院任教。他还到过日本、中国、土耳其、墨西哥和苏联等国进行访问和讲演。自古希腊智者派以来，没有一个人能像杜威那样如此清晰地阐明了哲学和教育的关系。他的主要教育著作有：《学校与社会》（1899）、《民主主义与教育》（1916）和《经验与教育》（1938）等。作为一位世界性教育家，他的教育理论不仅对学校教育，而且对幼儿教育产生了广泛而深刻的影响。

一、教育是经验的改造或改组

杜威继承与发展了美国哲学家皮尔士（C. S. Peice）和詹姆斯的实用主义哲学，并把它具体应用到社会事务和教育领域中。关于哲学和教育之间的密切关系，他明确指出："哲学就是教育的最一般方面的理论。""教育乃是使哲学上的分歧具体化并受到检验的实验室。"[①]

杜威认为，"经验"是人的有机体与环境相互作用的结果（或称统一体），是人的主动尝试行为与环境的反作用形成的一种特殊的结合。这样，行为和结果之间的连续不断的联系和结合就形成了经验，但是，杜威所说的"经验"具有无所不包的性质，把人（经验的主体）和环境（经验的客体）以及经验的过程都包括在内，并把它们看成是同一过程的两个侧面，相互联系以至合而为一。在杜威看来，"存在即被经验"，人的主观经验是客观世界存在的基本前提。没有人的兴趣和愿望构成的主观经验，也就谈不上客观世界中一切事物的存在。经验包含一个主动的因素和一个被动的因素，这两个因素以特有的形式结合着。在主动方面，经验就是尝试；在被动方面，经验就是经受结果。例如，一个儿童要认识手伸进火焰会灼伤手指，他就必须亲自去尝试一下，把手伸进火焰中去，只有当这个行为和他遭受的疼痛联系起来时，他才知道手伸进火焰意味着灼伤。这就是所谓的"从经验中学习"。杜威认为，没有这种真正有意义上的经验，也就没有学习。

尽管杜威宣称自己的哲学可以称为"经验主义的自然主义"或"自然主义的经验主义"，并企图使它具有客观的、科学的外观，但实质上是一种主观唯心主义的哲学。他把整个客观的自然（环境）消融在人的主观经验之中，而把客观的自然（环境）变成了主观经验的东西，甚至是虚幻的东西，实际上也就是把主观的经验看成是第一性的，而把客观的自然（环境）看成是第二性的。

杜威曾给教育下了一个专门的定义："教育就是经验的改造或改组。这种改

[①] 杜威. 民主主义与教育 [M]// 杜威教育论著选. 赵祥麟，王承绪，编译. 上海：华东师范大学出版社，1981: 230-231.

造或改组,既能增加经验的意义,又能提高指导后来经验进程的能力。"①到晚年时,他又把自己的教育哲学概括成一句话:"教育以经验为内容,通过经验,为了经验的目的。"② 可以说,"经验"是杜威教育哲学中最重要的一个词,也是他的教育理论体系的核心。

二、教育即生活和学校即社会

早在 1897 年发表的《我的教育信条》一文里,杜威就明确指出:"教育过程有两个方面:一个是心理学的,一个是社会学的。它们是平列并重的,哪一个也不能偏废;否则,不良的后果将随之而来。"③ 由此出发,他提出了两个概念:"教育即生活"与"学校即社会"。

1. 教育即生活

杜威提出了"教育即生活"。他指出:"生活就是发展,而不断发展,不断生长就是生活。"④ 但是,没有教育就不能生活,所以教育即生活。在他看来,最好的教育就是"从生活中学习""从经验中学习"。教育就是给儿童提供保证生长或充分生活的条件,而不问他们的年龄大小;教育就是儿童现在的生活过程,而不是将来生活的预备。当儿童出生时,教育就在无意识中开始了。这种教育不断地发展儿童个人的能力,熏染他的意识,形成他的习惯,锻炼他的思想,并激发他的感情和情绪。

杜威还认为,生活就是生长,儿童的发展与成长就是原始本能生长的过程。他说:"生长是生活的特征,所以教育就是生长;在它自身以外,没有别的目

---

① 杜威. 民主主义与教育 [M]// 杜威教育论著选. 赵祥麟,王承绪,编译. 上海:华东师范大学出版社,1981:159.
② John Dewey. Experience and Education. New York: Collier Books, 1938: 29.
③ 杜威. 我的教育信条 [M]// 杜威教育论著选. 赵祥麟,王承绪,编译. 上海:华东师范大学出版社,1981:2.
④ 同①:154.

的。"①这样,杜威就把生物学上的一个名词"生长"搬用到教育上来了。在他看来,教育绝不是强迫儿童去吸收外面的东西,而是要使人类与生俱来的能力得以生长。儿童教育的目的就在于,通过组织保证继续生长的各种力量,以便使教育得以继续进行。

在杜威的教育理论体系中,"教育即生活""教育即生长""教育即经验的改造"实际上都是同一个意思。尽管在论述这一基本观点时,杜威批判了传统教育的弊病,但在一定程度上忽视了教育和生活两者之间的区别。

2. 学校即社会

杜威又提出了"学校即社会"。学校应该成为一个小型的社会,一个雏形的社会。他指出:"使得每个学校都成为一种雏形的社会生活,以反映大社会生活的各种类型的作业进行活动,……当学校能在这样一个小社会里引导和训练每个儿童成为社会的成员,用服务的精神熏陶他,并授予有效的自我指导的工具,我们将有一个有价值的、可爱的、和谐的大社会的最深切而最好的保证。"②

杜威还认为,学校不应该仅仅被作为一个传授某些知识的场所,但也不是社会生活在学校中的简单重现。"学校即社会"的具体要求为:一是学校本身必须是一种社会生活,具有社会生活的全部含义。二是校内学习与校外学习连接起来。这两者之间应有自由的相互影响。学校作为一种特殊的环境,其功能就在于简化和整理所要发展的倾向的各种因素;把现存的社会风俗纯化和理想化;创造一个比儿童任其自然时可能接触的更广阔、更美好、更平衡的环境。

尽管杜威提出的"学校即社会"是针对传统学校弊病的,但它在一定程度上取消了学校与社会两者之间的界线。

二、儿童发展观

杜威认为,儿童是具有独特生理和心理结构的人。儿童的能力、兴趣和习

---

① 杜威.民主主义与教育[M]//杜威教育论著选.赵祥麟,王承绪,编译.上海:华东师范大学出版社,1981:158.
② 杜威.学校与社会[M]//杜威教育论著选.赵祥麟,王承绪,编译.上海:华东师范大学出版社,1981:28.

惯都建立在他的原始本能之上，儿童心理活动实质上就是他的本能发展的过程。如果没有促使儿童本身发展的潜在可能性，那儿童就不可能获得生长发展。

1. 儿童生命的发展

杜威主张生命哲学（philosophy of life），强调儿童生命的发展，并把它作为教育的目的。他认为，生命就是有机体与环境之间不断进行的交互作用。一个新的生命、一个作为潜在可能的生命，实际上向人们预示了一个不一样的世界的可能性。如果生命在富有思想的指导下生长，那生命就是教育。把生命作为核心的理念，通常最具体的是把儿童生活作为中心。教育目的应该是儿童生命的发展，是基于个体的德、智、体的全面协调发展。具体来说，就是使儿童本身各方面能力得到充分的发展。因此，他在《哲学与教育》一文中明确指出："教育的最终目的不是别的，而是培养能力充分发展的人。通过对人的培养，使所有男女具有远大的志向、自由的思维、高雅的品位以及渊博的知识……"[1]

杜威还特别指出，教育的首要浪费是生命的浪费。早在1897年《我的教育信条》中他就指出："儿童被置于被动的、接受的或吸收的状态中，情况不允许儿童遵循自己本性的法则，结果是造成阻力和浪费。"[2] 具体来讲，那就是：没有对儿童的爱好、能力和才智进行探究，为它们找到发展的渠道；没有对前人或他人的大量教育经验进行关注，为它们找到借鉴的方式；没有对每一个儿童的强烈个性进行研究，为它们找到展现的机会。因此，为了不再忽视或漠视儿童生命的浪费，教育应该解放和发展个人能力，能够教育个人并使他达到其可能性的极致状态。在《教育哲学的必要性》一文中，杜威就强调提出："教育的目的就是最大程度地发展个体的潜能。"[3]

---

[1] John Dewey. *The Collected Works of John Dewey, The Latter Works*. Vol.5. Carbondale, IL: Southern Illinois University Press, 1984: 297.
[2] 杜威. 我的教育信条[M]// 杜威教育论著选. 赵祥麟，王承绪，编译. 上海：华东师范大学出版社，1981: 9.
[3] John Dewey. *The Collected Works of John Dewey, The Latter Works*. Vol.9. Carbondale, IL: Southern Illinois University Press, 1986: 202.

因此，在 1949 年 10 月纽约庆贺杜威 90 岁生日宴会上，他的学生、美国教育家克伯屈（W. H. Kilpatrick）在题为《杜威与民主教育》的演说中列举了杜威对教育的九大贡献，其中第一个大贡献就是："最为重要的是……生命哲学必须是整个教育过程和活动的基础，进而为教育过程的每一个具体步骤提供合理的指导。"①

2. 儿童的四种本能

人的本能与冲动是潜藏在儿童身体内部的一种生来就有的能力，基本上是原封不动一代代传下去的。这些本能与冲动就是儿童教育最根本的基础。杜威强调指出，儿童身上潜藏着以下四种本能：

一是语言和社交的本能。这种本能是在儿童的交谈和交流中表现出来的。儿童能很有兴趣地把自己的经验说给别人听，也能很有兴趣地去听取别人的经验。语言本能是儿童社交表现的一种最简单的形式。

二是制作的本能。这是一种建造的冲动。儿童开始总是对游戏活动和动作感兴趣，进而就有兴趣把各种材料制作成各种具体的形状和实物。

三是研究和探索的本能。这是一种探究性的冲动。尽管在儿童时期还谈不上什么科学研究活动，但儿童总是喜欢观察和探究。

四是艺术的本能。这是一种表现的冲动。儿童会在绘画、音乐等活动中表现出艺术方面的能力。

在儿童的这四种本能中，杜威认为，最重要的是制作的本能。这四种本能会表现出四方面的兴趣。儿童的每一个方面的兴趣都产生于每一种本能。杜威强调指出："这四方面的兴趣是天赋的资源，是未投入的资本，儿童的生动活泼的生长是依靠这些天赋资源的运用获得的。"② 尽管儿童处于"未成熟的状态"，但他具有一种积极的、向前发展的能力。它具有两个主要特征：一是"依赖性"，依赖周围环境而生长；二是"可塑性"，人所具有的各种能力都不是一成

---

① 克伯屈. 杜威与民主教育 [M]// 简·杜威. 杜威传（修订版）. 单中惠，编译. 合肥：安徽教育出版社，2009: 420.
② 杜威. 学校与社会 [M]// 杜威教育论著选. 赵祥麟，王承绪，编译. 上海：华东师范大学出版社，1981: 38.

不变的。

3. 儿童的主要任务是生长

杜威认为，儿童与成人在心理上存在着很大的差别。成人是在社会生活中已有一定职业和地位的人，负有特定的责任，已养成了某些习惯；但是，儿童的主要任务是生长，养成不定型的各种习惯，为他以后生活的特定目标提供基础和材料。因此，儿童的心理不是一个固定的实体，而是一个生长的过程。在生长的过程中，天生具有好奇心的儿童能利用环境养成某种习惯，形成某种倾向。正如杜威所指出的："与人类成长相比，种子的成长是受到限制的。它的未来在很大程度上是由它的先天本性所规定的，它的生长路线是相对固定的，它没有像儿童那样以不同路径朝向不同结果的生长能力。……儿童也可以是一颗有萌芽力量的种子，但是可以发展成为众多形式中的任何一个。"[1]

尽管儿童生活在个人接触显得十分狭隘的世界，但这个世界是一个儿童具有个人兴趣的世界，而不是一个事实和规律的世界。归根到底，它是儿童自己的世界。它具有儿童自己生活的统一性和完整性。为了使儿童更好地生长，杜威认为，关键是提供适当的环境以及适当的新刺激，提供儿童生长的条件，使儿童的各种能力不断发展。

4. 儿童身体和心灵的发展相辅而行

杜威认为，对于一个"心理－生理生命"（psycho-physiological life）来说，儿童的身体和心灵是密切联系而不可分离的。在正常情况下，身体和心灵的发展是同步发生的。没有身体的发展，就没有心灵的发展。杜威强调指出："身心两方面的发展相辅而行，两者是不可分离的过程，而且必须经常记住两者是同样重要的。……儿童在身体和精神两方面都是迫切地要求活动的。……他的身体的活动和心智的觉醒是相互依存的。"[2] 他甚至幽默地指出："一种教育制度，如果不运用身体来教大脑，也不运用大脑来教身体，便不可能指望它能够

---

[1] 杜威. 教育哲学的必要性 [M]// 杜威全集·晚期著作第九卷. 王新生, 等译. 上海：华东师范大学出版社，2015：154.
[2] 杜威. 学校与社会·明日之学校 [M]. 赵祥麟, 等译. 北京：人民教育出版社，1994：230-231.

保障智力的总体发展。"① 因此，教师应该更有意识地培养儿童健全的心智寓于他的强壮身体。

在杜威看来，身体和心灵的分离会影响儿童的整体发展，造成思维和行动的分离、理论和实践的分离。但应该注意到，他也强调身体健康是各种事业的基本。无论从社会的角度还是从个人的角度来说，身体健康都是重要的。那是因为身体不仅与心灵一样重要，而且心灵要依赖于身体。对于身体健康来说，最重要的是预防措施，而不仅仅是治疗措施。

5. 儿童时期是一个最重要的时期

杜威认为，儿童期是指儿童在成长中需要他人指引的无助期或依赖期，或者说是儿童生命最初的那几年时期。这一时期的真正含义是，它是一个儿童生长和发展的时期。无论从对家庭和社会影响的视角来看，还是从对儿童自身发展的作用来看，儿童期是极其重要的一个阶段。因此，杜威指出："人的成长是各种能力逐渐生长的结果。儿童时期的真正意义是生长和发展的时期。"② 在他看来，尊重儿童时期就是尊重儿童生长和发展的需要与时机。如果认为儿童时期是一个可以被忽略的时期，那实际上就忽视了儿童实现生命的意义。

在儿童时期，从站立、行走、说话等开始，儿童要学习很多东西。例如，语言的发展，性格的形成，习惯的养成，思维的发展，能力（想象力、判断力、记忆力等）的培养，等等。杜威认为，对儿童的生长和发展来说，这种学习是十分重要的。他强调指出："每个人在幼儿时期的第一个三年要学习的东西，比以后任何一个三年要多得多。如果我们认识到这项任务的复杂性及其所面临的障碍，那么，我们就会看到，站立、行走、说话等成就比得上成人的奇迹般的成就。"③

6. 儿童发展的三个时期

杜威所说的"生长"，就是指儿童本能发展的各个阶段。他以心理学为基

---

① 杜威. 明日之学校 [M]// 杜威全集·中期著作第八卷. 何克勇, 译. 上海：华东师范大学出版社, 2012: 306.
② 杜威. 学校与社会·明日之学校 [M]. 赵祥麟, 等译. 北京：人民教育出版社, 1994: 223.
③ 杜威. 什么是学习 [M]// 杜威全集·晚期著作第十一卷. 朱志方, 等译. 上海：华东师范大学出版社, 2015: 185.

础，把儿童发展的过程分为三个时期：（1）游戏期（4~8岁）。这一时期的儿童通过活动和工作而学习。儿童所学的是"怎样做"，方法是"从做中学"。（2）自发的注意时期（8~12岁）。这一时期的儿童能力逐渐增强，可以学习间接知识（但间接知识必须融合在直接知识之中），并按解决问题的需要控制自己的行动。（3）反射的注意期（12岁后）。这一时期的儿童开始学习系统性和理论性的科学知识，并掌握科学的思维方法。

杜威强调指出："教育必须从心理学上探索儿童的能量、兴趣和习惯开始。它的每个方面，都必须参照这些考虑加以掌握。"[①]在他看来，人的长成就是各种能力慢慢地生长的结果。儿童期实际上就是儿童的本能生长和发展的时期。儿童的教育也就是儿童天赋能力的正常生长。成熟需要经过一定的时间和一定的阶段，揠苗助长的做法必将伤害儿童的生长和发展。因此，如果急于得到生长的结果，而忽视了生长的过程，那是极端错误的。

7. 每一个儿童都有强烈的个性

杜威认为，"个性"一词指独特性、创造性、发明性，即具有性质上的独一无二。个性也就是个体在世界中行动的独特方式。因为个性是感受来自世界的影响，它只有通过与实际条件相互作用才能发展成形。人各有其特长，他的个性都会表现出来。对于正常儿童来说，他成长为人，就意味着个性的发展。一个儿童具有个性，也就意味着他在个性差异中找到了自己生长的手段。真正的个性是心智上的、内在的，而不是身体上的。因此，在《教育中的个性》一文中，杜威明确指出："一位著名哲学家在强调个性原则时说过，如果一个人摘下这个世界上所有树木的所有树叶，也不可能发现有两片完全一样的叶子。……当我们面对人类时，我们认为，每一个个体都具有一些独特的或不可替代的东西。没有人可以完全代替某人在这个世界上的位置，或者做他曾经做过的完全一样的事情。我认为，这就是我所说的平等观念的意思。我的意思不是说人们在生理或心理方面是平等的，而是说每个正常人都有十分独特的东西，以至于

---

① 杜威. 我的教育信条[M]//杜威教育论著选. 赵祥麟，王承绪，编译. 上海：华东师范大学出版社，1981：3.

没有其他个体能够代替他。"①

在杜威看来,教师应该尊重儿童的个性。因为没有一个儿童是完全一样的。这就是教育中的个性原则。为了使儿童的个性得到更大的发展,教师就要确保某些条件来为他们的心智成长提供途径和指导。当面对教育中的个性问题时,教师要认识到困难是实践上的而不是理论上的。一个人的个性得到了释放并发挥创造性,并不是与社会培养相矛盾的。在这个意义上,应该"把通过平庸并且为了平庸而进行的教育转变成通过个体性并且为了个体性而进行的教育"②。

四、思维与教学

杜威十分重视思维与教学,认为好的教学就是要能激发儿童的思维。为此,他在思维五步的基础上提出了教学五步、从做中学以及学会思维。

1. 思维五步与教学五步

针对传统教育忽视儿童思维能力培养这一点,杜威强调指出,教学活动应该要能激起儿童的思维,培养他们的思维习惯和能力。他认为,思维就是在学习过程中明智的经验的方法。所谓"思维"或"反省",就是识别我们所尝试的事和所发生的结果之间的关系。因为没有某种思维的因素,就不可能产生有意义的经验。

杜威还认为,思维的过程包括了感觉问题的所在、观察各方面的情况、提出假定的结论并进行推理、积极地进行实验的检验等。具体来说,它可以分成五个步骤:(1)疑难的情境;(2)确定疑难的所在,并从疑难中提出问题;(3)提出解决问题的种种假设,引起观察和其他心智活动以及搜集事实材料;(4)推断哪一种假设能够解决问题;(5)通过实验,验证或修改假设。这种思维过程一般被后人称为"思维五步"。杜威指出,这五个步骤的顺序并不是固定

---

① 杜威.教育中的个性[M]//杜威全集·中期著作第十五卷.汪堂家,等译.上海:华东师范大学出版社,2012:142.
② 杜威.平庸与个体性[M]//杜威全集·中期著作第十三卷.赵协真,译.上海:华东师范大学出版社,2012:254.

的，在实际生活中有时两个步骤可以结合起来，有时几个步骤可以匆匆掠过。

从"思维五步"出发，杜威指出，教学过程也相应地分成五个步骤：

（1）教师给儿童准备一个真实的经验情境，一个与实际经验相联系的情境，同时根据儿童的本能需要和生活经验给予一些暗示，使得儿童有兴趣了解某个问题，以便去获得某种为现在的生活所需要的经验。

（2）在这个情境中须能产生真实的问题，作为思维的刺激物。在这个阶段，儿童要有足够的资料，更多的实际材料，以便应付在情境中产生的问题。这些资料和实际材料首要的是儿童本人现在的生活经验、活动或事实。

（3）从资料的应用和必要的观察中产生对解决问题的思考和假设。在这个阶段，儿童要进行设计、发明、创造和筹划，以找到问题的答案。

（4）儿童自己负责一步步地展开他所设想去解决问题的方法，同时把这些方法加以整理和排列，使其条不紊。

（5）儿童通过应用来检验他的想法，验证假设的价值，在个人亲自动手做的过程中，自己去作出判断。

杜威所说的这种教学过程，在教育史上被称为"教学五步"。杜威认为，在这种教学过程中，儿童通过发现式的学习，可以学到创造知识以应付社会生活需求的方法。但他也指出，这实在不是一件容易的事。应该说，在教学活动中，有可能会采取这样的步骤，但不能把它作为教学过程的一般规律。

2. 从做中学

杜威认为，儿童出生后几乎对每一件事情都要学习，例如，看、听、伸手、触摸、保持身体平衡、爬、走等。但他要达到精通熟练，就需要练习，需要观察，需要选择有效的动作。在《民主主义与教育》一书中，杜威明确指出："人们最初的知识和最牢固地保持的知识，是关于如何做（how to do）的知识；……应该认识到，自然的发展进程总是从包含着从做中学（learning by doing）的那些情境开始。"[①] 在他看来，儿童应该有机会运用他的身体，并由此

---

① John Dewey. *Democracy and Education*. New York: The Free Press, 1966: 184.

使他的自然冲动有表现的机会。对儿童来说,"做事"本身就是一种最好的教育。教育应该以儿童的本能和冲动为出发点,通过活动(即做事的过程)使他得到新的发展。学校应该采取与儿童校外活动类似的形式。这样,"从做中学"就使得学校中获得的知识与儿童在共同生活的环境中所进行的活动或工作联系了起来。由于杜威相信一切真正的教育从经验中产生,一切学习都来自经验,因此,他所说的"从做中学",实际上也就是"从活动中学""从经验中学"。

对于传统学校教育,杜威进行了尖锐的批判。他指出,传统学校教育方式是与实际的经验情境相脱离的,是与儿童现在的生活相脱离的;它不仅使儿童很少有进行活动的余地,而且企图用各种方式压制儿童的一切身体活动,因此,必然会阻碍儿童的自然发展。因此,在杜威看来,做中学比听中学好。

杜威明确指出,儿童生来就有一种要做事和要工作的愿望,对活动或工作具有强烈的兴趣。在他看来,游戏是儿童幼年期一种主要的、几乎是唯一的教育方式。在游戏时,儿童会用扫帚来当作马,用椅子来当作火车,把一块石头当作桌子,把树叶当作盘子等。杜威强调指出:"为了使儿童的游戏态度不终止于恣意的幻想,并在建造一种想象的世界时,能认识现存的、真实的世界,就有必要使游戏的态度逐渐转化成为工作的态度。"[①]当儿童准备进行工作时,如果不引导他从事工作,那就是蛮横地阻挠他的发展。因此,如果注意使儿童从那些真正有教育意义和有兴趣的活动中进行学习,那也许标志着对于儿童整个一生有益的一个转折点。但是,如果忽视了,那机会一去就不会再来了。

从智力活动的意义上看,工作具有极大的教育价值。工作作为儿童的一种活动方式,是指使用各种材料和工具以及使用各种技巧的一切活动,包括任何形式使用工具和材料的表现活动和建造活动,任何形式的艺术活动和手工活动等。杜威认为,随着儿童的心智在能力和知识上的生长,这种工作不仅成为一种愉快的事情,而且越来越成为理解事物的媒介、工具和手段。如果离开了工作,那不仅取消了兴趣的原则在教育中的地位,而且也不能在经验的理智方面和实践方面之间保持平衡。但是,杜威也指出,儿童的作业或练习,并不是他

---

① 杜威. 我们怎样思维·经验与教育[M]. 姜文闵,译. 北京:人民教育出版社,1991:174.

所指的工作的含义。而且,儿童参与工作不同于所谓功利性的职业教育。学校里各种形式的活动的重要意义,就是使儿童在社会和个人两方面之间保持一种协调。

但是必须看到,杜威又认为,儿童作为一个学习者在做的过程中获得经验,并不是为行动而行动。学习并不是机械地重复使用材料和工具的操作,而是理智上的学习,是用心灵而不是用身体去学习的。对于儿童学习来说,当然也包括对书本的学习。虽然儿童需要以养成活动的能力、技能和习惯为目的,但并不是说他不应该获得知识。因此,杜威也强调指出:"做中学并不意味着用工艺课或手工课取代教科书的学习。"① "书本和阅读能力被严格地视为必须掌握的工具。"②

3. 学习就是要学会思维

杜威认为,思维是明智的学习方法。思维就是准确地、审慎地把所做的事情和它的结果联结起来。一切思维都是有创造性的。对于儿童来说,学习就是要学会思维,尽可能地形成严密的思维方法。教育在理智方面的任务,就是养成清醒的、细心的、透彻的思维习惯,丰富个人的思维,改变个人的思维方式,培养适合有效思维的态度以及优良的反思性思维能力。在活动中,应该让儿童抓住出现的机会,发展对问题的好奇心和敏感性。实际上,对于真正善于思维的人来说,他从失败中学到的东西和从成功中所学到的东西是完全相等的。

但是,在杜威看来,思维是需要训练的,因为单纯的模仿不会产生思维活动。所谓反思性思维,就是对某个疑难或问题进行反复的、严肃的、持续不断的深思,激励人们去探索。所以,教师应该高度重视对儿童的理性思辨能力的培养,就如高度重视训练他们的外在习惯一样。对于思维发展来说,重要的是尊重儿童的个性因素,因为它在心智活动中是不可替代的。

---

① 杜威. 明日之学校 [M]// 杜威全集·中期著作第八卷. 何克勇,译. 上海:华东师范大学出版社,2012: 205.
② Dewey. *The University Elementary School, Studies and Methods*//K. Camp Mayhew, A. Camp Edwards. *The Dewey School*. New York: D. Appleton-Century Company, 1936: 26.

五、儿童和教师

在儿童与教师的关系方面，杜威也批判了传统教育的做法。他强调指出：传统教育的"重心是在儿童之外，在教师，在教科书以及在其他你所高兴的任何地方，唯独不在儿童自己即时的本能和活动之中。在那样的条件下，就说不上关于儿童的生活"[①]。在他看来，在传统教育中，来自教师的刺激和控制太多，而对儿童的兴趣和经验的需要考虑太少，甚至忽略或压抑了儿童这个教育对象。

1. 教育以儿童为出发点

杜威认为，学校生活组织应该以儿童为出发点，一切必要的措施都应该是为了促进儿童的生长。因为是儿童而不是教学大纲决定教育的质和量，所以，教学内容、计划和方法以及一切教育活动都要服从儿童的兴趣和经验的需要。杜威曾这样指出："现在，我们教育中将引起的改变是重心的转移。这是一种变革，这是一种革命。这是和哥白尼把天文学的中心从地球转到太阳一样的那种革命。这里，儿童变成了太阳，而教育的一切措施则围绕着他们转动，儿童是中心，教育的措施便围绕他们而组织起来。"[②]

在杜威看来，教育以儿童为出发点是与儿童的本能和需要协调一致的。心理是一个生长的过程，教育必须从心理学上由探索儿童的能力、兴趣和习惯开始，而以儿童为出发点正体现了这一点。所以，杜威强调指出："学习是主动的，它包含着心理的积极开展。它包含着从心理内部开始的有机体的同化作用。毫不夸张地说，我们必须站在儿童的立场上，并且以儿童为自己的出发点。"[③]在他看来，儿童的发展，儿童的生长，就是教育理想的所在。

---

① 杜威. 学校与社会 [M]// 杜威教育论著选. 赵祥麟，王承绪，编译. 上海：华东师范大学出版社，1981：31-32.
② 同①：32.
③ 杜威. 儿童与课程 [M]// 杜威教育论著选. 赵祥麟，王承绪，编译. 上海：华东师范大学出版社，1981：79.

2. 教育过程是儿童与教师共同参与和互相合作的过程

杜威又认为,对于教育过程来说,它是儿童和教师共同参与的过程,也是真正合作和相互作用的过程。在这个过程中,儿童和教师两方面是作为平等者和学习者来参加的。学校需要有一种儿童和教师在情感上和理智上共同参与的现在的社会生活。

因此,杜威在论述教育以儿童为出发点的同时,也指出教师不应该采取"放手"的政策。教师应该把儿童的兴趣和需要转变成他们发展的手段和使他们的能力进一步发展的工具,即不予以压抑,也不予以放任。在杜威看来,如果在学校生活中教师只是问儿童喜欢做什么,然后就告诉他们去做,教师既不动手,也不动脑,不给儿童以必要的指导,那就不能促进儿童的生长和发展,不能引导儿童有一种生动的和个人亲身的体验,就会使儿童所做的事情仅仅成为一时的冲动和兴趣的表现而稍纵即逝。这里杜威所说的"必要的指导",就是选择对儿童的本能和冲动进行适当刺激,以便使儿童更好地去获得新的经验。

3. 教师应为儿童提供一个实际的经验情境

杜威强调指出:"经验生长的连续性应是教师的座右铭。"[①] 在他看来,教师的首要任务是为儿童提供一个实际的经验情境和适宜儿童生长的机会。因此,教师必须经常而耐心地观察儿童,了解儿童的兴趣和能力,注意儿童的哪些冲动在向前发展。只有这样,教师才能够进入儿童的生活,才能知道儿童要做些什么,才能了解用什么教材能使儿童工作得最起劲、最有效果。

对于传统教育中教师的地位和作用,杜威进行了尖锐的批判,并提出教育以儿童为出发点的观点。但是,他并没有否定教师的作用,与传统教育相比,其区别在于教师应该如何发挥作用。当然,在论述儿童与教师的关系时,杜威过分强调了儿童在教育过程中的地位。正如美国心理学家和教育家布鲁纳指出的:"教育必须从'心理上探索儿童的能力、兴趣和习惯'开始,但是,一个出

---

① 杜威.经验与教育[M]//杜威教育论著选.赵祥麟,王承绪,编译.上海:华东师范大学出版社,1981:368.

发点并不就是整个旅程。为了儿童去牺牲成人或为了成人去牺牲儿童，其错误是相同的。"①

杜威作为现代西方教育史上最有影响的一位教育家，顺应时代和工业发展的趋势，对传统教育的弊病进行了批判，强调儿童心理的发展和研究以及思维能力的训练，主张教育的一切措施都应该有利于儿童的成长，这不仅在教育上有一定的合理因素，而且对现代教育理论（包括幼儿教育理论）的发展起了促进作用。确实，他对20世纪以来教育思想发展的影响和贡献是无可争辩的。实际上，在过去的一百年里，在教育上提供指导最多的人就是杜威。正如美国教育学者斯基尔贝克（M. Skilbeck）所指出的："就所有伟大的教育理论家而言，杜威是至今在教育思想史上被最多人阅读的教育家。"② 美国幼儿教育学者尼莫（J. W. Nimmo）也指出，在瑞吉欧幼儿学校以及其他幼儿教育机构中都可以见到杜威的哲学理念转化为实际行动。③ 但应该看到，也很少有教育家像杜威那样在受到那么多赞扬的同时，又受到了那么多的批评和攻击。这除了由于杜威教育著作的晦涩和他人的误解外，也由于他的教育理论体系自身确实也存在着一些不足之处。

第二节
蒙台梭利论幼儿教育

意大利幼儿教育家蒙台梭利（Maria Montessori，1870—1952）出生于意大利安科纳省的希亚拉瓦莱镇。从高等技术学校毕业后，蒙台梭利进入罗马

---

① J. S. Bruner. After John Dewey, What?//James C. Stone, Frederick W. Schneider. *Readings in the Foundation of Education*. New York: Macmillan, 1971: 99.
② Malcolm Skilbeck. *Dewey*. London: Macmillan, 1970: 33.
③ 卡洛琳·爱德华兹，等.儿童的一百种语言[M].罗雅芬，等译.南京：南京师范大学出版社，2006: 311.

大学医学院学习，并成为了意大利第一位女医学博士。获得博士学位后，蒙台梭利担任了罗马大学附属精神病诊所的助理医生，在思想上受到了美国精神病医生塞甘（E. Sequin）的《白痴的精神治疗、卫生及教育》和法国医学家伊塔（J. Itard）的《关于野生儿阿维龙的报告和回忆录》的影响。在创立儿童之家后，蒙台梭利曾在国内外开设训练班，以进一步传播自己的教育理论。1929年，国际蒙台梭利协会在荷兰成立，她亲自担任主席直到去世。她的主要教育著作有：《科学的幼儿教育方法》（通称《蒙台梭利方法》，1909）、《童年的秘密》（1936）、《有吸引力的心理》（1949）等。蒙台梭利最初研究智力缺陷儿童的心理和教育问题，后来致力于正常儿童的教育实验。她的幼儿教育理论对当代世界幼儿教育的改革和发展产生了广泛而重要的影响。美国教育家杜威1913年在儿童研究联合会上的演讲中就指出：蒙台梭利在解决自己的问题方面是原创性的。[①]

一、儿童之家的创立

1900年春天，意大利全国智力缺陷儿童教育联盟在罗马开办了一个医学教育机构。它附设一所实验示范学校，蒙台梭利受聘担任校长两年时间。这使她有了一个从事智力缺陷儿童教育的机会。这所学校后来以"国立特殊儿童学校"著称。

此后，蒙台梭利一直希望有机会把智力缺陷儿童教育的方法应用于正常儿童。1906年底，这种机会终于来了，罗马优良建筑协会会长塔莱莫（E. Talamo）设想在圣洛伦佐贫民区的公寓里开办学校，并聘请蒙台梭利负责。蒙台梭利的朋友建议把这所学校命名为"儿童之家"（Casa dei Bambini），意为"公寓中的学校"，带有家庭的含义。1907年1月6日，第一所儿童之家在罗马圣洛伦佐区玛希大街58号公寓里正式创立。它招收了50多名3~6岁的儿童。

在儿童之家的开办典礼上，蒙台梭利在她的演说中高兴地指出："贫困者有了一个理想的住宅，这是他们自己的家。在贫困和罪恶所笼罩的广场，一种道

---

① 杜威.在儿童研究联合会上的演讲[M]//杜威全集·中期著作第七卷.刘娟，译.上海：华东师范大学出版社，2012：283.

德拯救工作正在进行。人们的心灵正在从罪恶的麻木中、从无知的阴影中解脱出来。幼儿也有了他们自己的'家'。新的一代正在迎接新的时代——将不再有苦难和悲哀的时代。在他们去迎接的时代中，罪恶和悲惨的黑暗洞穴将成为过去的事情，他们在生活中将不再发现束缚的缰绳。"① 她还指出："在这里，我们第一次看到实现长期以来所讨论的教育理想的可能性。我们把学校建在居民住宅区，这还不是理想的全部。我们还把学校作为集体的财富，使它处在父母的视线之下，教师则用整个生命去实现它的崇高使命。"②

在儿童之家里，所有的一切都有助于儿童的发展。蒙台梭利强调指出："'儿童之家'的目的是帮助和指导儿童在3至6岁这个重要时期的成长发展。'儿童之家'是一个培育儿童的花园。"③ 在她看来，在儿童之家里，关注儿童的教育、健康、身体和精神的发展，采用适合儿童年龄的方式进行。在那些干净明亮的教室里，有装饰着鲜花的低矮窗户、仿制现代家庭家具的各种微型家具、小桌子、小扶手椅、漂亮的窗帘、儿童可以自己开门的矮橱以及橱内有儿童自己可以随意使用的各种教具。总之，所有这一切正是对儿童生活的一种真正的和实际的改进。对于儿童来说，儿童之家是他们的真正的"家"，他们就是儿童之家的主人。它具有两个价值：一是社会价值，二是教育价值。

在蒙台梭利的努力下，儿童之家的实验是成功的，儿童的心智发生了很大的变化。越来越多的访问者去那里参观并给予赞扬。接着，蒙台梭利又在罗马和米兰相继成立了一些儿童之家。在友人的建议和鼓励下，蒙台梭利写成了《蒙台梭利方法》（原名为《应用于儿童之家的科学的幼儿教育方法》），记述了儿童之家的实践及其理论，于1909年出版，在世界上产生了广泛的影响。

二、儿童发展观

从发展的观点出发，蒙台梭利认为，儿童是一个发育着的机体和发展着的

---

① 蒙台梭利.科学的幼儿教育方法[M].单中惠，译.济南：山东教育出版社，2018：41.
② 同①：53.
③ 同①：99.

心灵。幼儿处在不断生长和发展变化的过程中，而且主要是内部的自然发展。在这个连续的自然发展过程中，幼儿的发展包括生理和心理两方面的发展。这可以称之为"实体化"。在她看来，存在着一种神秘的力量，它给新生儿孤弱的躯体一种活力，使他能够生长，教他说话，进而使他完善。对于儿童来说，"由于直接受一种神秘的、巨大的和奇特的力量的支配，因此，他逐渐实体化。通过这种方式，他变成了一个人"①。

1. 儿童的生理和心理发展

在生理方面，蒙台梭利认为，幼儿刚诞生时是处于一种明显的孤弱状态，表现出一副令人怜悯的样子，在相当的一段时间里，他孤弱而不能自助，不能说话，不能站立，不断地要人留心。他唯一能发出的声音就是哭泣或叫喊，让人奔过去帮助他。但是，幼儿的个体是在不断发展的，并使潜伏着的生命力量逐渐显现出来。例如，手的运动显示出儿童的思想；行走使儿童获得解放和走向自由。

在蒙台梭利看来，幼儿身体内含着生气勃勃的冲动力。正是这种本能的自发冲动，赋予他积极的生命力，促使他不断发展。一是主导本能。这种本能对处于生命初创时期的婴儿提供指导和保护，既没有力量也没有拯救自己手段的孤弱生物，甚至决定物种的生存。二是工作本能。这是人的基本特征。幼儿正是通过不断的工作在进行创造，使他自己得到充分的满足，并形成自己的人格。它既能使人类更新，又能完善人类环境。

在心理方面，蒙台梭利认为，幼儿的心理发展既有一定的进程，又有隐藏的特点。幼儿是一个"精神（心理）的胚胎"。因为每一个婴儿都有一种创造本能，一种积极的潜力，能依靠他的环境，构筑起一个精神世界，所以，幼儿不仅作为一种肉体的存在，更作为一种精神的存在。只是他的精神深深地隐藏着，不立即表现出来；而且，每个幼儿的精神也各不相同，各有自己的创造性精神。

在蒙台梭利看来，幼儿开始一无所有，经过适宜的环境的刺激，逐渐表现

---

① 蒙台梭利. 有吸收力的心理[M]. 单中惠，译. 济南：山东教育出版社，2018：26.

出令人惊叹和不可思议的心理活动，显现出自己特有的个性。而且，幼儿的精神生命是独立于、优先于和激发所有外部活动的。幼儿具有一种下意识的感受能力，积极地和有选择地从外部世界中进行吸收，成为他自己心理的一部分。因此，蒙台梭利把幼儿的心理称为"有吸收力的心理"。一个人在童年时期所获取和吸收的一切会一直保持下去，甚至影响其一生。

2. 儿童心理发展中的敏感期

蒙台梭利认为，儿童具有独特的内在敏感性。总是渴望去观察事物并被它们所吸引。因此。在他的心理发展中会出现各种"敏感期"。她指出："儿童此时正处于工作的敏感期，一种神奇的力量正在使儿童孤弱无助的状态消失，并用它的精神去激发他。"[①] 人的智力发展正是建立在儿童敏感期所打下的基础上的。对于儿童来说，敏感期是一个最重要的和最神秘的时期。在敏感期，儿童具有了一种令人惊讶的力量，最容易接收外界的印象，并获得某些心理能力来使自己适应外部环境。他们对每样事情都易于学会，对一切都充满了活力和激情。对于蒙台梭利的敏感期理论以及把它作为学前教学与发展的基础，苏联心理学家维果茨基给予了肯定："蒙台梭利发现的事实仍然有自己的说服力和效力。"[②]

秩序的敏感期。幼儿对秩序的敏感从出生第一年就出现并一直持续到第二年，甚至在他出生后的第一个月里就可以感觉到。这是幼儿的一种内部的感觉，以区别各种物体之间的关系，而不是物体本身。

细节的敏感期。幼儿在 1~2 岁时会表现出对细节的敏感，他的注意力往往集中在最小的细节上。例如，一块肥皂被放在脸盆架上，而没有被放在肥皂盒里。这表明幼儿的精神生活的存在，以及幼儿和成人具有两种不同的智力视野。

行走的敏感期。这是在幼儿的发展中最容易观察到的一个敏感期。幼儿行走第一步，通常标志他从 1 岁进入 2 岁。这时候，似乎有一种无法抗拒的冲动驱使幼儿去行走。幼儿通过个人努力学会走路，并逐渐取得平衡和获得稳健的步伐。

---

① 蒙台梭利.童年的秘密[M].单中惠，译.济南：山东教育出版社，2018：35.
② 维果茨基.思维与语言[M]//维果茨基教育论著选.余震球，选译.北京：人民教育出版社，1994：260.

手的敏感期。幼儿会朝着外界的物体伸出小手。这个动作的最初推力代表幼儿自我要进入外部世界之中。大约在1岁半至3岁之间，幼儿经常抓握物体，特别喜欢把东西打开，随后又把它关上。蒙台梭利认为，正是通过手的活动，幼儿才能发展自我，发展自己的心灵。随着年龄的增长，幼儿的手将能按照他所看到的成人那样，以一种清晰的合乎逻辑的方式行动。

语言的敏感期。幼儿开始学习说话，他所获得的语言是他从周围环境中听到的。当他说第一句话时，并不需要为他准备任何特殊的东西。幼儿开始是咿咿学语，然后说单词，接着将两个单词组成句子，再就是模仿更复杂的句子。这些阶段是以连续的方式出现的，而不会截然分开。在蒙台梭利看来，语言能力的获得和运用，是幼儿智力发展的外部表现之一。

3. 儿童心理发展与生理发展的关系

蒙台梭利强调指出，应该注意幼儿的心理发展和生理发展之间的密切关系。她说："如果说心理的压抑会影响一个人的新陈代谢并因而降低了其活力的话，那可以肯定，也会发生相反的情况，那就是，富有激励作用的心理体验能够增强新陈代谢的机能，并因而促进一个人的身体健康。"[①]

蒙台梭利特别指出，幼儿在他的心理发展过程中，如果遇到一个有敌意的和不相容的环境，加上成人的盲目压抑和干涉，那就会在人们毫无知觉的情况下出现各种心理畸变。例如，幼儿会坐立不安地乱动，表现出心灵神游的现象；幼儿过分依附于成人，使自己的创意性能力衰退；幼儿把自己依附于某种物质的东西，表现出强烈的占有欲；幼儿的权力欲使他想通过利用成人，以满足自己无止境和变化无常的欲望；幼儿会产生沮丧和缺乏自信的情绪，表现出自卑感；幼儿会出现说谎的现象；等等。在幼儿身上，这些心理畸变并不是孤立存在的，而是相互联系的。由于随着一种心理畸变的产生，往往又会产生另一种相关的心理畸变，因此，在一个幼儿身上就可能会同时出现几种心理畸变的情况。

在蒙台梭利看来，心理畸变作为一种功能性的失调，会使幼儿的心理处于

---

① 蒙台梭利.童年的秘密[M].单中惠，译.济南：山东教育出版社，2018：128.

紊乱的状态。幼儿一旦出现了心理畸变的征兆，也就失去了保护自己并保证自己处于健康状态的敏感性，同时也会引起身体的失调。所以，对于这种功能性的失调，必须进行精心的治疗，才能使幼儿的心理正常地发展。如果不消除幼儿的心理畸变，这些心理畸变将会伴随他们的一生。

三、童年期是人生中最重要的时期

蒙台梭利认为，童年期是人的生命的第一个阶段，也是最早的最重要的和最有意义的一个阶段。这不仅是儿童心智形成期，而且是儿童整个心理能力建构期。

1. 童年期的真正目的

在童年期，儿童既创造自我，又实现和谐，即必须做一些事情为整个生物群体服务。儿童完成的创造是很大的，也就是创造一切，并影响这个世界。因此，蒙台梭利指出："在人的个体发育上，幼儿时期的真正作用就是在一个具有适应性的时期建构一种行为范式，以使他能够在其周围世界中自由行动并产生其影响。所以，今天，儿童必须被看做是一个联合点，一个把不同历史时期和不同文明水平联系起来的连接点。幼儿时期确实是一个重要的时期。"[1]

2. 3 岁是人生的一条分界线

在人的生命中，头三年和以后各个时期之间似乎画了一条分界线，那是因为 3 岁以前被称为"心理胚胎期"，只是到 3 岁时才开始有充分的意识和记忆，并能够在很大程度上独立、自由地支配他自己。正如蒙台梭利所指出的："在 3 岁时，儿童的生命似乎重新开始了。因为意识这时闪烁出它的全部光芒，辉煌夺目。在无意识发展和有意识发展这两个阶段之间，似乎存在着一条明显的分界线。在前一个阶段，不可能存在有意识记忆。只有在意识产生之后，我们的人格才能够统一，因而才会有记忆力。"[2]

---

[1] 蒙台梭利. 有吸收力的心理 [M]. 单中惠，译. 济南：山东教育出版社，2018: 67.
[2] 同上: 170.

在蒙台梭利看来，从3岁至6岁，儿童开始了一个真正的构建阶段。在这一阶段，儿童"能够有思考地和有意识地应付他的环境。他以前所创造的那些被隐藏的能力现在能够展现出来，因为他有机会在他周围世界中有意识地获得经验了。这样的经验并不仅仅是玩耍或者一些无目的的活动，而是他为了自己发展而必须进行的工作。他的手受理智的支配而开始从事人类所特有的工作。……儿童过去仿佛通过一种无意识的智力去吸收世界，而现在是'用他的手去占领'世界"[1]。相比3岁之前，这是一个通过工作和活动进行构建和完善的阶段，不仅表现在身体和心智上，而且表现在性格上。到6岁时，儿童已充分成熟，也就是说他可以参与学校生活了。

四、论幼儿教育的原则及环境

蒙台梭利尖锐地批评传统的学校教育和旧的家庭教育，指出它们忽视儿童的内在因素和压抑儿童个性的发展，其结果必然阻碍了儿童生理和心理的正常发展。由此，她对幼儿教育的原则及环境进行了很好的论述。

1. 幼儿教育的原则

蒙台梭利认为，儿童教育是人类最重要的一个问题。它的目的是两重性的：生理的和社会的。从生理方面来看，是帮助个人的自然发展；从社会方面来看，是使个人为适应环境作好准备。为了促使儿童生理和心理的良好发展，儿童的教育应该始于诞生时。在幼儿的教育中，要注意两条原则。

（1）自由原则。

根据蒙台梭利的儿童发展观，幼儿的内在冲动是通过自由活动表现出来的，他能根据自己的心理需要和倾向以及自己的特殊爱好选择物体进行活动。她强调指出："科学教育学的基本原理必须是学生的自由——这样的自由将允许个人的发展，即儿童本性的自由表现。"[2]因此，建立在自由基础上的活动是她的儿童

---

[1] 蒙台梭利.有吸收力的心理[M].单中惠，译.济南：山东教育出版社，2018：171.
[2] 蒙台梭利.科学的幼儿教育方法[M].单中惠，译.济南：山东教育出版社，2018：24.

之家的指导原则。蒙台梭利曾举了这样一个例子：有一天，儿童之家的老师到校较迟，而且事先又忘记关上小柜子的门，因此等老师到校时，看到幼儿们站在小柜子的周围，其中有些幼儿已取出了自己所需要的教具去活动。这件事情使老师认识到，这些幼儿已能识别教具，并作出自由的选择。那是因为"真正的自由是一种发展的结果，而这种发展是在教育的帮助下一些内在指引的发展。这种发展是积极主动的。它是通过个人的努力和经验而达到的人格建构，也是每一个儿童趋于成熟而必须经历的漫长路程"①。

但是，蒙台梭利又指出，幼儿有充分活动的自由并不意味着他可以为所欲为，想做什么就做什么，幼儿必须在自由的基础上培养纪律性。例如，儿童之家的幼儿要遵守以下规则：保持个人的整洁，服从教导，表现良好的品行等。对于自由和纪律两者的关系，蒙台梭利说过一段十分经典的话："自由和纪律如同一枚奖章的两个面，因为科学的自由能导致纪律。硬币通常有两个面：一个面比较漂亮，琢刻得很好，并带有头像或寓意的图案；另一个面则修饰较少，除了数字或一些文字外就没有什么东西了。我们可以把修饰较少的一个面比作自由，把琢刻得很好的一个面比作纪律。"②在她看来，自由并不是放纵，自由和纪律是同一个事物不可分离的两个方面。自由活动是形成真正的纪律的重要方式，而纪律必须通过自由而获得，真正的纪律也必须建立在自由活动的基础上。

蒙台梭利还认为，纪律的目的就是为了工作和活动。她这样指出："真正的纪律的第一道曙光是来自于工作的。在一个特定的时刻，奇迹出现了：一个儿童对一种工作产生了强烈的兴趣。这种兴趣从他的脸部表情、他的高度注意力和他对同一练习的坚韧态度中表现出来。这个儿童开始走上通向纪律的道路。"③

（2）工作原则。

蒙台梭利认为，在人的天性中，工作是一种天赋倾向，是人所特有的本能。因此，使幼儿身心协调发展的活动就是工作，而工作就是儿童精神的主要表现。如果儿童能全神贯注地工作，那正证明这种工作能满足他内在的需要。在敏感

---

① 蒙台梭利. 有吸收力的心理 [M]. 单中惠，译. 济南：山东教育出版社，2018：211.
② 同①：294.
③ 蒙台梭利. 科学的幼儿教育方法 [M]. 单中惠，译. 济南：山东教育出版社，2018：290.

期，给幼儿满足其内心需要的活动，他就能专注地和独自地反复进行练习。这个过程也就是幼儿生理和心理实体化的过程。这不仅使幼儿得到了心理上的满足，而且使他获得了独立的能力。蒙台梭利曾列举这样一个例子：一个大约 3 岁的女孩在玩圆柱嵌入物时，尽管她周围有许多干扰，但仍专心致志地一遍一遍重复"放进"和"取出"的动作，处于忘却外部世界的状态，一直重复工作到第 42 遍时才停下来，仿佛从梦中醒来并高兴地微笑着。对此，蒙台梭利强调指出："当儿童每一次经历这种体验之后，他就像一个经过休整的人，充满着活力，看起来似乎感受到很大的欣喜。"① 她还指出："当儿童的工作是完美的和多样的时候，就如春天里盛开的鲜艳花朵以及准备秋天里收获味道甜美的和营养丰富的果实的时候一样。"② 总之，工作对于幼儿来说是极有帮助的，能有助于他的肌肉的协调和控制，能使他发现自己的潜力，能有助于他培养独立性和意志力，能使他获得力量和思想，能使他在生命力不断展现的神秘世界中练习自己并进一步完善自我。这充分表明，正是通过工作，人塑造了他自己。

实际上，儿童是从来就不知疲倦的工作者。他在工作中会表现出"重复练习"的专门特征，这实际上使他的内在生命得到建构。例如，儿童喜欢反复进行对他们最有吸引力的造塔练习等。重复练习是通过对生命自身的控制而使人帮助生命变得完美。因此，蒙台梭利指出："*生命发展的练习在于重复之中*，而不在于仅仅掌握'重复'这一观念。当儿童已达到重复练习的阶段时，他已走上通向自我发展的道路，其外部标志就是他的自律。"③

值得注意的是，儿童的工作与成人的工作虽然在目的特征和节奏上是截然不同的，但它们都是同样真实的活动。儿童的工作是一种伟大的、重要的和困难的工作，实际上就是造就人的工作。因此，蒙台梭利指出：儿童的"工作目的就是创造成人。……他的劳动结果并不仅仅是物质的东西，而且是他正在塑造的人类本身——不仅是一个种族、一个阶层或一个社会集团，而且是整个人类"④。

---

① 蒙台梭利.童年的秘密[M].单中惠,译.济南：山东教育出版社,2018：112.
② 蒙台梭利.有吸收力的心理[M].单中惠,译.济南：山东教育出版社,2018：284.
③ 蒙台梭利.科学的幼儿教育方法[M].单中惠,译.济南：山东教育出版社,2018：296.
④ 同②：15.

2. 幼儿教育的环境

儿童之家的教育体系特别注重儿童的环境，并使环境成为整个教育体系的中心。因为环境会影响儿童生命的发展，不仅使儿童在环境中敞开自己的心灵之门，而且使儿童在环境中接触现实生活。因此，蒙台梭利强调指出："教育的第一个任务就是提供一个环境，并在这个环境中允许儿童和帮助儿童发展自然赋予他的那些功能。这不是一个仅仅让儿童高兴的问题，而是一个与自然命令合作的问题。"[①] 在她看来，为了促使幼儿生理和心理的正常发展，准备一个适宜的环境是十分重要的，这是一个绝对迫切的需要。因为正在"实体化"过程之中的儿童需要自己特殊的环境，需要外界环境的保护，这就如胚胎在母亲子宫这样一个适宜的环境中发育成熟一样。在这样的环境里，应该充满着爱和温暖，有着丰富的营养，所有的东西都不会对幼儿有伤害。虽然幼儿心理的发展是受其内在本能所引导的，但外部环境为幼儿心理的发展提供了媒介。实际上，只有给儿童准备一个适宜的环境，才能开创一个教育的新纪元。因此，蒙台梭利指出："我首先将注意力转向环境问题，这当然包括教室的设施。"[②] 对环境的注重，既是蒙台梭利方法的特点，也是她倡导的新教育的三个要素之一。因为旧教育只包括教师和儿童两个要素，而新教育包括了教师、儿童和环境三个要素。在蒙台梭利的教育体系中，除了教师和儿童之间发生关系外，教师和儿童都要与环境发生关系。

蒙台梭利认为，给幼儿提供的那种环境应该是一个自由发展的环境。在那里，尽可能地减少障碍物，使幼儿自然地得到发展，有助于幼儿创造自我和自我实现。它应该是一个有秩序的环境。在那里，幼儿能安静而又有秩序地生活，有规律地生活，减少生命力的浪费，以便不断地完善与发展他自己的生理和心理。它也应该是一个生气勃勃的环境。在那里，幼儿充满生气、欢乐、真诚和可爱，毫不疲倦地工作，精神饱满地自由活动，并不断地完善各种活动。它还应该是一个愉快的环境。在那里，几乎所有的东西都是为幼儿设置的，适合于

---

① 蒙台梭利.为了新世界的教育·童年的教育[M].单中惠，等译.济南：山东教育出版社，2018：41-42.
② 蒙台梭利.科学的幼儿教育方法[M].单中惠，译.济南：山东教育出版社，2018：68.

幼儿的年龄特点和身体发育，对幼儿具有极大的吸引力。

在蒙台梭利看来，给幼儿提供一个适宜的环境，也就是提供最有利于幼儿生长和发展的外部条件。因为幼儿的生长和发展有赖于不断地使幼儿和他的环境之间的关系变得密切起来，有赖于良好的外部条件。可以说，幼儿正是利用他周围的一切塑造了自己。所以，蒙台梭利始终强调，一个适宜的环境实际上为幼儿开拓了一条自然的生活道路。这个环境就像风暴中的庇护所，像沙漠中的绿洲，像精神休憩的港湾，时刻确保儿童健康正常地发展。"如果儿童没有这种活动的环境，那他的一切都是脆弱的、偏离的和封闭的。他会变成一个难以理解和不可思议的人，表现出空虚、无能、任性、令人讨厌和脱离社会。"[①]

值得注意的是，蒙台梭利强调教师及成人也是儿童环境的一部分，他们必须使自己适应儿童的需要，而不要成为儿童发展的障碍。蒙台梭利还特别对理想的教师的仪表姿态提出了具体要求：作为环境的一部分，教师必须使她自己是富有吸引力的，行为举止要尽可能文雅得体，整洁芳香，快乐端庄。

五、论幼儿教育的内容和方法

在蒙台梭利的教育体系中，幼儿教育的内容和方法是一个重要的组成部分。蒙台梭利指出，在儿童之家中对幼儿的教育应该包括以下四个方面。

1. 肌肉训练

儿童是一个正在成长发展的有机体，身体运动服务于生命和精神的发展。对于幼儿身体的正常发展来说，肌肉训练是十分重要的。蒙台梭利作为一位医生，很强调幼儿的身体发育以及体操活动的作用。她认为，幼儿期是肌肉训练的一个重要时期，应该为幼儿设计各种有助于肌肉训练的体操。医学解剖学表明，在幼儿的身体发育中，躯干比下肢长得快，在早期两者不成比例，而且腿部较短而无力。因此，要让幼儿自然发展，就要给他自己踢和爬的机会，或者以其他方式使他不把身体重量放在腿上，以免腿部肌肉过度紧张。同时，要鼓

[①] 蒙台梭利.童年的秘密[M].单中惠，译.济南：山东教育出版社，2018：151.

励幼儿多做些体操练习，但又要注意避免压制幼儿的自然活动。

为了帮助幼儿进行肌肉训练，蒙台梭利设计了一些专门的器械和设施，例如，平行木栅、摇椅、球摆、螺旋梯、绳梯、跳板、攀登架等。以绳梯为例，由于儿童攀登用麻绳做的带有横木棍的梯子爬上爬下，就可以锻炼上下肢、手的抓握以及身体的平衡等。

她还设计了有音乐节奏的走步、跑步和跳跃练习，既使幼儿感到有兴趣，又锻炼了幼儿肌肉的力量，还发展了幼儿的节奏感。

此外，幼儿还可以利用球、铁环、棍棒、豆袋、手推车等开展自由的活动性游戏。这对幼儿的肌肉训练也有很大的作用。但是，蒙台梭利反对福禄培尔提出的象征性游戏，并把玩具看成是儿童不喜欢的东西，这显然是片面的。

蒙台梭利强调指出，肌肉训练不仅有助于幼儿的身体发育和健康，而且有助于幼儿动作的灵活、协调和正确，还有助于锻炼幼儿的意志和发展幼儿之间的合作关系。

2. 感官训练

感官训练是儿童发展的途径，在儿童之家里占有突出的地位。蒙台梭利认为，感官训练是儿童思想和动作的整体活动，因此，必须对幼儿进行系统的和多方面的感官训练，使他们通过对外部世界的直接接触，发展敏锐的感觉和观察力。这是幼儿高级的智力活动和思维发展的基础。在她看来，3~6岁是幼儿生理和心理迅速发展的时期，也是感官训练的重要时期，幼儿的各种感觉也先后处于敏感期。而且，感官训练也应该在整个教育阶段进行。感官训练不仅关系到幼儿感官能力的发展，也关系到幼儿智力的发展。蒙台梭利强调指出：感官训练的目的"不在于让儿童认识各种颜色、各种形状和不同性质的物体，而在于通过注意、比较和判断的练习使儿童自己的感觉更加敏锐。这些练习是真正的智力训练。通过各种方法的正确指导，这样的练习可以促使智力形成"[①]。

为了对幼儿的每一种感官单独进行专门训练，感官训练应该包括视觉、听

---

① 蒙台梭利.科学的幼儿教育方法[M].单中惠，译.济南：山东教育出版社，2018：298.

觉、嗅觉、味觉和触觉的训练。每种感官又可以按其性质和形式分别进行训练。在进行感官训练时，可以先让幼儿识别物体的相同属性，再识别物体的不同属性，最后识别相差较小的物体属性。

在蒙台梭利的感官训练中，触觉训练是最主要的方面。触觉是最基本的感觉，幼儿常常以触觉代替视觉或听觉。触觉训练按其性质的不同，可以分为辨别物体是光滑的还是粗糙的滑度触觉训练，辨别温度冷热的温度触觉训练，辨别物体轻重的重量触觉训练，以及辨别物体大小、长短、厚薄和形体的实体触觉训练等。

视觉训练包括识别物体度量、形状和颜色的训练。听觉训练包括辨别和比较极其微弱的声音，并对噪音产生反感。嗅觉训练包括提高嗅觉的灵敏度。味觉训练包括识别各种味道的训练。

蒙台梭利认为，应该将外部世界对幼儿感官具有吸引力的刺激系统地组织起来，设计和制成教具材料，并利用这些教具材料引导幼儿进行有目的和有秩序的感官训练活动。她强调指出："感官教具给儿童提供一把引导他去探索世界的钥匙，以拓展他的视野，使他比在无知的或未受教育的状况下能够更仔细地看到更多的东西。同时发生的是，与儿童的高级能力相关的所有一切东西都成为了一种刺激，不仅促使他工作的创造力，而且扩展他探索心理的兴趣。"[①] 因此，这些教具材料既能符合幼儿心理发展的特点，又能激起幼儿的兴趣，还能使幼儿的注意力保持集中。例如，训练触觉的教具材料有"粗滑板"（在长方形木板上各贴一半光滑和粗糙的纸或交错贴光滑和粗糙的纸）、"轻重板"（用三种不同质地的木料制成的光滑小板，漆上不同的颜色）；训练视觉的教具材料有圆柱嵌入物、各种几何图形的嵌板、64种颜色和色调深浅不同的丝线卷板等；训练听觉的教具材料有六个分别装着不同小东西和摇动时会发出不同声音的有盖木盒、外形相同但敲打时会发出不同音色的小铃铛串等。

蒙台梭利还认为，每种教具材料都配合一系列的固定动作，各训练一种特殊的感觉。在由易到难地有次序使用教具材料进行感官训练时，应该使幼儿的

---

① 蒙台梭利.有吸收力的心理[M].单中惠，译.济南：山东教育出版社，2018：187.

注意力集中于一种感觉的刺激，并能在观察、辨别、比较和判断的基础上，找出错误并自我更正，以增进实际的感觉经验。例如，在训练触觉时，要求幼儿蒙着眼睛进行，以排除视觉的干扰。

3. 实际生活练习

蒙台梭利十分重视幼儿的实际生活练习。实际生活练习可以分成两大类：一类是与儿童自己有关的，另一类是与环境有关的。与儿童自己有关的实际生活练习主要是自我服务，包括穿脱衣服、梳头、刷牙、洗手、洗脸、刷鞋、洗手帕等。与环境有关的实际生活练习主要是管理家务的工作，包括卷小毯子、扫地、拖地板、擦桌子和椅子、擦亮门手柄、打扫走廊、削土豆、剥豌豆、摆餐桌、端菜、洗盘子、开关门窗、整理房间等。通过实际生活练习，幼儿可以培养独立生活和适应环境的能力。

为了有利于幼儿参加实际生活练习，蒙台梭利认为，儿童之家应该摆设与幼儿身材相适应的小型家具、小桌子、小扶手椅，以及幼儿自己可以方便地打开的小橱；还应该备有小扫把、色彩缤纷的抹布、小刷子、小肥皂和轻便的清洁卫生用具等。室内应有足够的空间，让幼儿自由地活动和练习。她还设计了专门的教具，使幼儿通过反复练习，学会解纽扣、系鞋带、打结等动作。等到这些动作熟练后，幼儿们就会想到自己穿衣服或帮其他人穿衣服来试一试。

此外，蒙台梭利认为，园艺活动和手工作业不仅符合幼儿的兴趣，而且有助于他的生理和心理的发展。应该让幼儿参加户外的园艺活动，例如，刨土、下种、浇水、植花、喂养小动物等。通过园艺活动，可以使幼儿产生对自然的热爱，获得新的生活经验，得到更大的满足，并促进智力的发展。蒙台梭利还主张幼儿进行专门的手工作业，例如绘画、泥工等。幼儿可以先用手指触摸各种几何图形的轮廓，再把这些形体放在纸上，把它们的轮廓勾画出来，然后用颜色笔给形体轮廓涂色。在经过一段时间的练习之后，幼儿会由涂得不规则变成涂得正确和均匀整齐。对于这样的绘画工作，儿童往往乐此不疲。蒙台梭利认为，这也为写字作了准备。另外，幼儿也可以用泥土做常用的生活用品和各种物品的小模型。这时应该让幼儿按照自己所喜欢的方式去做。但蒙台梭利反对通过绘画等工作来培养幼儿的想象力，那也是片面的。

在蒙台梭利看来，幼儿的实际生活练习除了培养他们的独立性和掌握技能外，还可以练习各种动作，使自己更完善起来。从动作练习这一点来说，实际生活练习与肌肉训练是密切联系的。在儿童之家中所运用的方法最重要的实用方面之一，就是肌肉训练紧密联系儿童的实际生活。

4. 初步知识教育

蒙台梭利认为，3~6岁的幼儿天生具有学习初步知识的能力，完全可以教他们学习阅读、书写和计算。儿童之家的儿童原来没有机会学习或掌握什么，但一旦有了机会，他们就会十分渴望学习文化知识。实际上，初步知识教育与感官训练是相联系的，正确的感官训练有助于初步知识的教育。

在学习阅读和书写时，书写的练习一般先于阅读的练习。通过触觉的训练，幼儿可以自然地进行书写练习；给幼儿一支笔，他就会在描摹的基础上"爆发"出写字的能力，不断地写，任意地写，到处去写。蒙台梭利还设计了简单的字母教具让幼儿进行练习，使视觉、触觉、听觉和发音结合起来。对此，幼儿很感兴趣，并很快就能辨认和记住字母的形体，学会辨别语音和拼音，阅读单词和理解短句。蒙台梭利在儿童之家的实践中发现，幼儿学习书写的年龄是3岁半至4岁半。

在学习计算时，可以先利用幼儿日常生活中接触到的物体，帮助他们练习计算。由于它与日常生活联系，因此，幼儿很感兴趣。然后，再用图形数字进行认数和记数的练习。最后，教幼儿学会1到20的加减乘除。蒙台梭利根据直接的实际经验指出，6岁以前的幼儿对此不会有什么困难。

瑞士心理学家皮亚杰曾这样指出："蒙台梭利对于智力缺陷儿童心理机制细致的观察便成了一般方法的出发点，而这种方法在全世界的影响是无法计算的。"[①] 但是，应该看到，蒙台梭利的教育方法也带有机械的和形式主义的性质，因而受到了一些教育家的批评。

---

① 皮亚杰.教育科学与儿童心理学[M].傅统先，译.北京：文化教育出版社，1981：149.

六、论儿童的能力发展和性格建构

蒙台梭利还对儿童的能力发展和性格建构进行了很好的论述。

1. 儿童能力的发展

在儿童的发展中,蒙台梭利关注他的各种能力的发展,诸如专注力、意志力、观察力、探究力、想象力以及模仿力等。

就专注力而言,蒙台梭利认为,在儿童发展中的第一个要素就是专注力。也就是说,儿童必须学会如何集中注意力,能够使自己专心致志。例如,在儿童之家中,有的儿童在进行感官训练,有的儿童在进行实际生活练习,有的儿童在做算术练习,有的儿童在书写字母,有的儿童在画图画,总之每个儿童都对自己手中的工作全神贯注。具有专注力的儿童在他的内心会产生一种新的意识,即他自己的个性。这是儿童以后所出现的一切的基础。

就意志力而言,蒙台梭利认为,意志力能够激发儿童的生命活动。但是,意志力是儿童通过有序的练习逐渐得到增强和发展的。儿童意志力的形成发展是一个缓慢的过程,要依赖于环境的帮助。而且,意志力只能在服从自然法则中得到发展。

就观察力而言,蒙台梭利认为,观察力能够唤起儿童去认识周围的事物。在儿童的心理生活中,首要的是使儿童逐步认识他将在其中生活的那个世界。作为一个积极的自发观察者,儿童会通过他自己的感官不断地从周围来吸收印象,并得到满足感。

就探究力而言,蒙台梭利认为,探究力能够引领儿童去探寻和发现。好奇的儿童总是不断地提出各种问题,这是他的一种渴望求知的心灵表达,也是一种试图探寻信息的心智表现。随着儿童的发展,他的好奇心得到了升华。

就想象力而言,蒙台梭利认为,想象力是发现真理的一种力量,能够使儿童的眼界超越具体事物。儿童具有伟大的想象力,他的心智会高于他能够看到的事物及其性质。例如,在儿童的游戏中,一张桌子变成了一幢房子,一把椅子变成了一匹马,等等。在这一点上,蒙台梭利是与福禄培尔有所相似的。

就模仿力而言，蒙台梭利认为，模仿力能够给儿童提供激励和关注。因此，最重要的是，儿童应该为模仿作好准备。儿童最初的努力在于形成自己的模仿能力，其目的是想把自己变成所期望的人。正是通过这种模仿，儿童为自己在世界中起作用作好了准备。

2. 儿童性格的建构

蒙台梭利认为，儿童建构自己的性格，因此他不只是一个独立的生物，而是一个享有独立人格的个体。伴随着社会生活，儿童渐渐形成了他的性格。3岁至6岁，正是儿童性格发展的一个时期。蒙台梭利强调指出："我们把儿童性格的发展设想为与他们自我努力有关联的一种自然结果。这种自我努力是与任何外界因素无关的，但取决于儿童充满活力的创造以及他在日常生活中遇到的障碍。"① 但是，在不利于儿童正常和健康发展的条件下，他的性格缺陷就会产生。简单地区分一下，儿童的性格缺陷可以分成强势型儿童表现的缺陷和弱势型儿童表现的缺陷。前者的缺陷是反复无常、有暴力和易怒倾向、不服从和过分自信等；后者的缺陷是被动消极等。对于儿童正常发展来说，他们的性格缺陷应该得到及时的纠正。

随着生命的开始，儿童就努力去获得独立。所谓"独立"，就是没有其他人的帮助，他能够做事情。正是儿童自己的行动，使他在发展中沿着独立的道路前进。在发展的过程中，儿童不断完善自己，并克服其在发展道路上的障碍。因此，教师应该对趋于独立的儿童提供帮助。正如蒙台梭利所指出的："要使任何的教育活动对幼儿训练有效果，就必须帮助幼儿在独立的道路上前进。……我们对儿童的帮助，必须使他们有可能达到各自的目标，满足各自的欲望。所有这些都是培养独立的教育的一部分。"②

由此，蒙台梭利主张构建一个儿童社会群体。在这个群体中，需要自发产生的儿童之间的团结，即"社会群体的凝聚力"。实际上，儿童的群体生活是一个重要的现象，犹如胚胎的生命一样微妙。因此，蒙台梭利明确指出："儿童是

---

① 蒙台梭利. 有吸收力的心理 [M]. 单中惠, 译. 济南：山东教育出版社, 2018: 197-198.
② 蒙台梭利. 科学的幼儿教育方法 [M]. 单中惠, 译. 济南：山东教育出版社, 2018: 81.

一个规模巨大的社会群体，儿童是一种真正的世界力量。如果存在着解救和帮助的希望，那么这种希望就是来自儿童的。因为儿童是人的建造者，也是社会的建造者。儿童具有一种内在力量，这种内在力量能够引导我们走向一个更加光辉灿烂的未来。"① 在某种意义上，儿童所组合的一个社会群体，比成人自己的群体更为完美。

七、论教师的任务和训练

在蒙台梭利的教育体系中，"教师"被改称为"指导员"。蒙台梭利强调指出："按照我的教育方法，教师教得少，观察得多。而且，教师的作用首先是引导儿童的生理发展和心理活动。为此，我把教师的名称改为'指导者'（directress）。"② 在她看来，教师是儿童的观察者和引导者，其主要职责是给幼儿准备一个适宜的环境，给他们开个头和作些必要的指导就够了，其余的应该让幼儿自己去发展。此外，教师还应该是个心理学家，能真正理解儿童和了解儿童的内在需要，不压抑儿童的兴趣和自由活动。1925年7月，在伦敦的国际训练班上，蒙台梭利曾强调指出："每一所蒙台梭利学校都是一个科学实验室，教师准备了实验的条件，允许各种现象的发生。"③

1. 教师的任务

在儿童的生长和发展中，儿童和包括教师在内的成人往往会发生冲突。蒙台梭利认为，这种冲突主要是由于成人引起的，因为成人始终像一个拥有惊人力量的巨人站在儿童旁边，等待着猛扑过去并把儿童压垮。要消除这种冲突，就必须在包括教师在内的成人中间进行一次剧烈的变革，对儿童采取一种新的态度。她强调指出：必须"根除潜藏在我们内心的偏见……必须使自己的内心发生一次根本的变化，防止我们从成人的角度去理解儿童"④。教师应该认识到，

---

① 蒙台梭利. 为了新世界的教育·童年的教育 [M]. 单中惠，等译. 济南：山东教育出版社，2018：导言.
② 蒙台梭利. 科学的幼儿教育方法 [M]. 单中惠，译. 济南：山东教育出版社，2018：144.
③ R. Kramer. *Maria Montessori: A Biography*. New York: G. P. Putnam's Sons, 1976: 297.
④ 蒙台梭利. 童年的秘密 [M]. 单中惠，译. 济南：山东教育出版社，2018：102.

"儿童是真正的成人之父"①。

为了使儿童的生理和心理得到正常的发展，蒙台梭利认为，教师应该发现，在儿童那些不协调的外在表现下面，"有一个被隐藏的人、一个尚未被认识的人、一个被埋没的但必须获得解放的有活力的人。这就是教育所面临的最紧迫的任务"②；"激发生命——让生命自由地发展和展开，——这是教育者的首要任务。……当教师将用这种科学方法触及到每一个儿童的心灵时，她仿佛就像一个无形的神灵唤醒和激励儿童的内在生命"③。具体来讲，教师应该给儿童指明趋于完美的道路，为他开启这个世界关闭的发现花园之门。

当然，要完成这个任务，教师除了拥有指导儿童的教学艺术之外，还必须去掉自己内心里的傲慢和发怒等脾性，放弃过去被认为是教师"神圣权利"的那些特权，使自己不仅在仪表上具有吸引力和令儿童喜爱，而且具备服务、沉静、谦虚、慈爱、耐心、机智等品质。他们应该为幼儿的发展和教育以及成为良好的人类而献出一切。他们应该耐心地观察儿童，对儿童的困境进行反思，引导儿童自己去进行活动并提供必不可少的帮助和指导。因此，蒙台梭利强调指出："教师和儿童之间的积极关系是教育成功的唯一基础。"④但是，这种积极关系不是说教师可以替代儿童自己去活动。

尽管蒙台梭利强调教师的主要任务是观察和引导，但她也指出："这并不意味着，我们必须赞成他们所做的每一件事情，我们必须避免去评判儿童，或者我们可以忽视儿童的智力和情感的发展。完全相反，教师必须牢记他的使命就是教育儿童，并成为儿童的一位真正教师。"⑤

2. 教师的训练

蒙台梭利认为，蒙台梭利式的培训和实践是不可或缺的。在教师的训练中，"应该使我们的教师得到培养的东西更多的是精神，而不仅仅是科学家的机械技

---

① 蒙台梭利.有吸收力的心理[M].单中惠，译.济南：山东教育出版社，2018：291.
② 蒙台梭利.童年的秘密[M].单中惠，译.济南：山东教育出版社，2018：95.
③ 蒙台梭利.科学的幼儿教育方法[M].单中惠，译.济南：山东教育出版社，2018：96.
④ Mario M. Montessori. *Education for Human Development*. New York：Schocken Books, 1976: 27.
⑤ 同②：102.

能；也就是说，教师培养的方向趋于精神应该多于趋于技能"①。具体来讲，教师应该接受专门的训练，从精神上作好准备，熟悉心理学的原理和方法，熟悉教具的性质和使用、掌握教育的方法，成为适宜的环境的保护人。蒙台梭利强调指出：教师"应当更多的是一位心理学家，而不是一位教师，这说明了对教师进行科学培训的重要性"②。她还指出："如果没有一位受过训练的教师，那么，适宜的环境将是无用的，甚至可以说比无用还要糟糕。"③

蒙台梭利开办甚至亲自主持国际训练班，注重蒙台梭利式教师的培训工作。在这种训练班里，除必要的培训课程外，每个学员还要在蒙台梭利学校中进行实际观察，训练结束时要经过书面考试和口试并写出研究报告，才能获得"指导者"文凭。

蒙台梭利的儿童教育学说和儿童之家的实践，使她在幼儿教育方面成为自福禄培尔时代以来在世界上产生影响最大的一个人，被称为"幼儿园改革家"。蒙台梭利所构建的幼儿教育体系根植于实验教育学和实验心理学，强调探索儿童的心灵，尊重热爱儿童，重视儿童的早期教育，精心设计各种教具材料，促使儿童生理和心理的自然发展，许多观念是符合现代幼儿发展和教育理论的，具有一定的科学性和合理性。蒙台梭利方法因而也成为现代幼儿教育的主要方法之一。澳大利亚当代教育家康乃尔（W. F. Connell）在《二十世纪世界教育史》中强调指出："蒙台梭利对20世纪教育潮流的主要贡献，并不是在于她的那些建议，而是在于她的儿童教育学说以及对教育过程的态度的影响。"④但是，蒙台梭利的幼儿教育思想中也存在着一些片面的观点，连她本人也明确表示过自己的学说体系还不够完善。

---

① 蒙台梭利. 科学的幼儿教育方法 [M]. 单中惠，译. 济南：山东教育出版社，2018：8.
② 同①：144.
③ E. M. Standing. *Maria Montessori: Her Life and Work*. New York: A Plume Book, 1962: 276.
④ W. F. Connell. *A History of Education in the Twentieth Century World*. New York: Teachers College Press, Columbia University, 1980: 139.

第三节
德可乐利论幼儿教育

比利时教育家德可乐利（Ovide Decroly，1871—1932）出生于比利时东佛拉芒省雷克内斯的一个工业家的家庭。大学毕业后，他从事身心缺陷儿童的研究。德可乐利从事过身心缺陷儿童的教育，创办了驰名世界的"隐修学校"（L'Ecole de L'Ermitage），致力于儿童教育实验，强调研究儿童生理和心理的发展，从实验教育的角度对西方幼儿教育的发展产生了较大的影响。

一、隐修学校的开办

1901年，德可乐利在比利时布鲁塞尔利用自己的住宅开办了一所特殊儿童学校，招收一些有身心缺陷的儿童，研究适合于这些儿童心理的教育方法。德可乐利夫妇和这些儿童生活在一起，亲自照料他们，并对他们进行观察和教育，取得了显著的成绩。因此，1903年，德可乐利被任命为布鲁塞尔市的特殊教育督学。

在一些朋友的建议和鼓励下，1907年，德可乐利在布鲁塞尔市郊创办了一所生活学校，取名为"隐修学校"，一般称"德可乐利学校"。它招收4~15岁的正常儿童，采用与有身心缺陷的儿童同样的教育方法。这所新型学校的校园宽敞美丽，空气新鲜，阳光充足，还有饲养小动物的地方和花圃等。教学大楼里的每间教室，既是活动室，又是工作室或实验室。在教师的热情鼓励和指导下，儿童可以按自己的兴趣和爱好自由地进行活动，以使自己的身心得到自然发展。总之，自然从各方面围绕着儿童。

后来，以这所学校为中心成立了"新学校联盟"。其目的是"传播和应用教育上的最新观念。……团结一切同情新教育和使新教育摆脱宗教影响，以及要解放而不是压抑儿童的人们"[1]。1917年，德可乐利还成立了一个家长委员会，旨在协助学校工作，为学校集资，并帮助推行德可乐利方法。家长委员会由从每班学生家长中选出的两位代表组成，德可乐利担任主席，后来比利时政府在派人对德可乐利学校进行详细调查后，对其实验工作表示满意，并决定每年在经费上给予资助。

二、生活教育观

德可乐利对传统教育提出了尖锐的批评。他认为，传统教育的弊病主要在于：过多的学术性，过于注重书本教育，而没有充分适应儿童的年龄、兴趣、需要和能力；学习的科目是互相隔离的，没有注意到儿童的思维过程，不能为他们所掌握；儿童花在获得知识上的时间和精力过多，而花在表达上的太少；没有给儿童自由活动和发挥创造性的机会等。据德可乐利1921年对布鲁塞尔学生的调查，"85%的儿童没有从学校教育中得到多少好处，在离开学校时仅有少量一知半解的知识。他们对学术活动不感兴趣，厌恶作业，并表现出沮丧的情绪"[2]。因此，他强调指出："农业或商业不是凝固不变的，教育也没有更多的理由依然故我。经验表明，物理的和社会的环境，生活的需要和条件都在变，因此，就必须适应这些新的因素。教育的方法必须革新。要革新，就得像工业、畜牧和种植那样试验和尝试，即我们所说的实验。教育这事业，必须比人类的任何其他事业更灵活、更有进化的能力。"[3]在德可乐利看来，教育就是要发展儿童的创造力、想象力和观察力，培养他专心工作和合作的精神。

1. 从生活中学习

德可乐利认为，要克服传统教育的弊病，只有使儿童从生活中学习。因为

---

[1] 德可乐利，汉玛宜. 比利时德可乐利的新教育法 [M]. 崔载阳，译. 上海：中华书局，1932：5.
[2] W. F. Connell. *A History of Education in the Twentieth Century World*. New York: Teachers College Press, Columbia University, 1980: 145.
[3] 洪杰熙. 德可乐利的教育学说及其影响 [J]. 外国教育资料，1983（5）.

儿童将是一个参加社会生活的人，所以，教育应该使他愉快地作好这一准备；应该使儿童能接触一般的生活，尤其是社会生活，使他通过对生活问题的了解，尽可能懂得什么是生活。德可乐利强调指出："一个正在生长并有高度发展的大脑机制的生物具有广泛的心理和社会功能。"① 在他看来，儿童是一个正在生长的整体，在每一个年龄期都有变化，有时可能是细微的和感觉不到的变化。同一年龄阶段的儿童之间也存在着差异，而不存在相似的复制品。某一年龄阶段的儿童会表现出其特有的兴趣，心智活动应该以这种不同的兴趣为依据。在儿童生活中，感觉训练和肌肉运动是最主要的活动。

总之，德可乐利认为，教育就是生活。儿童的教育就是为了使儿童获得实际生活的经验。因此，他确立了"生活教育"的宗旨：一是"使儿童在生活中为生活准备"；二是"组织适宜儿童发展倾向的环境并提供适当的刺激"。第一点指明了生活教育的目标，第二点指明了生活教育的方法。

2. 生活教育的要点

1921年，德可乐利在"欧洲新教育联谊会"上作了讲演，进一步阐述了上述生活教育的宗旨，概括了15个要点：

（1）对儿童实施自由教育的学校应该设在自然的环境中。学校的环境应能使儿童在日常生活中与各种自然现象相接触，使儿童了解各种生物以及人类的生活，给儿童提供通过他们自己的努力去适应社会生活的机会。

（2）学校人数不要太多。在可能的范围内，招收4~15岁的男女儿童。

（3）学校的一切设施应该不同于课堂式的传统学校，宜设置小规模的工作室或实验室，并有必要的工作或实验设备。

（4）教师应该聪明和充满活力，并富有创造力和想象力。他们应该受过训练，了解观察儿童生活以及动植物的方法。他们应该热爱儿童，对研究心理学以及有关的科学有兴趣。他们应该具有熟练的口头表达能力以及维持教育秩序和纪律的能力。

---

① T. Husen. *The International Encyclopedia of Education*. Vol.3. Oxford: Perpamon Press, 1985: 1335.

（5）应该尽量按儿童的生理和心理发展的标准来分班，班级规模愈大，愈需要考虑到这点。每班的人数最多不超过 25 人。

（6）如果一所学校里有 10~15 个有身心缺陷的儿童，就应该单独把他们组成一个班，由在特殊教育方面受过专门训练的教师任教。

（7）上午时间宜进行读写算教学。每周不少于 3~4 次，但采用游戏的方式，使儿童从游戏的竞争和成功中得到适当的刺激。

（8）在读写算教学之后，应该继以各种活动，例如，观察、比较、联想、绘画、唱歌、体育、游戏、手工等。教师在选择各种活动时，应该考虑到儿童的兴趣、学校的环境所能提供的活动机会和儿童心理发展的需要。

（9）除放假日外，下午时间应该用于手工活动或学习外国语。

（10）应该用一些时间组织儿童郊游，采集动植物标本，或参观工厂、艺术馆、博物馆、火车站以及其他有趣的地方。

（11）应该向家长报告学校的目的和工作情况，使家长与学校配合。学校也应该组织家长委员会，使家长参与学校行政。

（12）应该使儿童学会自制和自治。平时除特殊活动需要安静外，儿童可以自由走动，与同伴或教师交谈。

（13）为发展儿童的创造力、自信心和团体精神，各班应经常举行演讲会，题目可以由儿童自己选择或经教师同意，但内容最好与全班儿童的观察和联想有关。

（14）组织儿童参加各种活动，例如，整理房间、搜集物品和图片、绘制图表、饲养小动物、照管植物等，激发儿童对个人或团体的工作产生兴趣。

（15）应该从儿童和环境出发指定课程，采用整体化教学的方法。

因此，德可乐利创办在自然环境中的"隐修学校"，既是儿童学习的地方，也是儿童生活的地方，同时又是缩小的社会。儿童学习以活动为主，讲课和参观仅是它的补充。学校还设立了自治会和其他团体，许多事情如环境整洁、会场布置、家畜饲养等也由儿童分别承担。这都充分体现了德可乐利的生活教育宗旨和原理。就生活教育观来说，德可乐利的思想与杜威的思想之间显然存在着一些相似之处。

3. 对儿童的综合分析

尽管德可乐利强调学校要经常与家庭联系，把对儿童进行观察和研究的结果以及儿童的学习情况向家长报告。但是，他抛弃了传统的成绩单形式，而设计和采用了对儿童进行心理分析的综合报告单形式。

这种综合报告单分析儿童各个方面的发展情况，其中包括：身体状况（体操、游戏），知识状况（观察、测量、计算、算题、口头表达、讨论、拼音、阅读、写字、作文、做模型、剪纸、绘画），社会和道德品行状况（品行、教室里的行为、对同伴的态度、对老师的态度），缺席天数等。它最后还有"附注"一栏，需由家长填写，以便把儿童在家庭里的情况报告给教师和学校。

三、论兴趣中心和教学过程

德可乐利对儿童的兴趣和基本需要以及教学过程也进行了论述。

1. 兴趣中心与儿童的基本需要

兴趣中心是德可乐利教学法的基础。他曾这样指出："兴趣是个水闸。依靠它，能打开注意的水库并指引注意流下来。"[1] 在德可乐利看来，兴趣可以解释为"优势倾向"或"好奇心"。兴趣分为四类：一是对食物的兴趣；二是寻求保护自己的基本要素的兴趣；三是防御敌人的兴趣；四是对个人或团体的工作的兴趣。他认为，儿童兴趣的核心在于对事物整体的认识。"对于出生至8岁的幼儿来说，整体化保证他在更复杂的条件下对事物的真正理解，是适应他的需要和能力的。"[2] 每个兴趣中心都像设计单元一样，应付一个大问题，由此出发学习各种知识；而且，每个兴趣中心都有一个中心概念贯穿全过程，以作为教育工作的枢纽。

德可乐利强调指出，兴趣中心是以儿童的基本需要为根据的。由于生活包括生物自身和生物所处的环境两方面，因此，它也相应地分为满足个人需要的

---

[1] W. F. Connell. *A History of Education in the Twentieth Century World*. New York: Teachers College Press, Columbia University, 1980: 145.
[2] T. Husen. *The International Encyclopedia of Education*. Vol.3. Oxford: Perpamon Press, 1985: 1336.

活动和满足社会需要的活动。儿童的基本需要大致可以分为四类：一是营养的需要；二是抵御寒暑的需要；三是自卫御敌的需要；四是工作和活动的需要。例如，"我饿"是儿童的需要，"果子"就是兴趣中心；"我冷"是儿童的需要，"衣服"就是兴趣中心；"我渴"是儿童的需要，"水"就是兴趣中心；"我游戏"是儿童的需要，"玩具"就是兴趣中心；等等。

因此，每一个儿童需要都构成一个兴趣中心。学校的课程就在一个兴趣中心周围组织起来。这种以兴趣为中心的单元课程在实施时，应该先从选择与儿童目前的兴趣有关的较小的兴趣中心开始，然后逐渐扩大去选择更大的兴趣中心。

在研究儿童的每一个兴趣中心时，应该注意两种关系，即儿童与各种需要的关系，以及儿童和各种环境的关系。由于儿童的各种需要都要在环境中得到满足，因此，环境对儿童的发展来说是极其重要的。儿童与环境的关系，主要包括儿童与家庭、学校、社会、动物界、植物界、矿物界以及气象的关系等。德可乐利指出："最好的环境是儿童在那里能面对要解决的实际问题。"[1]

2. 教学过程的三个步骤

德可乐利认为，儿童的认识活动可以分为观察、联想和表达三个部分。具体来说，在儿童的生活中，以观察为基础，继之以联想，最后是表达。这是教学过程的三个步骤，其中表达是最重要的一个步骤。

第一个步骤是观察。德可乐利认为，观察指儿童个人对自然界和社会现象的直接观察。它分为日常的观察以及与所研究问题有关的观察两种。前者包括对动植物的生长、气候的变化等的观察；后者包括让儿童按所研究问题进行有目的的独立观察，并及时把观察到的情况记录下来。德可乐利指出："儿童具有一种观察力，不应该去扼杀它。"[2] 在他看来，观察可以使儿童接触第一手的现象和资料，获得直接的经验；使儿童养成注意各种现象的习惯，寻求因果关系；使儿童熟悉各种生活，逐渐获得有关动植物以及生物进化的观念。由于儿童要通过自己的感觉来搜集智力活动所依靠的第一手资料，因此，观察是儿童了解

---

[1]　T. Husen. *The International Encyclopedia of Education*. Vol.3. Oxford: Perpamon Press, 1985: 1335.
[2]　同[1]: 1336.

环境和智力活动的出发点。为了使儿童获得确切的概念，教师有必要帮助儿童对事物和现象观察的结果进行分析和判断。

第二个步骤是联想。德可乐利认为，联想指儿童把直接的经验集合、分类和比较，使儿童认识由观察而获得的经验与由回忆而获得的经验两者的关系。它分为空间的联想、时间的联想、协调人的需要的联想以及因果的联想四种。德可乐利认为，联想不仅可以扩大儿童个人的经验领域，激起儿童对事物的进一步探究，逐渐认识事物的必然性，而且可以发展儿童的互相合作精神。由于联想是与观察活动紧密联系的，因此，儿童开始的联想往往是毫无系统的，但随着观察到的东西越来越多以及个人经验的增加，儿童的联想甚至会超出他眼前的实际生活，其作用也就显得更为重要。例如，在研究御寒的方式时，儿童会问"住在北极或非洲的人是否与我们一样穿衣服"，这就是"空间的联想"；儿童还会问"我们的祖先是否也与我们一样穿衣服"，这就是"时间的联想"。在德可乐利看来，教师应该提供更多的机会，积极鼓励儿童进行联想的练习。

第三个步骤是表达。德可乐利认为，表达指把观察和联想中所得来的知识应用于实践活动。它既满足儿童创造和表现的需要，又为儿童作好生活的准备。表达分为具体的表达和抽象的表达两种。前者包括制图、绘画、泥工、剪纸以及各种手工劳动等；后者包括阅读、写字、作文、讨论、演讲、朗诵等。德可乐利认为，表达有助于儿童巩固通过观察和联想获得的经验和知识。对于儿童的智力发展来说，这是最重要的。

德可乐利强调指出，根据整体化和兴趣中心的原则，观察、联想和表达在教学过程中是密切联系的，同时必须由儿童自己去完成。以"果子"的单元教学为例，儿童先观察果子的种类、数目、形状、颜色、大小、轻重、味道、表皮的粗细和出售情况等；然后，儿童可以联想到果子的来源、运输和储藏等；最后，儿童读和写果子的名称，进行有关果子的游戏，画果子的形状，用泥土做各种果子的模型，编有关果子的故事等。再以"花"的单元教学为例，儿童先观察花的分类、颜色、大小、形状、花瓣、构造、果实、香味、生长情况等；然后，儿童可以联想到花圃的工作、花的作用、花店售花、花开的日期和如何做纸花等；最后，儿童读和写花的名称，画各种形状的花，参加花圃劳动，进行花店的设计，学做纸花，编有关的故事，养成爱花的习惯等。

四、论教学游戏

在游戏理论上，德可乐利有关教学游戏的论述是颇有特色的。

1. 教学游戏的目的

德可乐利认为，在教学活动中可以采用游戏的方式来进行。因为对于儿童来说，游戏是儿童心理活动和精神发展的强大动力，游戏是最愉快的学习。它既能使每个儿童都有事情可做，又能使他们乐此不疲。因此，德可乐利创设了教学游戏。其主要目的在于，利用儿童感兴趣的实物来适应他们游戏和活动的需要，养成专注于观察和工作的习惯，同时使每个儿童能充分发展自己的个性和能力。

为了便于儿童观察，在教学游戏中主要使用珠子、纽扣、谷物、果子、贝壳或其他与儿童的兴趣中心有关的实物，甚至年纪稍大儿童的图画和手工作品等。虽然也使用了几何图形和抽象的东西，但数量很少。有些游戏用具还可以由儿童自己在手工课上制作，所需要的费用也就很低。

2. 教学游戏的分类

德可乐利提出，教学游戏可以分为以下五类：

（1）实物分类或图片分类的游戏。该类游戏要求儿童将各种实物或图片，按照大小的次序、因果的关系以及部分与整体的关系进行系统的排列。其用具包括：区分谷物果子的箱子，区分各种颜色的立方体和各种颜色的箱子，各种大小不一的盛放各种小物品的袋子，玩具娃娃、房屋和动物，各种玩具交通工具，多组难以依次排列的图片等。

（2）学习数的概念和数的符号的游戏。该类游戏的用具包括：盛放用于计算的珠子、果子和豆子等实物的箱子，钉有纽扣的布带，可以由3~5人均分的实物，绘有手指（1~10个手指）以及与手指数相等数量实物的卡片，学习报告时间的玩具，包含整数与分数的玩具等。

（3）用整体化意象视觉法学习阅读游戏。该类游戏的用具包括：各种用于口头表达的无文字说明的图片，用于看图识字的有文字解释的故事画，用于对照的较复杂的故事画与若干词句（文字说明），用于对照的与饮食、衣服、用具和装饰有关的单词与实物图片，以及简短故事书与故事画等。

（4）观念综合的游戏。该类游戏旨在通过反复练习使儿童养成综合观念和分析观念的能力。它利用自然界和社会生活中的各种实物，以游戏的方式讨论与日常生活有关的各种物品的用途和制造等。

（5）帮助学习和记忆各种功课的游戏。该类游戏旨在使儿童很好地学习和记忆各种功课。在学习地理时，有绘制地图并在地图上寻找地名、河流和山脉的游戏；在学习历史时，有关于名人、学者、发明家、衣食住行和战争等的游戏；在学习语法时，有单数和复数、阴性与阳性、词句分析与补充等的游戏。

德可乐利认为，在进行各种教学游戏时，儿童的人数没有一定的限制，个人或团体的方式都可以。尽管在游戏中，儿童常会出现错误的动作，但他们很容易发现并自己进行纠正。各种教学游戏的用具，可以按儿童的兴趣、需要和能力随时增减。

作为一个医学博士、一个儿童心理学家和教育家以及一个学校教师，德可乐利把教育理论和实际很好地结合起来了。他的实验教育理论和工作标志着新教育运动在比利时的发展。尽管德可乐利没有一本系统阐述自己教育理论的著作，但他对于儿童特别是幼儿发展和教育的实际贡献远远超出他所写下的文字。

第四节
罗素论幼儿教育

英国哲学家、教育家罗素（Bertrand Russell，1872—1970）出生于英国威尔士蒙默思郡的一个贵族家庭。他自幼养成了独立思考和认真探索的习惯，这为他后来的著述活动打下了一定的基础。罗素曾开办皮肯希尔学校（Beaconhill School），进行教育实验活动。他的《论教育》（1926）一书，论述了改革教育特别是儿童早期教育的思想和方法，对于20世纪以后西方幼儿教育的改革和发展产生了较大的影响。

一、皮肯希尔学校的开办

1921年9月罗素第二次结婚后，生了两个孩子。此后，他开始把注意力集中在儿童教育问题上，对儿童教育问题的关注超过了其他所有问题。在《论教育》一书中，他系统地论述了对儿童教育的看法。

随着自己孩子的长大，罗素为了给孩子提供一种真正的现代教育，帮助他们独立思考和独立活动，使他们能解决在成长过程中必然会遇到的各种问题，于1927年9月22日开办了皮肯希尔学校。这所实验性的寄宿学校设在伦敦郊区的一个山坡上，风景极为秀丽。入学儿童的年龄最小者2岁左右，最大者10岁左右。学校倡导自由，反对压制，使儿童能够根据自己的天性充分地发展。儿童的兴趣和活动受到鼓励，可以独立活动和独立思考，可以自由回答各种各样的问题。应该说，学校基本上采用了意大利教育家蒙台梭利的方法，但也吸取了德国教育家福禄培尔的一些做法。

然而，由于学校财政上的困难，加上罗素的教育方法过于理想化和缺少合适的教师，皮肯希尔学校并没有取得完全的成功。1935年，罗素因与第二任妻子离婚而离开了皮肯希尔学校。

二、论自由教育

从对理想的社会与理想的人的分析出发，罗素论述了教育的目的以及自由教育。

1. 教育目的是培养具有理想品格的人

罗素认为，教育的目的就在于引导和改造人的本性，培养理想的人及其理想的品格，以达到改造社会以及创建理想社会和美好生活的目标。在他看来，只要顺应自然法则，使儿童的本能或冲动得到良好的引导和充分的发展，就能培养出理想的人，并建立一个理想的社会，使每一个人都能过上美好的生活。

罗素强调指出，理想的人也就是具有理想的品格的人。他说："我将提出在我看来共同组成一种理想品格之基础的四种特性：活力、勇气、敏感和智慧。"[1] 在他看来，"活力"就是正常的健康人所具有的精力，是形成理想品格的首要基础。它存在于每个身体健康的人身上，随着人的年龄增长而逐步衰退直至消失。在儿童时期，人是最富有活力的。"勇气"就是人在内心深处真正彻底克服恐惧的品性。它是积极的和出乎天性的，而不是消极的和被迫的。"敏感"就是对单纯的勇气的矫正。就好的方面而言，它是指由许多事物并由正常的事物而引起的愉快的或是相反的感情。"智慧"就是实际的知识和接受知识的能力。在一个人的教育中，智慧训练占有相当重要的地位，但智慧生活的本能基础是好奇心。

2. 自由教育的重要性

为了达到培养理想的人的目的，罗素认为，应该对儿童的身体、情感和智力予以恰当的处理，也就是说，应该对儿童实施自由教育。在儿童教育中，必须遵循更多地发展个人自由的原则，采取给予儿童更多自由的方法，使儿童自由自在地、无拘无束地成长。皮肯希尔学校的基本原则就是：儿童可以根据自己的兴趣和需要活动，既不干涉别人的自由，也不限制别人的自由。

罗素认为，自由教育对于儿童情感和理智的发展来说是十分重要的。一方面，儿童情感的发展需要很大程度的自由，缺乏自由的儿童常常会同成人发生冲突，并对周围的一切怀有敌意和仇恨，最后导致一系列恶果。另一方面，儿童理智的发展需要创造性和理智兴趣。缺乏自由的儿童就会使他们天生的好奇心和求知欲及兴趣毁灭。正如"被强迫进食的儿童将会对食物产生厌恶感，同样，被强迫学习的儿童也会厌恶知识"[2]。

罗素提倡的教育上的自由主要包括两个方面：一是学和不学以及学什么的

---

[1] B. Russell. *On Education*. London: George Allen & Unwin, 1926: 48.
[2] 同[1]: 33.

自由；二是见解和行为的自由。他认为，所有的儿童（除低能儿童外）都有必要学会读写，因此，学和不学的自由只能部分地给予儿童。但是，儿童应该有更多的学什么的自由。他又认为，见解的自由既关系到教师也关系到学生。在各种教育上的自由中，它是最重要的，也是唯一没有任何限制的自由。与此同时，行动的自由也是重要的，只要儿童的行动是有益的或至少是无害的，儿童就应该有行动的自由，但他绝不能干涉别人的自由。

3. 实施自由教育的关键

罗素认为，自由不能当作一条绝对的原则。尽可能多地给儿童以自由是对的，但一定的纪律和约束也同样是必要的和合理的。因此，他不主张毫无纪律的绝对自由。罗素提倡的自由教育并不意味着儿童想做什么就做什么。在他看来，自由必须有具体的范围，凡是对别人或者本人有损害的自由都要受到限制。因此，实施自由教育的关键，在于自由和纪律之间一种巧妙的结合。"虽然教育中也要尊重自由……但是，显然不能给以完全的自由。"①

总之，教育者应该尽可能给儿童以更多的自由，更好地尊重儿童个人的自由，同时伴随必要的权威与纪律，但要按照自由的原则来行使权威与运用纪律。因此，皮肯希尔学校在规定必要的纪律的同时，更强调的是儿童的自律。因为在罗素看来，在儿童教育工作中，压制是一个坏方法，它不仅从未真正成功过，而且会造成儿童心理失常。

三、论儿童教育的过程

根据儿童生理和心理的发展及其特点，罗素把儿童教育的过程分成两个阶段。

1. 品格教育阶段（0~6岁）

罗素认为，6岁以前的幼儿期是对儿童进行品格教育的最佳时期。在这一

---

① 罗素.社会改造原理[M].张师竹，译.上海：上海人民出版社，1959：84.

阶段，儿童极易受外界塑造。按照儿童身心的发展，品格教育阶段又分为两个时期：

（1）0~1岁。在这一时期，人生的习惯开始形成，儿童的思想和道德开始萌芽。这是儿童全部教育的开端。儿童以出生时的本能和反射为基础，养成良好的习惯，熟悉周围的环境。

罗素认为，儿童出生时只具有一些原始的本能和反射，但可以利用环境使儿童养成各种习惯，也可以形成各种品格。因此，从儿童出生起，就应该重视对他们的教育。他强调指出："品格的培养必须从出生时开始，……一定的教导可以开始得比以前认为的早。"[1]

罗素还认为，婴儿有很强烈的学习欲望，对于这种欲望，父母只需提供机会，剩下的就让婴儿自己去做。不要企图教婴儿什么，因为他会按自己的步子学习。父母要做的事情，就是向儿童作示范。但是，对于婴儿的智慧发展，父母不要低估。例如，婴儿第一次以哭泣来呼唤父母或成人的照管就是智慧的萌芽。

（2）2~6岁。这是儿童性格和道德品质发展与形成的关键时期。教育的任务是训练儿童的本能和反射，使之向良好的方向发展。在这一时期，教育者努力培养儿童的优良品格是最有希望的。通过这一时期的教育，儿童的基本品质已经定型，以后就难以改变了。

2. 智慧教育阶段（6~22岁）

罗素认为，智慧教育应该在6岁以后正式进行。因为儿童经过恰当的早期教育，到6岁时身体健康，品格也基本定型，所以，品格教育就应该让位于智慧教育。按照儿童身心的发展，智慧教育阶段又分为三个时期：

（1）6~14岁。在这一时期，实施初等教育。首先，学习内容应以基础学科为主，课程设置范围应包括人人都需具备的基本常识；其次，科目的学习应该循序渐进，由易到难。罗素认为，除了正规的课堂教育外，课外教育也不应

---

[1] B. Russell. *Education and Good Life*. New York: Boni and Liveright, Inc., 1970: 45.

该忽视。

（2）15~18岁。在这一时期，实施中等教育。由于儿童生理和心理发展日趋成熟，教育者应重视发展他的智力、培养他的探索精神以及自主地思考问题和解决问题的能力。

（3）19~22岁。在这一时期，实施高等教育。高等教育的目的：一是培养适合一定职业的男女青年；二是培养追求学问和研究而不顾及眼前利益的学者和科学家。

四、论儿童品格的培养

在《论教育》一书中，罗素具体论述了儿童品格培养问题。

1. 良好习惯

罗素认为，从儿童出生起，不仅应该十分重视他的身体健康，而且更为重要的是，应该开始培养他的良好习惯，例如，有规律地睡眠、饮食和排泄等。实际上，儿童形成习惯的速度是惊人的。如果儿童最初形成的习惯是良好的，就可以免去以后的许多麻烦。

为了使儿童形成良好的习惯，父母应该正确处理好与儿童的关系，使儿童懂得儿童生活中的一系列常规，尽量满足有利于儿童健康的必要条件，鼓励儿童的自发活动和自己娱乐，并及时为儿童提供活动和求知的机会。

2. 建设性

罗素认为，建设性和破坏性都是儿童本性的特性，与权力意志密切相关。他指出："用心理学术语来说，产生预先设计的结构，就是建设；让自然的力量随意变更现存的事物，就是破坏。"① 在罗素看来，这两种相反的品质，可以同时存在于一个儿童身上。培养建设性的品质，减少和消除破坏性的品质，是儿童教育的一个重要方面。一般地，儿童的游戏常常以破坏开始，到后来的发展阶

---

① B. Russell. *Education and Good Life*. New York: Boni and Liveright, Inc., 1970: 138.

段才转向建设。这种由破坏性向建设性的转化对儿童具有重要的意义。正是在建设中,儿童形成了许多美德,增强了自尊心,并养成了忍耐性、坚持性和观察力等。

对于儿童来说,建设性是重要的品格之一,对其他品格起着良好的作用。罗素指出:"许多美德的最初开始是由体验到建设性活动的愉快引起的。"[1] 为了更好地培养儿童建设性的品质,应该使儿童从小就感悟到生命的价值,教他获得多种建设性技能,积极鼓励他的创造性想象的活动。

3. 公平意识

罗素认为,儿童都具有自私的本能。因此,在儿童教育中,克服利己心与占有欲是经常碰到的一个普遍问题。否认或回避这个问题是不可能的,关键在于认清儿童利己心与占有欲的性质,并加以恰当的引导。

为了帮助儿童克服利己心与占有欲,应该把公平的意识教给儿童,使他具有公平的意识。但这绝不是采用各种手段使儿童作出自我牺牲。罗素指出:"我们应该努力将公平的意识注入到儿童的思想和习惯中去。"[2] 在他看来,应该使儿童懂得每一个人都有权在世界上占有一定的位置,拥有一定的权利和财物,并有理由享有他自己的权利和财物。但是,他不应该占据他人的位置和财物,不应该要求不属于他的东西。在罗素看来,如果一味地要求儿童自我牺牲,那么,不是引起儿童的愤怒和反抗,就是导致儿童虚伪的利他行为。

为了把公平的意识教给儿童,罗素认为,应该在儿童群体中进行公平的教育。因为只有在年龄相近和兴趣相似的儿童之间,才能进行真正的平等交流、相互理解和尊重。教育者应该不偏不倚地对待每个儿童。

4. 诚实精神

罗素认为,儿童天生是诚实的,不诚实是后天形成的,而且实际上几乎是恐惧的结果。他特别强调指出:"如果儿童是毫无恐惧地教育出来的,那他总会

---

[1] B. Russell. *On Education*. London: George Allen & Unwin, 1926: 110.
[2] 同[1]: 118.

是诚实的。"[1]

为了培养儿童诚实的精神，罗素指出，关键在于教育者要诚实地对待儿童，尽可能诚实地回答儿童提出的一切问题，而不能对儿童撒谎。在儿童说谎时，不要责骂和威吓，而要说服并讲明说谎的坏处，让儿童慢慢地认识到诚实的合理性和必要性。如果儿童一说谎就给予严厉处罚，那只能加深他的恐惧，从而加强他说谎的动机。

5. 爱心和同情心

罗素认为，爱心与知识是儿童教育的两个重要条件，也是儿童教育的良好结果。因此，教育者应该以自己的爱心和同情心来培养儿童的爱心和同情心。在他看来，给予儿童的爱应该是一种自然的纯真的本能的爱，而不是把儿童对爱的反应作为有意识追求的目的。没有任何方法可以强迫儿童产生爱心和同情心，唯一可能的方法是观察自然产生爱心和同情心的条件，然后努力创造这些条件。

在培养儿童爱心和同情心的过程中，罗素强调指出，可以通过讲述历史故事，使儿童认识到世界上的美与丑、善与恶，增加他们对受苦难的人们的理解和同情。教育者在讲述故事时应该注意方法，选择好恰当的教育时机，运用教育机智，仔细选择一些事件，使儿童同情受难者和憎恨邪恶者。

6. 克服恐惧

罗素认为，在儿童生命的第二年里，儿童逐渐学会了行走和说话。这为儿童带来了自由感和权力感，并使儿童表现出无限的好奇心，例如，最普遍的表现就是"想看""想摸"。儿童自由地奔跑，试图探究每一个事物，这虽然增加了儿童的乐趣，但同时也容易使儿童受到恐吓而产生恐惧的心理。

通过观察的分析，罗素把恐惧分为两种：一是非理性恐惧，指儿童对无危险事物表示出的恐惧，例如，对影子和机械玩具的恐惧等。二是理性恐惧，指对危险事物表示出的恐惧，例如，对悬崖的恐惧等。罗素强调指出，无论哪

---

[1] B. Russell. *Education and Good Life*. New York: Boni and Liveright, Inc., 1970: 158.

种恐惧，都应该逐渐克服。因为长期恐惧的心理不仅会使儿童养成一种懦弱胆怯的性格，而且会使儿童很快就泯灭好奇心，不利于儿童的品格形成和智慧的发展。

为了避免儿童产生恐惧心理，与儿童接触的成人自己不要恐惧，而要鼓励儿童和增加儿童的勇气。即使成人有恐惧的心理，也不要在儿童面前表现出来，以免把恐惧由暗示传染给儿童。如果儿童已经产生了恐惧心理，那就应该采取一切无害于身体和品格教育的方法尽早加以克服，培养战胜恐惧的勇敢精神。

五、论幼儿园教育

罗素十分重视幼儿园的作用。他认为，儿童在家庭里受教育，因为缺少同伴而使他渴望交往的本性得不到发展，往往会形成孤独的心理，这对他进入社会后的进一步发展是极为不利的。所以，为了使儿童养成良好的品格，就要尽量让儿童进入幼儿园接受教育。随着现代科学技术的进步和现代儿童心理学的研究，幼儿教育已成为正规教育中一个不可缺少的重要阶段，幼儿园已成为介于早期家庭品格训练和以后学校传授知识之间的一种机构。在《教育和美好的生活》一书中，罗素还介绍了蒙台梭利等教育家的幼儿教育实验以及幼儿教育的方法，并预言幼儿园在儿童早期智力发展中的地位将越来越受到整个社会的重视。

1. 游戏

罗素认为，爱好游戏是儿童的天性。游戏活动既给儿童带来无穷的乐趣，也有助于儿童的身体健康，还可以使儿童获得新的经验和新的能力。儿童之所以喜爱游戏，是因为游戏满足了儿童的多种好奇心，在"幻想"中得到了安全感。同时，游戏也是儿童"权力欲"的表现。权力欲作为一种本能欲望，是儿童发展的主要本能动力。

在罗素看来，游戏可以分成两种：一是训练儿童能力的游戏，在于使儿童获得新的能力；二是假想性游戏，在于使儿童发展想象力。他特别指出，儿童在假想性游戏中的"幻想"不是一种病态现象，而是正常的现象，是对现实生活的一种补偿。儿童绝不会把"幻想"当作现实的、永远替代的，相反，他会努力希望把幻想转化为事实。罗素还批评蒙台梭利学校的教师，不喜欢儿童把教具想象为火车、轮船之类的东西，而认为它是一种"混乱想象"以及会使儿童丧失与现实世界交往的能力。在罗素看来，只要给儿童以必要的知识和技能，就不必担心儿童会停留在幻想水平上。他还这样指出："消灭儿童时代的幻想，必将造成现存事物的奴隶和束缚于地球上的动物。"[①]

2. 与同伴交往

罗素认为，与同伴交往在儿童教育中是十分重要的。培养儿童的公平意识和合作精神都需要同伴。他强调指出："有许多事情没有其他儿童的帮助是不可能做到的。随着儿童年龄的增长，这一点越来越突出。"[②]

在罗素看来，儿童可以分为三类：一是年长儿童，二是同龄儿童，三是年幼儿童。他指出，年长儿童的作用是为年幼儿童提供可以达到的努力的目标。年长儿童的行为举止在年幼儿童面前十分自然，没有什么顾虑和伪装，也不完善，并易于为年幼儿童模仿。在这个过程中，年长儿童乐意表现和教导，年幼儿童乐意服从；年幼儿童得到了教导，年长儿童也学到了一些重要的美德。但是，当儿童到了 4 岁以后，在他的生活中就更需要同龄儿童，同龄儿童的重要性和作用也越来越突出。一个儿童在与同龄儿童的交往和共同活动中，最容易学会公平思想和养成合作精神。

3. 奖励和惩罚

罗素认为，在儿童教育中，奖励和惩罚是需要的。他指出："没有赞扬和责备，进行教育是不可能的。"[③]但是，在运用奖励和惩罚时，必须谨慎从事。例如，避免把两个儿童的优缺点作对比，运用惩罚必须少于运用奖励，对于理所当然应该做的事情不应该奖励，严格禁止体罚，等等。

在对儿童运用惩罚时，教育者一定要公平。也就是说，当儿童确实犯有错

---

① B. Russell. *Education and Good Life*. New York: Boni and Liveright, Inc., 1970: 129.
② 同① : 178.
③ 同① : 172.

误时才给予惩罚。但是，罗素坚决反对对儿童施行体罚。在他看来，轻微形式的体罚虽不致为害，但也没好处；严厉形式的体罚则会产生残忍与暴虐。

罗素作为一位社会思想家和教育家，从改造社会和改造人性的角度出发，批判地吸收了现代心理科学的研究成果，结合自己的教育实践探讨了教育问题，并在幼儿教育方面提出了许多颇有启发性的见解。他的幼儿教育思想在一定程度上顺应了当时的教育思潮，对西方幼儿教育思想的发展产生了一定的影响。但是，在他的教育思想中也有一些局限性和片面之处。

第五节
克鲁普斯卡雅论幼儿教育

苏联革命活动家、教育家克鲁普斯卡雅（Надежда Константиновна Крупская，1869—1939）出生于彼得堡的一个进步知识分子家庭。她自幼就对乡村学校和教师工作产生了浓厚的兴趣。后来，在从事革命活动的同时，克鲁普斯卡雅开始研究教育问题。1917年出版的《国民教育和民主主义》，标志着她的教育思想体系的形成。十月革命后，克鲁普斯卡雅具体领导建立和扩大学前儿童教育网的工作，推动了幼儿教育的建设和发展。她有关幼儿教育的讲话和文章主要有：《发动群众参加学前教育工作》（1924）、《论儿童的学前教育》（1931）、《要更加重视学前教育工作》（1937）等。克鲁普斯卡雅长期从事教育实践活动，十分重视苏联幼儿教育理论的建设和发展，为创建苏维埃幼儿教育体系作出了很大的贡献。

一、论幼儿教育的重要性

克鲁普斯卡雅十分重视幼儿教育工作。早在十月革命前，她就在一些著作中论述了对无产阶级子女实施幼儿教育的必要性。她认为，幼儿教育是与解放妇女并吸引她们参加国家政治活动和生产建设紧密联系的。

十月革命后，克鲁普斯卡雅又从以下三个方面论述了幼儿教育工作的重要性。

第一，幼儿教育是共产主义教育的一个重要的组成部分。克鲁普斯卡雅强调指出，幼儿教育"是我们工作中的一个极其重要的部分"，幼儿教育工作"是我们整个共产主义教育的一部分"[①]。在她看来，在苏维埃教育事业中，幼儿教育是一个重要方面。幼儿园和小学、中学是人的发展阶段中彼此密切相联的几个环节。通过幼儿教育工作，能够使儿童打下共产主义世界观基础，从小就以共产主义态度对待生活中的各种现象，因此，苏维埃政府应该尽量扩大和广泛开展幼儿教育工作，尽量多地使幼儿受到教育，甚至百分之百地到幼儿教育机构学习。在幼儿教育工作中，使儿童从幼年起就在感情上一天一天培养成为真正的共产主义者，以便把父辈已经开始了的事业进行到底。

第二，童年的生活和印象对于人的一生发展来说是十分重要的。儿童刚诞生时什么也干不了，既不能站，也不会走，既不能思考，也不会说话，对周围的环境毫无辨别能力。要在多年以后，儿童才能具备正常成年人所掌握的那种技能和知识。但是，培养儿童的某些能力的基础早就存在，不是在学龄时期，而是在学前时期。童年的早期对一个人以后的生活有着深远的影响。对人的能力发展来说，起决定作用的往往是童年的某种感受。因此，克鲁普斯卡雅强调指出："儿童最初获得的印象会使他终生不忘，所以，如果我们要认真地而不只是在口头上培养出能逐年把生活提到更高阶段上的一代人的话，那就应该在儿童生活刚开始的头几年就要非常慎重地对他们进行教育。这一点是非常重要的。为了做到这一点，就应该特别重视儿童，重视学前期。"[②] 在她看来，为幼儿提供教育，就能使他们健康成长，成为个性全面发展和积极有为的人。

第三，幼儿教育是社会教育的一个最切实可行的形式。克鲁普斯卡雅认为，幼儿的教育时期是一个最困难的时期。但是，大多数家庭的环境都不能促进儿

---

① 克鲁普斯卡雅. 要更加重视学前教育工作 [M]// 克鲁普斯卡雅教育文选（下卷）. 卫道治，译. 北京：人民教育出版社，1988：376.
② 同①.

童外部感觉的发展和儿童的创造力;很多母亲都不能起到一个教育者的作用,她们没有使儿童健康成长而应具有的知识,不了解人体知识和儿童的发育情况,不知道什么对儿童有害什么对儿童有益,不知道应该教儿童什么和怎样去教。因此,具有重大意义是尽力发展幼儿教育和开办足够数量的幼儿园,把所有的学前儿童都吸收进来,就是实施了一种群众性的社会教育。克鲁普斯卡雅强调指出:"社会主义者希望对儿童进行社会教育。……所谓对儿童进行社会教育,首先是指不要父母操心儿童的生活问题;社会不仅保证给儿童以生活资料,并且还要让他们得到完满而全面的发展。"[1]因此,对所有幼儿提供教育,可以在很大程度上把工人和农民从照顾儿童的家务劳动中解放出来。同时,又尊重了幼儿受教育的权利,即受他们那一个年龄阶段所需要的那种教育的权利。

为了更好地发展苏维埃幼儿教育事业,克鲁普斯卡雅强调指出,应该正确而又广泛地宣传幼儿教育理论,例如,举行幼儿园是怎样进行工作的展览会、出版有关幼儿教育理论的书籍等,吸引最广泛的群众来参加幼儿教育工作并提出发展和改进幼儿教育工作的建议;同时吸引一切社会团体和文化团体来帮助幼儿教育工作,唤起社会对幼儿教育工作的重视和支持,使幼儿园深入到城乡的日常生活中去。

克鲁普斯卡雅又提出了培养苏维埃幼儿教育工作者的问题。她认为,应该通过辅导课、讲座和交流、介绍幼儿教育工作经验等形式,使教育工作者对幼儿教育的重要性有较深的认识,使他们具有一些有关幼儿教育工作的初步知识,使他们在政治上成为一个对周围形势有所了解和分析的人,使他们具有一定的医学卫生知识。在克鲁普斯卡雅看来,幼儿教育工作者应该考虑这样的一些问题:儿童"从童年起应该明确一些什么东西?给予儿童的应该是一些什么材料?什么玩具才能培养他们的某种能力,激发他们的某些兴趣?"

克鲁普斯卡雅还指出,苏联的幼儿教育工作者应该批判地学习瑞士教育家裴斯泰洛齐、德国教育家福禄培尔、意大利教育家蒙台梭利等人的理论和经验,

---

[1] 克鲁普斯卡雅.妇女与儿童教育[M]//克鲁普斯卡雅教育文选(上卷).卫道治,译.北京:人民教育出版社,1988:49.

因为他们的教育理论和经验对于苏维埃幼儿教育工作的发展是很有益处的。

二、论幼儿的发展

克鲁普斯卡雅一生热爱儿童、尊重儿童、了解儿童、研究儿童，对幼儿的年龄特征及个性的全面发展作了深入的论述。

1. 幼儿的年龄特征

克鲁普斯卡雅站在唯物主义立场上，十分强调对幼儿的年龄特征（生理和心理特征）的研究。她认为，对于一个教育者来说，必须了解幼儿的年龄特征。她强调指出："医生如果不了解病情，又怎么能治好病？如果我们不了解年龄特点以及儿童生长环境的特点，难道就能把儿童培养好吗？"[1] 在她看来，幼儿教育工作应该像工厂进行生产要研究加工的原料一样，仔细地研究幼儿的年龄特征。幼儿的年龄特征以及兴趣和需要，应该成为安排他们的游戏、劳动和学习的依据。

在幼儿的心理特征方面，克鲁普斯卡雅研究了儿童的知觉、思维和行动与周围环境的关系。她特别指出了幼儿感知世界的具体性和形象性，因为他们思考事情总是特别具体，喜欢通过生动的形象来想问题。克鲁普斯卡雅强调指出："你观察儿童，就可以发现他们非常需要具体化：要尝试一下，仔细看看，动手摸摸，儿童的这种要求特别强烈。不了解这一点，也就是不了解儿童。"[2] 但是，儿童感知事物的具体性的内涵是在不断变化的，随年龄不同而异。对于幼儿来说，只有那些能够摸得到、嗅得到的东西是具体的。对于年龄稍大的儿童来说，那些能使他们产生一定形象的材料：生动的故事、图画等也是具体的；而对于年龄更大的儿童，具体性可以从生动的现实材料中去获得。

克鲁普斯卡雅还指出，幼儿是喜欢模仿和善于模仿的，喜欢重复性的活动。例如，幼儿可以多次重复地听取成人讲述同样内容的诗歌童话，而兴趣依然不

---

[1] 克鲁普斯卡雅.第十七次党代表会议和学前教育的任务[M]//克鲁普斯卡雅教育文选（下卷）.卫道治，译.北京：人民教育出版社，1988：301.

[2] 同[1]：300.

减，并通过这种讲述记住其中的具体细节。对幼儿来说，模仿是掌握知识的一种方法，幼儿模仿本身表现出一定的积极性，因此，幼儿教育工作者要保持幼儿的这种积极性，并设法把这种积极性逐步发展成为他们的主动性和创造性。

最后，克鲁普斯卡雅坚持要求幼儿教育工作者热爱儿童，观察儿童，深刻了解儿童的生理和心理特征。她认为，决不能用同一标准对待不同年龄的儿童。她甚至形象地提出：幼儿教育工作者"应该能够站在儿童的位置上"，并"钻到他的肺腑里去"[1]。因为只有在熟悉幼儿身心发展的基础上，才能建立正确的幼儿教育理论，才能使幼儿教育工作切合儿童的发展水平。例如，年龄小的儿童比较喜欢单独玩，年龄大的儿童就喜欢大家一起玩。在克鲁普斯卡雅看来，如果我们不了解儿童的年龄特征，不了解每个儿童的兴趣，不了解他们如何感知周围一切，幼儿教育工作就不可能取得成果。因此，她强调指出：幼儿教育工作者"要了解儿童并理解儿童。只有理解了儿童，才能给他们以真正慈母般的关怀，使他们成为幸福的人"[2]。

2. 幼儿个性的全面发展

从为未来共产主义社会培养新人的观点出发，克鲁普斯卡雅十分强调幼儿个性的全面发展，并把它看作社会主义幼儿教育的最主要的特征。在她看来，在幼儿个性全面发展的基础上，就能培养出建设合理的和美好的社会生活的一代新人。

幼儿个性的全面发展具体表现为身体、智力、道德诸方面的发展：

第一，把幼儿的身体摆在头等重要的位置上。克鲁普斯卡雅认为，为了保证培养出健康的新一代人，应该合理地组织幼儿的体育，使他们能健康地发育成长。在她拟定的《幼儿园规程》中，把关怀儿童的健康、发展儿童的体力看作是幼儿园全部工作的基础。

在幼儿的体育方面，克鲁普斯卡雅提出了"保教结合"的方针。她指出，

---

[1] 克鲁普斯卡雅.要更加重视学前教育工作[M]//克鲁普斯卡雅教育文选（下卷）.卫道治，译.北京：人民教育出版社，1988：379.
[2] 克鲁普斯卡雅.对学前教育材料的几点意见[M]//克鲁普斯卡雅教育文选（下卷）.卫道治，译.北京：人民教育出版社，1988：369.

幼儿除了户外活动、游戏外，还应该包括睡眠休息、儿童营养、居住条件、必要的保健措施，以及形成有助于儿童健康成长的文明卫生习惯等。

第二，注重幼儿道德品质的培养。克鲁普斯卡雅认为，幼儿道德品质包括集体主义、互助精神、同志情谊、坚强意志以及对劳动、学习和周围生活的兴趣。这些优良的道德品质，应该从儿童幼年起就加以培养。

幼儿教育工作者应该像对待未来的公民那样去对待幼儿。尽管幼儿还很弱小而需要成人的帮助和保护，但他们是未来的一代人。为了把幼儿培养成未来新社会的建设者，克鲁普斯卡雅认为，应该从小教会他们劳动；但她又指出，儿童的劳动毕竟不是成人劳动，儿童的劳动和游戏之间的界限是不明显的。对幼儿来说，劳动就是做游戏。在儿童的劳动中，最主要的是教他们学会自我服务性的劳动。在《幼儿园规程》中，对幼儿自我服务性劳动的要求作了具体的规定。

第三，重视幼儿智力的发展。克鲁普斯卡雅认为，幼儿教育时期是儿童智力发展的重要时期。在这一时期，主要是发展幼儿的感官，激发他们的求知欲，培养他们的认识能力。因此，幼儿教育工作者应该提供必要的条件，使幼儿认识周围的生活，扩大他们的眼界。在克鲁普斯卡雅看来，幼儿受教育的权利就是认识周围生活的权利。要通过丰富多彩的社会生活和自然环境，唤起儿童的自主性和积极性，锻炼他们的感觉器官。

在幼儿的智力发展中，观察能力的发展是极其重要的。克鲁普斯卡雅认为，应该发展幼儿的观察力，使他们善于观察周围的生活，并注意寻找各种现象的原因。在她看来，观察既为幼儿的智力发展提供食粮，扩大视野和提高认识能力，以便进一步掌握新的知识；又为他们形成唯物主义世界观的萌芽打下了一定的基础。

第四，促使幼儿审美感和审美能力的发展。克鲁普斯卡雅认为，美育不仅应该包括培养幼儿认识美的能力，而且应该让幼儿参加力所能及的创造美的活动，使他们精神丰富、情操高尚和体态优美。幼儿园应该组织各种形式的富有表现力的活动，例如唱歌、舞蹈、绘画、朗诵、讲故事等。

三、论幼儿园教育

克鲁普斯卡雅在她的讲话和文章中反复强调，要把幼儿园这一类型的幼儿教育机构办好，"使得儿童对幼儿园感到亲切，使他们愿意到幼儿园来，使儿童在幼儿园里能过一种幸福的生活"[①]。在她看来，儿童在幼儿园里不仅可以学到不少东西，而且比在家庭里快乐得多。

1. 幼儿园的任务

克鲁普斯卡雅认为，为了更好地对幼儿实施教育，就应该设立幼儿园。早在十月革命前，她曾对瑞士和法国的幼儿园进行过考察。她指出，那里有一些幼儿园是办得比较完善的，但也有一些幼儿园没有给儿童任何乐趣，儿童在幼儿园里不能玩，不能唱，一动不动地坐在凳子上。她还指出，既然资本主义国家能够有一些办得比较完善的幼儿园，那么，幼儿园在社会主义国家里将办得更好，使幼儿在那里做游戏，通过游戏来学习，认识事物，扩大视野，了解周围的生活环境和广阔的世界。在克鲁普斯卡雅看来，幼儿园应该尽量简朴、舒服和干净，而不要办得富丽堂皇、追求豪华。幼儿园应该具有清洁的环境、暖和的室温和新鲜的空气，能给幼儿无穷的乐趣，给他们一些有助于他们成长发展的东西，使他们以后回忆起幼儿园就感到很温暖。

对于幼儿园的任务，克鲁普斯卡雅作了比较深刻的论述。首先，幼儿园应该努力造就身体健康的一代人，要让下一代从小身强体壮。为此，幼儿园应该制定各项适宜的保健措施，例如，经常洗手保持清洁、饮食简单而有益于健康等；应该设置儿童体育场，并使儿童夏天能有很多时间在室外度过，冬天也能呼吸到新鲜空气等。其次，幼儿园应该通过幼儿共同生活、游戏、活动和劳动，培养他们初步的共产主义道德品质，养成一种遵守纪律和秩序、热爱劳动的习惯以及集体主义精神，与小伙伴友好相处而不顽皮任性。还有，幼儿园应该努

---

① 克鲁普斯卡雅. 要更加重视学前教育工作[M]// 克鲁普斯卡雅教育文选（下卷）. 卫道治, 译. 北京：人民教育出版社, 1988: 383.

力扩大幼儿的眼界和对周围生活的印象，丰富他们的生活经验，唤起和发展他们对生活的兴趣，受到一定的社会锻炼，打好培养他们某些能力的基础。无论在认识自然界方面，还是在认识社会生活方面，都需要经常扩大儿童的知识范围。例如，带领幼儿外出参观游览，庆祝节日活动，给他们讲述城市或乡村情况，与工人、农民和少先队员会面等。幼儿教育工作者绝不能把幼儿隔绝起来，让他们好像住在玻璃罩里一样。

克鲁普斯卡雅认为，由于幼儿园作为一个组织中心能对幼儿教育工作和家庭教育产生很大的影响，因此，应该开办很多的幼儿园，使幼儿园成为幼儿自己的家，使他们都愿意上幼儿园。幼儿园实行一定的制度，清洁干净但不追求豪华，使孩子生活起居觉得方便。幼儿园的游戏和活动是多种多样的，幼儿可以分成各种各样的小组来进行游戏和活动。因为幼儿很容易疲乏，所以，游戏和活动时间的安排要尽可能灵活一些。幼儿园里应该充满着团结友爱的气氛，能给幼儿无穷的乐趣，使他感到在那里生活很美满，使他们留下终生难忘的印象。

对于苏联 20 世纪 30 年代初期的幼儿教育工作，克鲁普斯卡雅曾提出了批评。她指出，有些幼儿教育工作者不考虑幼儿的年龄特征，往往用成人的标准去衡量幼儿，用学校教育的标准去要求幼儿教育，因此幼儿园活动脱离儿童和生活实际，工作组织得机械呆板。这一切导致了活生生的儿童以及他们的兴趣从幼儿教育工作者的视野中消失了。在克鲁普斯卡雅看来，幼儿教育工作要注意防止一些偏差，不要以为幼儿什么都能做和什么都知道，不要把那些在成人中间行之有效的方法搬用到幼儿身上。例如，应该用共产主义精神来教育幼儿，但它并不意味着在幼儿园里贴满各种各样的标语，让他们背诵一些还不明白其意思的口号。又如，应该促使幼儿智力的发展，但它并不是单纯去追求知识的数量和用一些表面知识加重他们的负担，这不仅使幼儿的天赋全然消失，而且弄得他们疾病缠身。

2. 论游戏

为了实现幼儿教育的任务，克鲁普斯卡雅认为，幼儿教育工作者应该合理地组织幼儿园教育。幼儿园教育包括游戏、劳动和学习三个基本组成部分。其中，游戏占有最重要的地位。游戏是幼儿园教育工作的主要活动形式，也是幼儿个性全面发展的主要教育手段。游戏分为个人游戏和集体游戏，两者都很重要。对于幼儿来说，游戏是学习，游戏是劳动，游戏是重要的教育方式。克鲁普斯卡雅强调指出："幼童要有更多的自由，主要是做游戏。"①"游戏可以锻炼身体，发展劳动技巧，提高视觉的精确程度，使人机智灵巧。"② 在她看来，游戏在幼儿的生活中具有特殊的意义，是幼儿生活的基础，也是幼儿最实际的学习。通过游戏，幼儿可以增强体质、发展肌肉和感觉器官，也可以发展灵敏、机智、创造性和集体精神，又可以发展一定的组织能力，形成集体生活的习惯，还可以学到很多知识。克鲁普斯卡雅曾列举这样的情况：如果我们送给一个幼儿一些形状不同的大块积木，那他就会把这些积木摆来摆去，并加以比较，想用它们来建成一个什么东西；正是在这种游戏的过程中，他也就对形式产生了兴趣。总之，游戏对幼儿的体力、认识能力、正确的生活态度、道德品质的发展具有重要的意义。

在幼儿的游戏中，克鲁普斯卡雅特别推崇幼儿自己设计的游戏方式，即创造性游戏。她指出："游戏是发展儿童的组织技能的主要源泉之一……儿童最喜欢、最需要的游戏，是儿童自己订出游戏目的的那些游戏，例如，造房子、坐车到莫斯科去、做饭、驱逐白匪、杀熊，等等。游戏的过程就是实现这一目的：儿童拟订计划，寻找实现目的的方法。尽管他所做的火车是用凳子做成的，尽管房子是用木片造成的，这都没有关系，儿童的想象力可以弥补现实情况的不足之处，这里最重要的是拟订计划的过程。"③ 由于在这类游戏中，儿童自己提出游戏目的，确定游戏的规则，并由儿童自己组织起来进行游戏，因此，它更有利于儿童的发展和教育。

针对苏联二三十年代幼儿教育工作中过分强调劳动而忽视个性全面发展的

---

① 克鲁普斯卡雅.致彼得罗夫斯克-外贝加尔师范学校教师谢罗夫斯卡雅[M]// 克鲁普斯卡雅教育书简.卫道治，译.长沙：湖南教育出版社，1984：470.
② 克鲁普斯卡雅.论儿童的学前教育[M]// 克鲁普斯卡雅教育文选（下卷）.卫道治，译.北京：人民教育出版社，1988：267.
③ 克鲁普斯卡雅.少年先锋队员和游戏[M]// 克鲁普斯卡雅教育文选.卫嘉，译.北京：人民教育出版社，1959：293.

倾向，克鲁普斯卡雅提出了批评。她希望幼儿教育工作者对幼儿的各种游戏进行研究和分析，寻求在游戏和生活之间架设桥梁的形式，选择最有趣的形式并赋予它以现代的内容；同时，她要求幼儿教育工作者加强对游戏的指导，教幼儿学会做游戏，使游戏从形式到内容都符合社会主义教育的目的，成为幼儿教育的一种有效手段。

3. 论玩具

对于幼儿的玩具，克鲁普斯卡雅也进行了论述。在《论学前儿童的玩具》一文中，她明确指出："最需要玩具的是学前期的儿童。"[①] 但是，儿童的玩具应该是朴素大方、价廉物美的，而不必在玩具的装潢上煞费苦心；也不必给儿童买一些价格昂贵的玩具或者是一些机械构造很复杂的玩具。因为"评价一个玩具的价值，应该看这个玩具是否有助于研究周围的生活，是否有助于发挥儿童的积极性和主动性"[②]。

克鲁普斯卡雅还认为，绝不能从成人喜欢什么玩具的观点出发，而应该从儿童喜欢什么玩具和需要什么玩具的观点出发，来谈论儿童玩具的问题。其关键是确定什么年龄的儿童需要什么样的玩具，为不同年龄的儿童制作和挑选不同的玩具。但是，在克鲁普斯卡雅看来，为年龄较大的儿童提供玩具是一件最难的事情，因为这个年龄时期儿童的生活环境是极其多样的，所以，玩具设计者和制造者应该仔细地研究儿童的年龄特征，设计和制造出为幼儿喜欢和有助于他们成长的玩具。

4. 论集体主义教育

在克鲁普斯卡雅的幼儿教育理论中，集体主义教育是一个很重要的方面。她强调指出："我们要把儿童从小培养成集体主义者，也就是说，要把他们培养成善于从事集体工作、适应集体生活的人……如果把我们的学前教育工作同资

---

① 克鲁普斯卡雅. 论学前儿童的玩具 [M]// 克鲁普斯卡雅教育文选（下卷）. 卫道治，译. 北京：人民教育出版社，1988：365.
② 克鲁普斯卡雅. 第十七次党代表会议和学前教育的任务 [M]// 克鲁普斯卡雅教育文选（下卷）. 卫道治，译. 北京：人民教育出版社，1988：302.

产阶级的学前教育工作加以比较，那我们就会发现，我们学前教育工作采取的是培养集体主义者的方针。"[1] 在克鲁普斯卡雅看来，组织和发展儿童集体，养成儿童集体生活的习惯，培养儿童的集体主义精神，是社会主义国家幼儿教育机构的首要任务和基本特征，也是与资本主义国家幼儿教育机构的主要区别。

因此，在幼儿园里，幼儿教育工作者应该使全体儿童无一例外地参加工作、劳动以及建造自己的儿童生活。在这种共同的生活中，使全体儿童善于集体地生活，善于集体地工作，善于集体地感受，逐步学会从共同的利益出发去处理每一个问题，使全体儿童能将自己的意愿服从于集体的意志。在克鲁普斯卡雅看来，在幼儿园里应该让儿童在共同的生活、游戏和劳动中，享受到与其他儿童交往的乐趣以及友好相处的乐趣。幼儿园里友爱的共同生活以及集体主义的感受，会成为幼儿将来形成集体主义观念的基础。

但是，克鲁普斯卡雅强调指出，幼儿园的儿童集体不同于学校的班级集体。这种儿童集体还不稳定，其初步形式是在友爱关系上的共同生活。因此，幼儿园的儿童集体的结构和生活方式应该符合幼儿的年龄特征和教育目的，要防止出现成人化的倾向。一般地，幼儿都希望和同龄儿童一起玩耍，也希望和成人接触。幼儿教育工作者对此要给予支持，并把儿童组织起来。最初可以是二三个儿童一起玩，然后集体一起玩，使他们一开始就学会在一个小组里友好地生活，从而在不知不觉中培养儿童对集体依赖的感情，使他们离不开自己的集体，把自己看成是集体中真正的一员。

在幼儿园教育中，幼儿个性的全面发展与集体主义教育并不矛盾。克鲁普斯卡雅认为，只有在集体的影响下，幼儿的个性才能得到更好的发展。集体并没有否定个性，相反，只有在集体中才能更完全、更鲜明地显露和发展每个幼儿的个性。对于幼儿教育工作者来说，应该在幼儿园教育中善于发展集体，同时善于在集体的条件下提供幼儿个性全面发展的可能。

克鲁普斯卡雅还认为，集体主义教育有助于对幼儿进行国际主义教育和反

---

[1] 克鲁普斯卡雅.论儿童的学前教育[M]//克鲁普斯卡雅教育文选（下卷）.卫道治，译.北京：人民教育出版社，1988：263.

宗教宣传。她指出："如果集体活动安排得很妥帖，如果儿童养成了在集体中友好生活的习惯，那么在此基础上就比较容易向他们进行国际主义教育。在反宗教宣传上也是同样的道理。"①

5. 论幼儿园与家庭的联系

克鲁普斯卡雅非常强调幼儿园与家庭之间的联系。她认为，母亲乃是儿童天然的教师，对幼儿的影响是巨大而深远的。在幼儿教育过程中，幼儿园如果和家庭密切配合，那就能更好地促使幼儿个性的全面发展。因此，必须在社会教育和家庭教育之间建立起一种联系。这种联系是培养我们理想的一代人的保证。

幼儿教育工作者应该认真地对家长进行幼儿知识教育，使他们掌握起码的教育学知识，把幼儿教育工作变为提高群众文化水平的工作的一个重要方面。克鲁普斯卡雅曾举例说：如果一位母亲注意给自己的孩子洗脸洗手、经常打开房间的气窗、按时给孩子吃饭等，那她就能使自己的孩子一生都养成卫生习惯。因此，幼儿教育工作者应该了解儿童的生活环境，与家庭保持密切的联系；同时以幼儿园为例子，告诉母亲们怎样给儿童洗脸洗手，怎样照顾儿童睡觉，以及需要为儿童做些什么，然后再检查母亲们是否照着做了。当母亲们来幼儿园等着接孩子回家时，幼儿园的每个工作人员都可以对她们讲讲怎样教育孩子的问题，使她们对孩子采取正确的教育方法。

克鲁普斯卡雅强调指出，幼儿园这一类型的幼儿教育机构对于幼儿的发展来说是极其重要的。如果家长对幼儿园的重要性有所认识，对幼儿园的实际工作有所了解，并自觉参加这一工作，那就有助于推动幼儿园教育向前发展。克鲁普斯卡雅经常对幼儿教育工作者说："要善于发动家长参加你们每个幼儿教育机关的工作，成立家长委员会，这种委员会就会主动关心帮助你们开展工作。这样一来，幼儿园就会大为改观。"②在她看来，家长工作是一个重大的问题，使家长关心和支持幼儿园的工作，安排家长有机会到幼儿园去帮助工作，对幼儿

---

① 克鲁普斯卡雅．论儿童的学前教育 [M]// 克鲁普斯卡雅教育文选（下卷）．卫道治，译．北京：人民教育出版社，1988：264．
② 克鲁普斯卡雅．与兄弟共和国幼儿园工作人员的谈话 [M]// 克鲁普斯卡雅教育文选（下卷）．卫道治，译．北京：人民教育出版社，1988：392．

园教育的发展具有重要的意义。

克鲁普斯卡雅站在为未来共产主义社会培养新人的角度，论述了幼儿的年龄特征和个性的全面发展以及幼儿园教育，奠定了苏维埃幼儿教育理论的基础。她的幼儿教育理论和实践，推动了苏维埃幼儿教育事业的发展，也为社会主义国家的幼儿教育工作提供了极其重要的经验。

第六节
皮亚杰论幼儿教育

瑞士心理学家、教育家皮亚杰（Jean Paul Piaget，1896—1980）出生于瑞士纳沙特尔的一个大学教授家庭。1918年获得自然科学博士学位后，他一直致力于一种把生物学与认识论结合起来的新的研究领域。从1921年起，皮亚杰正式开始系统研究儿童心理的工作。1941年任日内瓦大学教育学院院长。1955年，在洛克菲勒基金会的资助下，他又和一些学者创建"国际发生认识论中心"，逐渐形成了一个颇具影响的儿童心理学派——"日内瓦学派"，强调运用"临床谈话法"观察研究儿童。皮亚杰还长期担任联合国教科文组织下属的国际教育局局长。他的主要教育和心理学著作有：《儿童的判断与推理》（1924）、《儿童的语言与思维》（1932）、《儿童智慧的起源》（1936）等。皮亚杰毕生从事儿童心理发展的实验研究，深刻地阐述了儿童教育工作的新原则和新方法，不仅在国际上享有很高的声誉，而且对世界各国幼儿教育的改革和发展产生了很大的影响。

一、论儿童的心理发展过程

通过大量的观察和实验研究，皮亚杰具体论证了儿童的心理发展过程。他强调指出，儿童从诞生起，他的心理就与生理一样在不断发展。这种发展是一个继续前进的平衡过程，从较低的平衡状态走向较高的平衡状态。它又可以分为前后相联和各有特点的四个阶段。每一个阶段都会出现一些新创的结构，把这个阶段和前面的阶段区别开来。前一个阶段的结构都会继续存在于以后的发展阶段之中，成为一些附属的结构。它们结合起来就构成了后一个阶段所具有的新特征。

1. 感觉运动阶段（0~2岁）

这个阶段相当于婴儿期。在这个阶段，儿童主要通过感觉运动图式来和外界相互作用（同化或顺应）并与之取得平衡，也就是说，儿童利用感知和动作去征服他周围整个世界。皮亚杰认为，这个阶段的发展对儿童以后的发展具有特别重要的影响，认为这个阶段是"人类生命最有创造力的时间"。[1] 他强调指出：儿童在这个阶段"建成了所有的认识基础，作为他日后知觉发展和思想发展的起点，同时还建成了一定数量的基本情绪反应，这些将部分地决定着他日后的情感"[2]。因此，"这个早期的心理发展决定着心理演进的整个过程"[3]。

皮亚杰指出，感觉运动阶段可以分为以下六个时期。

（1）反射练习时期（0~1个月）。这一时期婴儿的活动主要是遗传性的反射活动，他的心理生活仅限于反射器官的练习，即限于感知与动作之间那种为遗传所决定的协调活动的练习。与之相对应的是营养之类的本能需要。开始时，婴儿的各种反射活动并不协调，似乎各种反射活动都是各自独立的。但这一时期婴儿的反射动作练习一开始就表现出真正的能动性，例如，吮吸反射使得婴儿的嘴唇只要接触到物体，他就会自动地吮吸。婴儿这种反射影响行为的程度对于后来的心理发展会产生一定的作用。

（2）习惯动作时期（1~4、5个月）。这一时期婴儿的发展主要表现在不同的感觉运动图式开始协调起来。例如，声音的刺激不仅可以引起听觉反应，而且可以引起视觉或抓握反应。这种协调使婴儿形成了最初的习惯动作。例如，

---

[1] 皮亚杰.皮亚杰谈创造力及教育改革[M]//皮亚杰教育论著选.卢睿，选译.北京：人民教育出版社，1990：252.
[2] 皮亚杰，英海尔德.儿童心理学[M].吴福元，译.北京：商务印书馆，1980：5.
[3] 皮亚杰.儿童的心理发展[M].傅统先，译.济南：山东教育出版社，1982：26.

吮吸拇指的习惯。

（3）有目的的动作形成时期（4、5个月～10个月）。这一时期婴儿开始积极地选择某些能够引起有趣效果的活动，形成第二次循环反应。婴儿开始抓握和摆弄他身边所见到的一切东西。例如，婴儿会重复拉摇篮里的一根绳子而使系在这根绳子上的拨浪鼓发出响声。这表明他处在智力的萌芽状态。

（4）手段和目的协调时期（10~12个月）。这一时期婴儿能够在一个新的环境中，运用他过去已经学会的一些手段来达到他自己的目的。因此，婴儿对主体和客体的关系产生了最初的协调，例如，婴儿会想办法移开障碍物去拿到他想要的玩具。

（5）感觉运动智力时期（12~18个月）。这一时期儿童表现出了更为强烈的好奇心、预期和意向的灵活性。他能够通过"尝试—错误"的方法去发现新的手段以达到他自己的目的。他会尝试不同的方法，并能发现新的手段以适应新的环境。皮亚杰认为，对于儿童来说，这是物质世界客体化的开始，是一次"哥白尼式"的革命。

（6）感觉运动智力的综合时期（18个月～2岁）。这一时期儿童能够在头脑中把许多运动图式联系起来，从而产生一种新的手段来解决新的问题。他能够通过直接的身体动作去观察和发展事物，并具有延缓模仿的能力，即模仿已不存在的原型。

皮亚杰认为，在感觉运动阶段，婴儿通过对自己的环境的适应，创造出自己的世界。在这个过程中，他的情感也得到了发展。初生的婴儿会有一些与生理系统有着密切关系的情绪反射。这种情绪反射开始往往只与饥饿、口渴等营养需要有关，后来相应地和自己的动作发生了直接联系。由于手段和目的的分化，达到目的的动作或没有达到目的的动作就会使婴儿在情感上体验到成功的愉快或失败的痛苦。

当儿童获得了客体的稳定性认识之后，客体成了独立于自我之外的对象，他的情感也就有了很大的变化。因此，儿童最初与动作本身相联系的基本情感，则由于人与物的客体化而发展成为人与人之间的情感。这对以后儿童社会化的过程和道德情感发展有着极其重要的意义。

2. 前运算阶段（2~7岁）

这个阶段相当于学前期。大约从 2 岁开始，儿童的发展进入了一个新的阶段。进入这个阶段的标志是儿童各种感知运动图式开始内化成为表象，并开始运用表象符号；或者说，语言的出现标志着这个阶段的开始。毋庸置疑，儿童在感觉运动基础上掌握了语言，并用语词来代表外界事物，也就在广度上和速度上增强了他的思维活动能力。皮亚杰认为，这是儿童的思维与语言的第一次结合。随着语言的出现和发展，无论在情感方面还是在认知方面，儿童的行为发生了深刻的变化。儿童发现了一个超越于他本身、具有十分丰富内容的现实世界。儿童越来越多地用表象符号来代表外界事物，开始了表象思维。凭借这种表象思维，儿童不仅可以进行各种象征性的游戏活动，而且可以理解童话故事中关于过去的和远方的事情。皮亚杰强调指出："在表象思维水平上，所有出现在感觉运动水平上的东西，现在都必须重新建构了。"[①]

但是，皮亚杰认为，这个阶段儿童的表象思维都是"自我中心"的。儿童开始以一种不自觉的"自我中心"态度来对待他的周围世界和他头脑中的表象。儿童考虑一切事情都只是从自己的角度出发，想象每个事物都与他自己的活动相联系，而不能脱离"自我中心"。例如，在与别人交谈中，儿童只顾自己把头脑中想到的东西大声说出来，而不管别人是否愿意接受。但是，这种"自我中心"的同化乃是儿童思维开端的特征。儿童的表象思维不仅表现在他的延缓模仿活动中，例如，儿童能对自己过去曾经看到和听到的活动或事物加以模仿；而且也表现在象征性游戏中，例如，儿童能把竹棒当作马、把排成行的木凳当作火车等。在象征性游戏中，儿童不是使自己的想象服从于现实，而是把现实同化于自己的想象。在皮亚杰看来，其原因在于这个阶段的儿童还不能像成人那样有效地满足他个人情感上和智力上的需要，于是他便利用游戏的同化作用来改变现实，以满足自己的需要。

按照同化与顺应平衡的法则，这个阶段儿童的表象思维会逐渐发展到直观思维。但在直观思维中，感知仍占首要的地位。例如，对于这个阶段的儿童来

---

① 皮亚杰. 发展与学习 [M]// 皮亚杰教育论著选. 卢睿, 选译. 北京：人民教育出版社, 1990: 20.

说，数量的等值就是视觉的对应，就是空间位置的完全一致；一旦这种视觉的对应被破坏，数量也就不相等了。由于儿童所感知到的形象就是他的直觉思维的依据，因此，直观的表象在很大程度上决定了儿童的判断。当然，这个阶段儿童的行动已不再像前一阶段那样是纯粹的感知运动的性质。皮亚杰认为，这种直观思维总是按一定的次序朝着一个目标前进，而不能逆行；同时，这种直观思维不具有守恒性，不是感觉逻辑而是根据直观图形来进行推理的。

应该看到，这个阶段的儿童把纯粹的感觉运动图式内化为直观的表象，不仅表明了儿童心理发展的一个新的水平，而且也为后来发展的运算思维作好了准备。

在这个阶段，儿童的人与人之间的情感得到了发展。它的主要特征是儿童对成人单方面的尊敬。其主要原因之一是成人对儿童的强制。因此，成人变成了儿童一切道德和一切真理的源泉。这往往会使儿童在情感方面和智力方面都养成一种顺从的心理，不假思索地接受成人的一切判断。例如，儿童能够接受成人强加给他的"要诚实"和"不许说谎"等道德规则，但他并没有从内心真正体验到诚实和不说谎的价值。对于这个阶段的儿童来说，"要诚实"和"不许说谎"仅仅是一条外在的道德规则，而不是出于他自己内心的道德需要。可以说，儿童中常见的说谎问题，实际上就是儿童的自我中心态度和成人道德强制之间发生的冲突。

3. 具体运算阶段（7~12岁）

这个阶段相当于学龄初期。皮亚杰认为，在儿童的心理发展过程中，7岁是一个具有决定意义的转折点。这个阶段的儿童无论在智力方面还是在情感方面都出现了新的组织形式，并从前一个阶段的那种"自我中心"状态中逐渐解放出来。

这个阶段的儿童开始具体运算思维，能够客观地构造类、关系和数之间的联系。儿童的具体运算思维具有守恒性、可逆性和整体性。在儿童构成具体运算思维的同时，他也获得了社会合作的能力。

随着具体运算思维的构成和社会合作能力的获得，这个阶段儿童的情感和道德又得到了发展，逐渐形成互相尊敬的情感和自律的道德。尤其突出的是，这个阶段儿童的公正和平等观念得到了发展，不仅影响了儿童之间的关系，而且也影响并改变了儿童与成人之间的关系。

4. 形式运算阶段（12~15 岁）

这个阶段相当于学龄中期。皮亚杰认为，大约从 12 岁起，儿童便进入了青春期。这个阶段儿童的思维发展很迅速，发生了一次根本性的变革，达到了形式运算的阶段。它的主要特征是儿童从具体事物中逐渐解放出来；也就是说，这一阶段儿童的思维与成人的思维接近，可以在头脑中把形式和内容分开，可以离开具体事物，根据假设和条件进行逻辑运算。

与具体运算相比，形式运算是一种命题的运算。它可以脱离感知运动和表象的支持，而以命题为依据，并借助于命题的形式来进行。它也可以使儿童不受时间和空间的限制，去认识和把握事物的发展规律，去探讨研究命题的各种关系。

皮亚杰还认为，这个阶段的儿童在情感和道德发展上也表现出新的特征。儿童在成人社会中已开始取得地位，他的人格已开始形成。儿童已使自己的思想形成了体系。因此，在某种意义上，这些新的变化标志着儿童期的结束。

皮亚杰强调指出，儿童的心理发展过程可以看作是不断地脱离"自我中心"的过程。由于各种发展因素的相互作用，儿童的发展是具有阶段性的。各个阶段的出现，从低到高是有一定次序的。每个儿童都以不同的速度按次序地通过这些阶段。每个阶段都是一个统一的整体，而不是一些孤立的行为模式。在皮亚杰看来，尽管儿童心理发展的四个阶段之间有着质的差异，具有本质上不同的模式。但是，前一个阶段总是后一个阶段的必要准备，并为后一个阶段所取代；后一个阶段总是建立在前一个阶段基础上的，是前一个阶段的自然延伸。由于环境、教育和文化等各种因素的作用，儿童的心理发展阶段出现的一般年龄会发生差异，但各个阶段的先后次序不变。只要儿童继续发展，他就必须循着这四个阶段的次序前进，而不可能逾越某一个阶段。当然，在儿童心理发展过程中，前一个阶段和后一个阶段会有一定程度的交叉和重叠。

皮亚杰关于儿童心理发展过程的理论，系统地论述了儿童心理发展的一般模式，为幼儿教育工作者研究幼儿的发展和教育提供了理论依据。

二、论儿童教育的基本原则

皮亚杰认为，学前儿童的教育旨在使义务教育年龄以前的儿童受到教育。从儿童心理发展过程的理论出发，他在儿童教育上提出了以下五个基本原则。

1. 符合儿童心理发展阶段

在实验研究基础上，皮亚杰用大量令人信服的实验材料论述了儿童心理发展的阶段及其特点。他认为，儿童的认知结构发展不仅与成人有着质的不同，而且不同阶段的儿童的认知结构也不完全一样，表现出其独特的特点。因此，教育应该符合儿童的心理发展阶段，按照儿童的年龄特点来加以组织。因此，皮亚杰强调指出："我们必须承认有一个心理发展过程存在，一切智力的养料并不是所有年龄阶段的儿童都能够吸收的，我们应该考虑到每个年龄阶段的特殊兴趣和需要。"[1]

在皮亚杰的心理学体系中，心理发展阶段理论实际上是一个核心。儿童从出生到成人时期的心理发展，会自然地划分为人人相同的、按不变次序相继出现的、有着性质差异的几个明确的阶段。皮亚杰认为，儿童的教育如果离开了儿童的心理发展阶段，实际上也就是在浪费时间和精力。因为只有每一个年龄阶段都施以良好的教育，才可以促进而不是损害儿童的发展。逾越儿童心理发展阶段的教育，实际上就否定了儿童的心理发展是一个不断建构的过程。例如，在感觉运动阶段，儿童只有感觉运动智力，父母和教育者应该多为儿童提供各种各样有趣的物体，如玩具、模型等，供他观察、抚摸和摆弄；应该多考虑促进儿童动作发展的训练，如触摸、推拉和抓握等。在前运算阶段，为了促使儿童表象思维和直观思维的发展，父母和教育者就应该注意选择具体形象的方法，

---

[1] 皮亚杰. 新方法，它们的心理学基础 [M]// 皮亚杰教育论著选. 卢睿，选译. 北京：人民教育出版社，1990: 66.

如游戏、童话故事、图画、手工等，来帮助儿童形成数、几何、空间和时间等概念。因此，皮亚杰强调指出，教育是从属于受教育者的发展水平的，受教育者的发展水平决定着教育的步调。

在皮亚杰看来，教育者应该懂得儿童心理学，了解并重视儿童的特点，符合儿童心理发展阶段的水平，避免儿童教育成人化的倾向。

2. 分析儿童心理发展的因素

皮亚杰认为，在儿童教育中，应该注意分析和考虑制约儿童心理发展的四个基本因素：

一是生物成熟的影响。皮亚杰认为，有机体的成长特别是神经系统和内分泌系统的成熟，是儿童心理发展的必要因素。生理学研究的成果表明，儿童的某些行为有赖于一定的生理结构或神经通路的作用。生物成熟的影响在儿童心理发展过程中起着不可缺少的作用，但它并不能说明全部发展过程，因此，它仅仅是制约儿童心理发展的因素之一。它主要是为儿童心理的发展提供了可能性。

二是练习和习得经验的影响。皮亚杰认为，所谓"练习和习得经验的影响"，指个体对物体施加动作过程中的练习和所获得的经验（不同于社会性经验）的作用。儿童所获得的经验可以区分为物理经验和数学逻辑经验两类。前者指个体作用于物体，并抽象出物体的特性，如物体的大小、轻重等；后者指理解动作与动作之间相互协调的结果。在皮亚杰看来，当儿童这个主体认识客体或与客体发生关系时，总是要有一个同化或顺应的过程，否则他就无法获得经验。

三是社会传递的影响。皮亚杰认为，社会传递包括语言和教育传递。社会传递在儿童的心理发展过程中是一个必需而重要的因素。它对儿童的影响大大超过自然环境对儿童的影响，因为它不仅促使儿童去认识它，而且也给儿童提供了现成的和最好的符号系统，即语言和文字。尤其是作为社会传递一个组成部分的教育，对儿童心理的发展有很大的影响。尽管教育并不能逾越儿童心理发展的某个阶段，也不能改变儿童心理发展阶段之间的次序，但适宜的和良好的教育在一定程度上能促使儿童心理发展阶段的过渡，能引起儿童主动的同化或顺应。如果缺少儿童主动的同化或顺应，那社会传递的影响将是没有效果的。

四是平衡的影响。皮亚杰认为，上述三个因素都起着重要的作用，但它们并不足以说明儿童心理的发展过程，还需要有第四个因素，那就是平衡。所谓"平衡"，既指使同化或顺应获得平衡的过程，也指同化或顺应获得平衡的结果。皮亚杰指出："这个因素常常被人忽视了，我却认为是一个基本的甚至是首要的因素，我把它称之为平衡因素，……也可以叫做自我调节的因素。"[1] 因此，在儿童心理发展的诸因素中，平衡因素是最重要的因素。只有通过平衡，儿童的心理才能得到发展。平衡之所以重要，就在于它使生物成熟、练习和习得经验以及社会传递这三个因素协调起来，就在于它通过"尝试—错误"的过程使儿童得以自我调节。儿童正是借助平衡的作用，在每一个阶段重新建构认知结构，并克服"自我中心"的倾向。

3. 发展儿童的主动性

皮亚杰十分重视主体在教育中的作用。他认为，儿童的教育必须是一个主动的过程，教育者必须注意发展儿童的主动性。传统教育理论把儿童看成是一个"依赖的变量"，但皮亚杰指出儿童是一个"独立的变量"。在他看来，儿童的心理发展是一种主动积极和不断的建构活动。儿童通过他自己的活动，不断建构他的智力的基本概念和思维形式。儿童获得的知识，是儿童这个主体与外部世界这个客体不断相互作用而逐步建构的结果。因此，儿童是一个具有主动性的人，他的活动受其兴趣和需要所支配。因为只有儿童自我发现的东西，他才能积极地将其同化或顺应，从而形成深刻的理解。教育者最好使儿童自己找到和发明他的答案，因为儿童"除了主动地掌握一样东西以外，就不可能学会任何东西"[2]。但是，如果每样事情都教给儿童，那就会妨碍他的发现或发明。

皮亚杰所说的"主动性"具有两个含义：一是儿童直接作用于他的环境；二是儿童在心理发展上是主动的。在儿童教育上，儿童通过他自己的主动性活

---

[1] 皮亚杰.发展与学习[M]//皮亚杰教育论著选.卢睿，选译.北京：人民教育出版社，1990：21.
[2] 皮亚杰.教育科学与儿童心理学[M].傅统先，译.北京：文化教育出版社，1981：141.

动而培养兴趣和发展才能。在某种意义上，教育者的作用是间接的，不是直接把某种现成的知识转交给儿童，而是介绍问题和对策，让儿童自己主动地"自发学习"。教育者要去发现最适宜的环境和方法，帮助儿童自己去实现认知能力的发展。

4.重视儿童的实际活动

从发生认识论出发，皮亚杰十分重视"动作"在儿童心理发展中的作用。所谓"动作"，指个体的实际活动。他认为，由于认识起源于动作，认识是从动作开始的，动作在儿童心理发展中起着重要的作用，因此，教育者应该使儿童通过实际活动和具体事物进行学习。对于儿童来说，动作是儿童主体与客体相互作用的唯一可能的联接点。例如，婴儿重复摇动一个悬挂着的物体发出音响，他就是通过动作与实际摆弄物体而认知世界的。儿童所获得的知识和观念都离不开动作。实际上，主体通过动作对客体的适应，乃是儿童心理发展的真正原因。

因此，皮亚杰认为，在儿童教育中，教育者应该强调儿童的实际活动，重视儿童的动作。例如，在前运算阶段，就应该重视游戏活动。在他看来，游戏是幼儿所特有的活动中的一种活动。游戏可以分为以下四类：

（1）练习性游戏。它是一种最初步形式的游戏，是在感觉运动阶段出现的唯一的一种游戏，是在适应过程中重复着所练习的活动以取得快乐。它在以后的阶段仍部分地保留着。

（2）象征性游戏。它不仅把现实同化于儿童自我和自己的愿望之中，而且通过象征性"语言"使同化作用成为可能并得到强化。它是儿童游戏的高峰。

（3）有规则的游戏。它是促进儿童社会生活的一类最有效的游戏活动。例如，打弹子、独脚踢石块等。随着儿童社会生活的扩大，它的重要性增加了。

（4）构造性游戏。它最初受着游戏的象征主义影响，后来倾向于构成"真正的"适应活动或构成对问题的解决以及构成思想性的创造活动等。

对于儿童来说，游戏在教育过程中起着极其重要的作用。游戏乃是儿童心理活动的一种机能练习。不管在什么时候，只要运用游戏活动的方式，儿童就会充满热情地投入到这些游戏活动中去，从而受到真正的教育，获得真正有益的知识。所以，皮亚杰强调指出："儿童不能像成年人那样有效地满足他个人情感上的甚至智慧上的需要。因此，为了达到必要的情感上和智慧上的平衡，他具有一个可资利用的活动领域；在这个领域中他的动机并非为了适应现实，恰恰相反，却使现实被他自己所同化。……这样一个活动领域便是游戏。"[①] 在他看来，过早地让儿童在幼儿时期进行读写算方面的系统学习，实际上是一种不明智的做法。

5. 强调儿童的社会交往

皮亚杰很强调社会交往在儿童心理发展中的重要作用。他认为，与他人交往以及儿童之间相互交往，有助于儿童语言和思维的发展以及情感和道德的发展。这种社会交往主要是指社会合作，尤其是儿童之间的合作。它是推动儿童个性发展的一部分，也是儿童认知发展的重要源泉。通过社会交往，尤其是处在同一认知水平上的儿童之间的交往，就能促使儿童彼此交流看法，摆脱"自我中心"状态，从他人那里获得丰富的信息，从共同合作中学到有益的东西，促使认知和思维的进一步发展。

在大量的实验研究基础上，皮亚杰指出，儿童几乎从出生那一天起就开始具有社会性。在出生的第二个月，他就会对人微笑，试图与人接触。从出生第一年的下半年起，他不仅试图接触别人，而且还经常会模仿别人。这一切都表明，儿童在社会交往方面具有高度的感受性，从而使得儿童的社会交往有可能实现。

在儿童的发展和教育中，皮亚杰认为，教育者应该强调儿童的社会交往，积极组织儿童之间的合作活动，帮助儿童理解社会中人与人之间的关系，更好地促进儿童心理的发展。

作为幼儿心理教育领域的一个巨人，皮亚杰根据他自己长期对儿童心理发展研究的成果，深入地和富于想象力地探究了儿童教育原则和方法的心理学基础，系统地论述了儿童心理发展过程以及它与教育的关系问题，从而对传统的儿童教育观提出了挑战。由于他的理论以实验研究为依据，因此，就显得更为深刻和令人信服。尽管有这样或那样的批评，但毫无疑问，在 20 世纪 60 年代

---

① 皮亚杰，英海尔德. 儿童心理学 [M]. 吴福元, 译. 北京：商务印书馆, 1980: 46.

后，皮亚杰的儿童心理发展理论以及新的教育原则，对当代世界幼儿教育的改革和发展产生了重要而深刻的影响。

第七节
维果茨基论幼儿教育

维果茨基（Лев Семёнович Выготский，1896—1934）是苏联心理学家和教育家，曾先后在莫斯科大学、克鲁普斯卡雅共产主义教育学院、第二莫斯科大学从事研究和教学工作。通过对儿童心理和教育的研究，他创建了心理发展和社会文化理论，强调儿童言语与思维的发展，以及儿童心理发展与教学的关系。20世纪50年代，美国心理学家和教育家布鲁纳对维果茨基作了高度的评价："在过去的四分之一世纪中从事认识过程及其发展研究的每一个心理学家，都应该承认维果茨基的著作对自己的巨大影响。"[1] 70年代，美国心理学史家史蒂芬·托尔明（Stephen Tolmin）把维果茨基誉为"心理学中的莫扎特"[2]。维果茨基的主要著作有：《艺术心理学》（1925）、《思维与语言》（1934）、《学前教学与发展》（1935）等。

一、论儿童言语与思维发展

维果茨基创建了心理发展和社会文化理论，强调个体是在一定的社会文化背景下进行学习并形成各种高级心理技能的，把儿童的心理发展理解为"文化"形式的掌握。由此出发，他对儿童言语与思维发展问题进行了探讨。美国心理

---

[1] 维果茨基. 维果茨基教育论著选 [M]. 余震球，选译. 北京：人民教育出版社，1994：19.
[2] 熊哲宏. 西方心理学大师的故事 [M]. 桂林：广西师范大学出版社，2006：280.

学者贝克（Laure E. Beke）这样指出：在维果茨基的理论中，"丰富的社会文化背景深刻影响儿童对世界构成的认知方式"[①]。

维果茨基强调了言语具有交往和思维这两种功能，其中交往是言语的基本功能。他指出："言语首先就是社会交际手段，是发表意见和理解的工具"，但是，交际和思维"两种功能似乎是平行地、各自独立地从属于言语的。言语好像同时兼有交际功能和思维功能"[②]。正因为如此，儿童会积极地寻找词汇和扩大词汇，询问他不知道的事物名称；儿童会借助于意义的词汇建立与成人的交际。在维果茨基看来，这标志着儿童发展中的一个全新的时期，那就是：从言语的信号功能转变为有意义的言语功能，从声音信号的使用到创造和积极使用声音；而且，儿童言语的发展是依据其周围人们言语的丰富或者贫乏而变化的。但是，儿童并没有创造自己的言语，而是追随和掌握周围成人的现成言语以及它们的具体意义。

维果茨基认为，在与外界交往的基础上，儿童的思维得到了发展。这体现了言语的思维功能。儿童的思维发展分成三个阶段：一是含混思维阶段，直接的、偶然的、情景性的印象起着主导作用；二是复杂思维阶段，直接的实践经验和记忆起着主导作用；三是概念思维阶段，具有抽象和概括功能词起着主导作用。因此，维果茨基强调指出："当儿童超越自己直观－具体的小世界和自己实际－有效的经验进行推理和思考的时候，他经常显示出令成人不解的出人意料的相似，思维中出现何等的飞跃、勇敢的概括和弥漫的转折。"[③]

维果茨基还指出，在儿童的言语与思维发展中会表现出一些特点。例如，儿童从婴儿期就有了对言语交往的需求；儿童的词汇极其缺乏，儿童的词语和成人的词语在意义方面是不一致的；儿童需要具体的、直观的和实际的经验；和成人的言语交往是儿童思维发展的重要因素；等等。在他看来，对这些特点予以重视就能更好地促进儿童的言语和思维的发展。

对瑞士心理学家皮亚杰有关儿童言语与思维的研究，维果茨基给予了高度

[①] 贝克.儿童发展[M].吴颖，等译.南京：江苏教育出版社，2002：362.
[②] 维果茨基.思维与语言[M]//维果茨基教育论著选.余震球，选译.北京：人民教育出版社，1994：9-10.
[③] 同②：148.

的评价。他指出，皮亚杰的研究构成了一个时代，有着令人瞩目的历史意义；皮亚杰采用的临床法成为了一种不可替代的手段。但是，维果茨基也认为，皮亚杰的自我中心主义学说需要重新研究，因为这种学说没有看到儿童智力发展的过程和内容会随着社会文化的不同而存在一定的差异。所以，他特别强调社会互动与发展过程之间相互影响的关系。

最后，维果茨基认为，言语和思维的发展并不是平行等量进行的，而在数量和质量上有所变化。因为言语和思维的发展斜线有时多次相遇、岔开和交叉，有时又径直平行前进，有些部分甚至重合，而后又重新分开。

二、论儿童发展与教学

维果茨基对儿童发展与教学的问题进行了长期的研究。他认为，发展是理解任何高级形式的钥匙。因此，"发展"可以说是维果茨基理论的核心思想。

在儿童发展与教学的关系上，维果茨基阐述了以下四个观点。

第一，教学取决于发展。也就是说，发展创造了可能性，而教学建立在发展之上。教学总是应该与儿童的发展水平相一致。例如，教儿童读书识字只能从一定的年龄开始。因此，任何教学都要求具有一定成熟程度的心理功能作为自己的必要前提。

第二，教学促进了发展。也就是说，教学实现了可能性，使发展达到一定的极限，但不可能是无限大。因此，儿童在合作中能做的事比独立工作时多，但并不是无限多，而是在由他的发展状态和智力潜能严格限定的一定范围内。儿童不能借助模仿解决一切仍然未能解决的问题。

第三，发展的速度和教学的速度是不一致的，因为发展有它自己的内部逻辑。在一定意义上，发展过程和教学过程是不可能相提并论的。因此，维果茨基强调指出："发展进行的速度，如果可以这样表达的话，是与教学的速度不一样的。"[1]

---

[1] 维果茨基.思维与语言[M]//维果茨基教育论著选.余震球，选译.北京：人民教育出版社，1994：251.

第四，不同儿童的发展极限是不同的。也就是说，存在着差异。事实上，不同的儿童不会同样地解答为任何年龄的儿童准备的问题。因此，维果茨基指出："儿童不能藉助模仿解决一切仍然未能解决的习题。他只是达到了一定的极限，而不同的儿童其极限也是不同的。在我们的例子里，对一个儿童来说，这个极限位置很低，距离他发展水平仅仅1年，而另一个儿童却相距4年。"①

为了更好地处理儿童发展和教学的关系，维果茨基创立了"最近发展区"概念，并指出这对于儿童的智力发展具有更为直接的意义。所谓"最近发展区"，是指儿童的现实发展水平与儿童的潜在发展水平之间存在的差异。前者指一定的已经成为的儿童发展周期的结果和由它而形成的心理机能的发展水平，即儿童个人独立获得所能达到的发展水平；后者指儿童在与同伴合作时或在承认知道和帮助下所能达到的水平。

在维果茨基看来，确立了"最近发展区"概念，教育者不仅可以了解儿童发展中已经达到的状态，而且可以发现儿童正在成熟的状态。由此出发，他明确指出：教学所"依赖的与其说是已经成熟的功能，不如说是正在成熟的功能。它总是从儿童还未成熟的东西开始。教学的可能性是由它的最近发展区决定的"②。所以，"教育学不应当以儿童发展的昨天，而是应当以儿童发展的明天作为方向。只有那时，它才能在教学过程中发现处于最近发展区里的发展过程"③。因此，在童年期，只有走在发展前面并引导发展的教学才是好的教学，因为这种教学能激发处在最近发展区中成熟阶段的一系列功能。意大利教育家、瑞吉欧方法的创始人马拉古兹这样指出：维果茨基"这位俄罗斯心理学家告诉我们'最近发展区'的益处，也就是幼儿的实际表现程度与幼儿的潜能发展程度之间的差异，借由成人或更进一步发展的同伴协助而达到最接近潜能的阶段"④。

基于"最近发展区"概念，维果茨基认为，在儿童发展中存在着对某些外

---

① 维果茨基.思维与语言[M]//维果茨基教育论著选.余震球,选译.北京：人民教育出版社,1994：256.
② 同①：258.
③ 同②.
④ 卡洛琳·爱德华兹,等.儿童的一百种语言[M].罗雅芬,等译.南京：南京师范大学出版社,2006：81.

界影响特别敏感的时期，也就是说，任何教学都存在最佳的、最有利的时期。他强调指出："对这个时期任何向上或向下的偏离，即过早或过迟实施教学的时期，从发展观点看，总是有害的，对儿童的智力发展产生不良影响。"[①] 他还认为，这种最佳时期也就是意大利教育家蒙台梭利所说的"敏感期"，即在这一时期一定的影响能对儿童发展的全过程产生敏感的影响，引起发展中这样或那样的深刻变化。显然，维果茨基对蒙台梭利的敏感期理论给予了肯定。

三、论学前儿童的教学

对于幼儿教学，维果茨基不仅给予了关注，而且根据心理发展的文化历史理论和"最近发展区"概念进行了论述。

维果茨基认为，学前期儿童会表现出这一年龄阶段的特点。例如，知觉在童年早期起着主导作用，而记忆是学前儿童意识的中心；学前儿童的思维以形象性和具体性为特征；学前儿童的概括随着儿童与成人交往的发展而得到扩大；学前儿童的需求与兴趣产生了更迭和转变；学前儿童的活动出现了实践自己意图的可能性；等等。因此，学前年龄实际上是一个完全摆脱了记忆缺失的年龄。

与3岁前儿童按照他们自己的大纲进行学习相比，3岁儿童开始将教师的大纲变成他们自己的大纲而进行学习。这表明开始了一种新的类型的教学，维果茨基称之为"学前教学"（即幼儿园教学）。他认为，3岁前儿童的教学是自发型教学，学龄儿童的教学是反应型教学，而3~6岁学前期儿童的教学是自发－反应型教学，处在以上两种教学之间的过渡位置。因此，学前教学大纲（幼儿园教学大纲）应该适应学前期儿童的特点，而有别于学校教学大纲。它应该表现出两个特点：第一，按照引导学前儿童达到一定目的的体系来编制幼儿教学大纲；第二，幼儿教学大纲应该是儿童自己的大纲，符合学前儿童的兴趣和思维特点。在维果茨基看来，如果从适应学校教学大纲的角度来编制幼儿园教学大纲，那是不能完成幼儿教育任务的。

---

① 维果茨基. 学前教学与发展 [M]// 维果茨基教育论著选. 余震球，选译. 北京：人民教育出版社，1994：381.

维果茨基还认为，尽管幼儿园教学与学校教学是不同的，但这两者是联系的。因此，幼儿教育应该做三件事情：第一，使儿童作好接受学校教学的准备；第二，使儿童作好接受分科教学的准备；第三，使儿童初步学会看书识字。因此，从实质上说，学校从来不是从零开始工作的，而是以儿童在学前期的经验为基础的。

维果茨基通过对儿童的心理和教育的具有开拓精神的研究，在儿童言语和思维、儿童发展与教学以及学前教学方面提出了许多有价值的观点，尤其是他的具有理论意义的"最近发展区"概念，对现代心理学的发展以及幼儿教育的改革和发展产生了重要的影响。在维果茨基去世后，"他的主要著作均已出版，他成为一个开创新领域的先锋派作家。按照最权威的一个研究者的说法，'毫无疑问'，维果茨基在许多方面都超越了我们的时代'"[1]。维果茨基的思想与杜威、皮亚杰的思想一起，成为了当今世界上十分流行的瑞吉欧方法的理论背景。

第八节
马拉古兹论幼儿教育

意大利教育家马拉古兹（Loris Malaguzzid，1920—1994）曾参与20世纪50年代在意大利开展的合作教育运动，后在罗马国家研究中心学习心理学。1963年，他创办瑞吉欧幼儿学校，并在杜威、皮亚杰、维果茨基、蒙台梭利等人教育理论的影响下形成了举世闻名的"瑞吉欧方法"（The Reggio Approach）。马拉古兹生前一直担任幼儿教育期刊《零到六岁》的指导工作。1992年，曾获教育工作贡献奖。其主要教育著作有：《儿童的一百种语言》（1987）、《权利的宣言》（1993）等。

---

[1] 伊凡·伊维奇. 列夫·S·维戈茨基[M]//扎古尔·摩西. 世界著名教育思想家（第四卷）. 梅祖培，龙治芳，等译. 北京：中国对外翻译出版公司，1996：285.

一、瑞吉欧幼儿学校的创办与发展

在合作教育运动的推动下，马拉古兹于 1963 年在瑞吉欧·艾米利亚这座意大利北部的小城市创办了幼儿学校，招收 3~6 岁的儿童。1970 年，又创办了婴幼儿中心，招收 4 个月~3 岁的儿童。到 20 世纪 80 年代中期，瑞吉欧已拥有 21 个幼儿学校和 13 个婴幼儿中心。

在瑞吉欧幼儿学校中，马拉古兹与他的同事们提出了创新的教育理念，并运用于教育实践，取得了令人瞩目的成就。曾多次赴瑞吉欧参观的美国教育学者卡德威尔（L. B. Cadwell）这样写道："不论教师还是行政人员，记者还是政治家，父母还是祖父母，在他们第一次访问瑞吉欧·艾米利亚的任何一所学校时，大部分人都会惊讶得无法用语言表达，且常常感动至流泪。"[1]

自 1975 年起，瑞吉欧幼儿学校开始在意大利产生影响。1981 年，在瑞典斯德哥尔摩举办了一个题为"如果眼睛能跃过围墙"的展览，介绍瑞吉欧幼儿学校的工作成果。此后，瑞吉欧与国外的交流日益增多，到瑞吉欧参观访问的学者络绎不绝。1987 年，在美国纽约也举办了介绍瑞吉欧工作成果的展览，开始改名为"儿童的一百种语言"。1994 年马拉古兹逝世后不久，瑞吉欧幼儿学校荣获安徒生奖。同年，又成立了"瑞吉欧儿童中心"（Reggio Children）和"瑞吉欧儿童之友"（Friends of Reggio Children），致力于宣传瑞吉欧的教育理论与实践。

美国教育家布鲁纳和加德纳在参观瑞吉欧幼儿学校后都表示了赞赏。布鲁纳写道："当我去参观举世闻名的瑞吉欧托儿所和幼儿园时，原以为只是看到'另一个小城的奇迹'，但眼中所见到的实在出乎意料。"[2] 加德纳则写道："在我的心目中，现今的世界里，没有任何一个地方能够像瑞吉欧学校如此卓越出众。"[3]

---

[1] 路易丝·博伊德·卡德威尔. 把学习带进生活：瑞吉欧幼儿教育方法 [M]. 刘鲲，等译. 上海：华东师范大学出版社，2006：序言.
[2] 马拉古兹. 孩子的一百种语言：意大利瑞吉欧方案教学报告书 [M]. 张军红，等译. 台北：光佑文化事业股份有限公司，1998：108.
[3] 卡洛琳·爱德华兹，等. 儿童的一百种语言 [M]. 罗雅芬，等译. 南京：南京师范大学出版社，2006：前言.

二、儿童观

在瑞吉欧幼儿学校实践中,马拉古兹确立了自己的儿童观。他强调指出:"有一点很重要,那就是相信儿童是有力量的和完美的,并且充满很热切的期望和需要。这是我们必须持有的儿童观。"①

1. 儿童拥有天赋的潜能

马拉古兹认为,每个儿童都拥有异常丰富的、与生俱来的天赋潜能,例如,观察能力、思考能力、语言能力等。对于出生在地球上任何地方、任何文化的每一个儿童来说,这个观点都是成立的。儿童身上的这些潜能具有强大的力量和充沛的创造性。正因为如此,每个儿童都能提出自己的构想。马拉古兹在那首著名诗篇《其实有一百种》中如此精辟地写道:"孩子有一百种语言,一百只手,一百个想法,一百种思考、游戏、说话的方式。"②在他看来,如果儿童的这些天赋潜能得不到承认和发展的话,那就会导致他们的痛苦,并使他们产生一种无助感,从而影响其发展。

2. 儿童应该有自己的权利

在《权利的宣言》中,马拉古兹首先写到儿童的权利。他认为,作为文化的享有者和创造者,儿童有权被承认其拥有个人的权利。具体来说,儿童有权实现和扩展自己的潜能,展现社交的能力,获得爱和信心以及满足学习的需求和愿望。在马拉古兹看来,如果儿童拥有了自己的权利,那他们就会更健康、更聪明、更具潜力、更愿学习、更好奇、更敏感、更具随机应变的适应能力、对象征语言更感兴趣、更能反省自己、更渴望友谊。

3. 儿童具有主动学习的愿望

马拉古兹认为,由于儿童的思想是流畅的、直觉的和富有好奇心的,因此,

---

① 亨瑞克.学习瑞吉欧方法的第一步[M].李季湄,等译.北京:北京师范大学出版社,2002:130.
② 卡洛琳·爱德华兹,等.儿童的一百种语言[M].罗雅芬,等译.南京:南京师范大学出版社,2006:7.

他们从一开始就有主动学习的愿望，寻找交流和互动的机会。对于儿童来说，这是一种来自生理和文化的需求，也是一种幸福的生命状态。马拉古兹强调指出："愈是常和孩子在一起，就愈能发现他们是如此好奇地窥探这个世界，也愈能意识到孩子们的思考是如此敏锐地关注在细微的事物上，包括那些非物质的、不能一目了然的、没有特定形状的、不受不变定理约束的事物；包括那些介于有形与无形、真实与虚假之间的，具有神秘性的，留给人有宽广理解空间的事物。"① 在他看来，通过自己的学习，儿童可以重塑自己、同伴、家长、教师和这个世界的形象。

4.儿童之间存在着差异

马拉古兹认为，应该意识到儿童之间的差异，以及这些差异可能因为环境的理想与否而增加或减少。例如，在讨论"鸟的乐园"的构想时，有的儿童建议在树上搭建鸟巢，有的儿童建议安排音乐旋转木马，有的儿童建议做喷泉，等等。实际上，儿童建议的多样性正呈现出他们之间的差异。在如何对待儿童之间的差异上，马拉古兹特别强调要保持谨慎态度。他指出："我们若愈能远离速成的、暂时的解决方式以及急躁的方式面对个人的差异，我们假设的范围就愈宽广；我们愈能抗拒诱惑去将幼儿分类，便愈有能力去改变计划和提供更多不同的活动。这并不会减少我们注意幼儿之间差异性的责任与用处，反而让我们仔细思考并加以注意"②。

三、论环境

在瑞吉欧幼儿学校中，环境是教育的一个重要组成部分。马拉古兹强调指出："我们的目标，也是我们一直追求的，是创造一个和谐的环境，在此环境中的每一位幼儿、家长及教师们都感到自在。"③ 当代美国幼儿教育学者莫里森

---

① 马拉古兹.孩子的一百种语言：意大利瑞吉欧方案教学报告书[M].张军红，等译.台北：光佑文化事业股份有限公司，1998：110.
② 卡洛琳·爱德华兹，等.儿童的一百种语言[M].罗雅芬，等译.南京：南京师范大学出版社，2006：77.
③ 同②：61.

(Geroge S. Morrison）也指出，马拉古兹"所谓的一百种语言，指的是绘画、建筑、雕塑、讨论、发明、发现等。教师应该积极地为儿童创设环境，使他们能够在这样的环境中使用这一百种语言去学习"[①]。

1. 环境的重要性

马拉古兹认为，瑞吉欧幼儿学校之所以重视环境，是因为环境对于儿童在情感、认知和语言方面的发展具有重大的影响力。美好的环境可以让儿童的选择和活动更臻完善，激发儿童的各种学习。因此，每一所幼儿学校都要能呈现出教师、家长和儿童共同创造出的一起工作与游戏的特殊环境。马拉古兹把幼儿学校比喻为一艘航行在大海上的船，大家一起出航见识不同的景观、变化、现象等。他又把幼儿学校比喻为一个水族箱，可以映照出想法、价值、态度以及身处其中的人们的文化；他还把幼儿学校比喻为一个广阔的掷绳索的斗牛竞技场，儿童可以在那里学习驾驭一百种马匹。在马拉古兹看来，正是在这样一个充满生气与真诚的环境里，促使幼儿们激发最大的活力以及最大范围内的互动，并让他们感到这个世界是充满活力的、令人愉快的和真诚可信的。总之，在瑞吉欧幼儿学校环境中，其空间必须确保每一位幼儿拥有幸福感及团体的归属感，同时其空间也应该促进教师、职员、家长以及幼儿们之间的关系与互动。

2. 环境的多重选择性

马拉古兹认为，为了符合儿童的需求，环境必须创造一种儿童文化，具有多重选择性。具体来讲，就是让儿童有建构主客观经验的空间，使他们在相互合作和社会化的气氛中不断地获得主客观经验。

根据马拉古兹的构想，学校环境主要包括以下方面。

（1）大厅入口。在那里，贴通告、记录以及预告有关学校的整个形式和组织。

（2）广场。这是一个共同的空间，作为接触、交往、游戏及其他活动的场所。马拉古兹认为，广场在儿童的生活中是重要的，因为它不仅仅是教室空间

[①] 乔治·S·莫里森.学前教育：从蒙台梭利到瑞吉欧[M].祝莉丽，等译.北京：中国人民大学出版社，2014：159.

的延伸，而且是一个鼓励不同的活动和交流不同的讯息的地方。"可以这样说：'广场'是一个想法降临和出发的地方。"①

（3）教室。每间教室被分隔成三个紧邻的空间，并应使其有更多的用途。其中，一个空间用作小型工作间。除外，马拉古兹认为，整个市镇、郊区以及附近的山区都可以作为额外的教学场所。

（4）工作坊。这是一个拥有丰富材料、工具以及具备专业能力人士的空间，儿童在那里可以独自或共同进行工作和活动。马拉古兹指出："工作坊是学校的一个额外的空间，在那里，可以通过我们的双手和心灵去探索"②。此外，工作坊也提供了收藏儿童工作成果以及教师知识与研究的档案。

四、论方案教学

马拉古兹明确反对漏斗式教学，而大力提倡方案（project）教学。在他看来，"一百种世界，等着孩子们去发掘；一百种世界，等着孩子们去创造；一百种世界，等着孩子们去梦想"③，因此，儿童需要许多自由，例如，自由地探究，自由地选择，自由地欣赏，自由地意识，等等。

1. 方案教学的课程

马拉古兹认为，应该在儿童身上发现课程，也就是说，课程应该来自儿童的生活。他曾用"眼睛"这两个字来代表儿童的心智、教学和教育。在他看来，只有当眼睛跃过围墙时，儿童才能真正地开始看、开始推理、开始更新。因此，在瑞吉欧幼儿学校中，屹立不动的狮子肖像、城市中的雨、一片梧桐叶、影子、鸟的乐园、人群、母猫和它的小猫等都成为了方案教学的题材。因为没有任何自然现象和社会形态能躲过儿童的敏感和智慧，正是对这些现象所产生的一些问题和疑虑，打开了一条使儿童通向兴趣和知识的道路。例如，当儿童通过用

---

① 卡洛琳·爱德华兹，等．儿童的一百种语言[M]．罗雅芬，等译．南京：南京师范大学出版社，2006：160.
② 同①：168.
③ 同①：7.

皮肤、眼睛、耳朵去感受雨的时候，他们也在雨中游戏和思考。

针对有些人认为方案教学的课程太随意的想法，马拉古兹强调指出："我们是真的没有计划或课程，但是若说我们只依赖那种令人羡慕的技巧，像临时起意的课程，那也不正确。我们并不依赖机会，因为我们深信我们也可以期待某些我们尚未了解的事物。我们知道的是，与幼儿一起共事，是三分之一的确定以及三分之二的不确定和新事物。"[1] 但是，马拉古兹也指出，教师应该有许多事先的考察，并大略草拟出一系列长期或短期的相关项目计划。

2. 方案教学的方法

马拉古兹认为，在方案教学中，应该采取适应儿童兴趣和需求的方法。教师更应该重视的是儿童发展与工作成就的全面性和优质性，而不是只重视其速度和节奏。

在瑞吉欧幼儿学校的方案教学中，主要采用以下四个方法。

一是图象创作。马拉古兹认为，在动作、文字、绘画、雕塑等多种语言中，尤其要注重图象创作。由于儿童（如同诗人、作家、音乐家一样）渴望寻求影象和创作图象，因此，可以发展一种重视儿童图象创作的教育。例如，通过儿童的图象创作，屹立不动的狮子肖像会从石头材质转变为黏土、纸，转变颜色，而在这个过程中儿童表达其直觉和象征的意义。

二是对话。马拉古兹认为，教师在方案教学中应该与儿童一起交流和讨论，因为儿童不仅是语言的共同建构者，而且所有已存在于儿童心智和活动中的语言都具有推动其他语言、行为和创造性潜能产生的力量。在马拉古兹看来，教师与儿童的对话实际上是心灵的沟通，因此，他强调指出："成人必须试着掌握正确的时机，找到正确的方法，将他们自己的意义与诠释，与幼儿的意义与诠释相结合，融入丰富的对话中。"[2]

三是探究。马拉古兹认为，探究对于儿童发展和工作成就来说是十分重要

---

[1] 卡洛琳·爱德华兹，等. 儿童的一百种语言[M]. 罗雅芬，等译. 南京：南京师范大学出版社，2006：87.

[2] 同[1]：79.

的。在一种愉悦和谐的气氛中，儿童可以探索不同的语言。通过探究，既使得现实里的事物在儿童的手里展现其无穷的变化，又使儿童能遨游在自然与事物之间。当然，在探究中，需要儿童投入其所有的思想去观察、去直觉感知和去思索。在马拉古兹看来，在葡萄收获的季节，大部分儿童通过和农民一起收获就能有所发现，例如，发现每一片土地在辛勤耕耘之后都会有它自己的收获，发现广大的农村及其文化占去了自己城市历史的大部分，发现在农民的大手上有着繁重劳动的烙印，发现自己的身份根植于更多样但又不过时的世界里，等等。

　　四是记录。马拉古兹认为，记录是方案教学的一个不可缺少的组成部分。教师应该采用各种方式，从不同的角度把方案教学的整个过程以及幼儿的知识方式和进展状况记录下来。对于儿童来说，记录可以帮助他们进一步回忆，使他们变得更好奇、更感兴趣、更有信心，更积极地参与各种活动；对于教师来说，记录可以帮助他们更好地了解和诠释儿童，并重新检视其工作，促进与儿童的互动以及自身的专业发展；对于家长来说，记录为他们提供了一个了解自己孩子发展和教师工作的机会，激励他们的积极参与和支持。因此，在马拉古兹看来，教师必须找出沟通和记录幼儿在校经验的方法。

五、论教师和家长

　　在瑞吉欧幼儿学校实践中，马拉古兹十分强调教师的职责、家长的参与以及教师与家长的合作关系。

　　1. 教师的职责

　　马拉古兹认为，为了唤起儿童所有感觉器官的敏感度以及刺激它们的高度运作，激发儿童深入探究和敏锐吸收事物的能力，教师必须帮助儿童发挥其所有的潜能、力量和语言与世界进行沟通，并帮助他们克服现代文化所设置的各种障碍。因此，教师应该向儿童提供经验，共同创造获得知识的机会，并找出他们在各个时期所能选择的活动和所能选择的方向。

　　作为儿童的伙伴与向导，教师应该观察和倾听儿童，了解他们感兴趣的和想更深入探讨的事物，支持他们探究的动机与学习的兴趣。在这个基础上，教师应该即时掌握儿童准备好向学习跨步迈进的时机，选择有利于儿童的教学方法，建立合适的教学模式，制订观察和研究计划。

此外，教师们应该一起进行开放性研讨，共同研究发展策略，由研究到行动或由行动到研究。在马拉古兹看来，当所有教师一致同意时，工作的方案、策略和风格就能交织在一起，学校就能创造出其真正不同的特色。

2. 家长的参与

马拉古兹认为，家长的参与十分重要。因此，在瑞吉欧幼儿学校中，家长是一个重要角色。在他看来，家长参与的作用主要在于：一是使孩子获得更多的安全感和幸福感；二是使教师和家长双方更能互相了解，更有效地研究优质教育的形式、内容和意义；三是促使家长去思考儿童的教育问题，尤其是与自己孩子成长和教育有关的问题。因此，在《权利的宣言》中，马拉古兹明确指出，家长拥有参与自己孩子成长和发展过程的权利。

在马拉古兹看来，家长的参与并不是给自己的孩子施加过度的压力，使他们匆忙地脱离童年，而是使自己的孩子在发展过程中得到成人的尊重和帮助以及真诚的对待。对此，马拉古兹指出："父母们的生命和关注的焦点都投向了孩子。……父母们的这些想法表达了一个共同的愿望，那就是教育不能违背儿童的潜能，儿童必须首先得到尊重和信任。"[1]

3. 教师与家长的合作

马拉古兹认为，对于儿童的发展和教育来说，教师与家长的合作关系是极为重要的。这种合作关系意味着，教师与家长之间建立理性的互惠和互动关系，使双方都能关注意义深远的教育经验。在马拉古兹看来，它是瑞吉欧幼儿学校社区或管理的一个组成部分，对整个教育工作起着支持的作用。如果教师与家长能有效地团结一致，随时提供支援和帮助，重视寻找建构儿童思考和行动的方法，那儿童们的权利就会受到保护。

---

[1] 亨瑞克. 学习瑞吉欧方法的第一步 [M]. 李季湄，等译. 北京：北京师范大学出版社，2002：4.

在教师与家长的合作中，马拉古兹认为，教师应该对家长及时提供讯息，提供了解的机会，使他们重新思考自己的看法，并以一个全新的和更具好奇心的方式来了解儿童成长和看待教育经验。例如，让家长了解幼儿们如何思考、如何表达自己、如何与他人一起游戏、如何讨论假设、如何进行逻辑思维等。

在马拉古兹看来，"参与"和"研究"这两个词概括了开创和维持教师与家长合作关系的最佳条件。对于儿童教育的未来，这将具有很重要的意义。

通过瑞吉欧幼儿学校的实践以及瑞吉欧方法的传播，马拉古兹的幼儿教育思想，尤其是方案教学理论，对现代西方幼儿教育的改革和发展产生了很大的影响。美国教育家、哈佛大学教授加德纳就指出："毫无疑问，马拉古兹——正如他被全球所公认的，是瑞吉欧的领导天才——这位思想者的名字的确可以与他心目中的英雄——福禄培尔、蒙台梭利、杜威及皮亚杰相提并论。"[1]

---

[1] 卡洛琳·爱德华兹，等. 儿童的一百种语言[M]. 罗雅芬，等译. 南京：南京师范大学出版社，2006：前言.

图书在版编目（CIP）数据

西方幼儿教育智慧：从柏拉图到马拉古兹／单中惠著.
—上海：华东师范大学出版社，2023
ISBN 978-7-5760-3821-7

I.①西… II.①单… III.①幼儿教育学—西方国家 IV.① G610

中国国家版本馆 CIP 数据核字（2023）第 072552 号

大夏书系 | 幼儿教育

西方幼儿教育智慧
——从柏拉图到马拉古兹

著　　者	单中惠
策划编辑	李永梅
责任编辑	张思扬
责任校对	杨　坤
装帧设计	奇文云海·设计顾问
出版发行	华东师范大学出版社
社　　址	上海市中山北路 3663 号　邮编 200062
网　　址	www.ecnupress.com.cn
电　　话	021-60821666　行政传真 021-62572105
客服电话	021-62865537
邮购电话	021-62869887
地　　址	上海市中山北路 3663 号华东师范大学校内先锋路口
网　　店	http://hdsdcbs.tmall.com/
印 刷 者	北京密兴印刷有限公司
开　　本	700×1000　16 开
印　　张	16.5
字　　数	251 千字
版　　次	2023 年 6 月第一版
印　　次	2023 年 6 月第一次
印　　数	5 100
书　　号	ISBN 978-7-5760-3821-7
定　　价	65.00 元
出 版 人	王　焰

（如发现本版图书有印订质量问题，请寄回本社市场部调换或电话021-62865537联系）